조셉 머피
마음의 법칙

어떻게 마음의 법칙을 사용하는가?

조셉 머피
마음의 법칙

조셉 머피 지음 | 이유림 옮김

JOSEPH MURPHY
HOW to USE THE LAWS of MIND

미래지식

CONTENTS

:

제1장

정신은
어떻게 작용할까

　우리의 정신은 하나이지만, 정신의 기능에는 두 가지 단계가 있다. 지금부터 이 두 단계의 차이를 명백하고 알기 쉽게 정리해보자. 각 단계는 고유한 특징이 있고 독립적으로 기능할 수도 있지만, 정신 즉 마음이 두 개라는 의미는 아니다.

　이 책을 통해 우리는 정신의 두 단계를 조화롭고 평화롭게 활용해 건강하고, 균형 있고, 풍요로운 삶을 누리는 법을 배울 것이다. 정신의 두 단계를 지칭하는 용어는 '객관적 정신'과 '주관적 정신' 그리고 '의식'과 '잠재의식'이다. 심리학자들은 '의식의 역치 이상supraliminal'과 '의식의 역치 이하subliminal'라는 용어로 의식의 두 가지 상태를 설명하기도 한다.

이 책에서는 '의식'과 '잠재의식'이라는 단어를 사용했다. 객관적 정신인 의식은 오감으로 객관적인 세계를 인지한다. 주관적 정신인 잠재의식은 꿈, 상상, 문제의 해결책, 영감의 원천, 삶의 지침, 치유 등 모든 주관적인 상태에 발현되는 지능이다. 잠재의식은 우리가 깊이 잠이 들었을 때 주요 장기를 움직이는 역할을 한다. 호흡과 혈액 순환은 물론이고 심장을 비롯한 신체의 주요 기능이 완벽하게 유지되는지 관리한다. 반면, 주변 환경과 닿아 있는 의식은 우리의 지표가 되어 주며, 우리는 오감을 활용해 관찰하고, 경험하고, 교육을 받으며 끊임없이 배워간다.

암시와 무의식

• • •

우리의 무의식은 암시를 받아들일 수 있고, 이것을 가능하게 하는 것 역시 암시다. 암시 법칙의 필연적인 결과 중 하나는 사실을 수집하고, 분석하고, 이들 사이의 상대적인 실증적 가치를 추정하는 일련의 과정을 진행하지 않는다는 것인데, 이는 우리의 잠재의식이 귀납적인 추론과 닿아 있지 않기 때문이다. 잠재의식은 오직 연역법만 활용해 추론한다. 이는 전제가 진실일 때도, 거짓일 때도 적용된다. 그러므로 만약 누군가에게 자신이 강아지라고 최면을 걸면 그 사람은 즉각적으로 그 역할을 받아들여 강아지처럼 행동하고, 스스로 자신이 강아지라고 믿게 된다.

아마 최면술사나 숙련된 조작자가 부여한 암시에 따라 실제로 자신이 그렇게 되었다고 믿으며 그 인격에 맞는 역할을 수행하는 사람을 본 적이 있을 것이다. 예를 들어, 우리는 최면에 걸린 사람에게 그 사람이 루스벨트 대통령이라는 암시를 줄 수 있다. 만약 그 사람이 과거에 루스벨트 대통령에 대해 무언가를 들었거나 실제로 나라를 이끄는 모습을 봤다면 그 사람의 인격은 암시의 영향에 완전히 잠식될 것이며, 자기 자신이 루스벨트 대통령이라고 굳게 믿을 것이다.

대립하는 두 개의 암시
• • •

우리에게는 다른 사람이 주는 암시를 거부할 힘이 있다. 우리가 받아들이지 않는 한 다른 사람의 암시는 우리에게 아무런 영향을 끼칠 수 없다. 하지만 그 암시를 받아들이면 그 암시는 우리 정신의 한 부분, 즉 자기 암시가 된다. 예를 들어, 자신의 능력과 성공을 믿으며 자신감에 차 있는 사업가에게 실패할 것이라는 암시를 준다면, 그 사람은 당신을 비웃거나 그 암시를 무시하고 조롱할 것이다. 오히려 당신의 부정적인 암시는 그 사람의 성취, 번영, 성공적인 삶을 더 단단하게 만드는 자극제가 된다. 이렇게 우리의 잠재의식은 두 가지 중 우세한 생각을 받아들인다.

멀미 암시를 다루는 법

• • •

선상에서 열린 세미나에서 한 여성이 우리 그룹의 다른 여성 회원에게 안색이 창백하다며 파도 때문에 뱃멀미를 하는 것이 아니냐고 물었다. 하지만 우리 그룹의 회원은 이러한 상황을 어떻게 다뤄야 할지 잘 알고 있었다. 그녀는 다음과 같이 대답했다.

"저는 이곳에서 좋은 시간을 보내려고 왔어요. 저 파도와 바다의 리듬에 적응할 겁니다. 멋진 일이잖아요!"

이렇게 그녀는 자신에게 주어진 부정적인 암시를 무력화했다.

타인의 부정적인 암시가 힘을 발휘하려면 우리 안에 비슷한 생각, 즉 두려움의 패턴이 잠재의식에 존재해야 한다. 그렇지 않으면 그 암시는 발현될 수 없다. 그러니 늘 우리 안에 있는 '무한한 존재'와 '힘'을 기억해야 한다. 그 무한함과 함께하면 우리는 해롭고 위험한 암시에 대한 면역력을 점진적으로 키울 수 있다.

어린 시절 암시를 조정하는 법

• • •

외부의 영향을 쉽게 받아들이는 어린 시절에 우리는 대부분 부모님, 삼촌, 이모, 성직자, 선생님 등 다양한 사람들에게 종교적 신념, 개인적 의견, 미신, 잘못된 신념이나 편견과 같은 여러 암시를 주입받는다.

9

모든 사람은 부모와 환경을 통해 암시, 신념, 언어, 관습, 전통을 받아들인다. 어쩔 수 없는 일이다. 무엇이 옳고 무엇이 그른가에 대한 분별력을 지니기 전까지는 그들의 암시와 가르침을 거부할 수 없기 때문이다.

우리는 그 어떤 종교적 신념, 두려움, 금기, 제약도 타고나지 않았다. 모든 사람이 그렇듯 우리도 무력하고 무지하게 태어났으며, 부모님이나 우리를 보살펴 주는 이들의 영향에 휩쓸릴 수밖에 없다. 신이 우리를 보호하기 위해 만든 경고 시스템이자 우리가 타고난 두려움은 오직 떨어지는 것과 소음에 대한 두려움이다. 이 외에 다른 모든 두려움은 후천적인 것이다.

나는 사람들에게 자기 자신의 신념, 종교적 관념, 두려움의 근원을 들여다보고, 그것들이 건강, 행복, 마음의 평화에 도움을 주는지 생각해 보라고 말한다. 우리는 교육받은 것, 어린 시절에 습득한 것이나 보고 배워 잠재의식에 새겨진 모든 것을 지우고 뿌리 뽑을 수 있다. 다시 말해, 보편적이면서 모든 사람의 내면에 있는 영원한 진리들과 함께한다면 우리의 잠재의식을 새롭게 조정할 수 있다. 이 영원한 진리들은 어제도, 오늘도, 앞으로도 변하지 않는다.

정신을 정화하는 법

• • •

　은퇴한 교사인 어느 나이 지긋한 여성분이 언젠가 자신의 기묘하고, 기괴하고, 비이성적이고, 비논리적이고, 비과학적인 종교적 신념들을 어떻게 완전히 몰아내었는지를 알려준 적이 있었다. 그녀는 어느 잡지에서 "종교가 없는 과학은 절름발이이고, 과학이 없는 종교는 장님이다."라는 아인슈타인의 말을 접했다고 말했다. 그 후 그녀는 '통일성Unity'와 '종교의 과학Religious Science'을 포함해 세계의 종교들을 공부했고, 《잠재의식의 힘The Power of Your Subconscious Mind》이라는 책을 읽었다. 그녀를 멈춰 서게 한 것은 바로 이 책이었다. 그녀는 이 책을 통해 기나긴 종교의 안개 속에서 깨어날 수 있었다고 말했다.

　그래서 그녀는 다음과 같은 기도를 규칙적이고 체계적으로 실천에 옮겼고, 마치 테이프에 다른 내용을 녹음하면 이전 내용이 자동으로 지워지는 것처럼 자신의 마음 깊은 곳에 있는 하나님에 대한 잘못된 개념을 지울 수 있을 것이라 믿었다. 그녀의 잠재의식을 회복시킨 기도는 다음과 같았다.

　"하나님의 사랑이 내 영혼을 채운다. 하나님의 정의로운 행동이 곧 나의 행동이다. 하나님의 조화가 내 삶을 다스린다. 하나님의 평화가 내 영혼을 채운다. 하나님의 아름다움은 나의 것이다. 하나님의 기쁨이 내 영혼을 채운다. 하나님이 나의 모든 길을 인도하신다. 저 높은 곳의 빛이 나를 비춘다. 나는 나를 향한 하나님의 뜻이 삶, 사랑, 진

11

실, 아름다움, 나의 가장 깊은 꿈보다 더 큰 기준임을 이해하고 믿는다. 나는 하나님이 나를 사랑하고 보살핀다는 사실을 알고 있다."

그녀는 잠재의식의 힘을 비롯한 다른 책들을 읽은 뒤 이와 같은 기도를 완성했다. 이 중요한 진실들을 반복해서 소리 내어 말하면 이 내용이 자신의 잠재의식에 점차 스며들고, 변화가 시작될 것이라는 사실을 알았던 것이다.

그녀가 제일 먼저 알게 된 사실은 오직 '하나의 힘'만이 존재한다는 것이었다. 정신적, 과학적, 수학적, 그 어떤 방법으로도 다른 힘은 존재할 수 없다. 하나님이 어디에나 존재하며 무한한 가능성이 있는 힘이자 전능하신 '살아있는 정신'이라는 사실을 깨닫고 나면 다른 것은 자리할 수 없게 된다. 만약 두 개의 힘이 있다면 하나가 다른 하나를 상쇄하며 질서, 계획, 균형이 사라질 것이며 세상은 하나의 우주가 아닌 혼돈이 될 것이다.

또한, 그녀는 그 자체로 완전하고 완벽한 '하나의 힘'을 어떻게 사용하는지에 따라 그동안 경험한 모든 선과 악을 만들어냈다는 사실을 알게 되었다. 어떠한 힘이든 두 가지 방향으로 활용할 수 있으며, 그 자체로 완전하고 완벽한 하나의 하나님과 이어진 자신의 정신적 움직임이 곧 선과 악이었다는 사실에 눈을 뜨게 된 것이다. 그녀는 아주 현명한 사람이었다. 실수를 바로잡으며 교훈을 얻고, 그것을 통해 배운 새로운 진실을 기반으로 자신의 행동을 새로이 바꾸었기 때문이다. 현재 그녀는 이전보다 훨씬 행복하고 평화로운 삶을 살고 있다.

어떻게 평화를 찾을 것인가?

• • •

최근에 실버타운인 '레져 월드Leisure World'에서 받은 질문이다. 한 여성이 내게 물었다.

"강간, 살인, 강도, 자원 고갈, 높은 사람들의 사기 행각이 가득한 이 세상에서 어떻게 평화를 찾을 수 있을까요?"

나는 그녀에게 사고방식을 바꾸면 모든 것이 달라진다고 답했다. 혼자서 세상을 바꾼다거나 사회적 격변, 범죄, 비인간적 행위를 막을 수는 없지만, 무한한 존재인 하나님께 집중하며 "하나님의 평화가 내 영혼을 채운다. 하나님의 빛이 내 안을 비춘다. 나는 내 안의 신성한 힘을 통해 생각하고, 말하고, 행동한다."라고 단언할 수는 있다고 말했다.

이는 빠르게 변하는 세상에서 평화를 찾을 수 있는 가장 확실한 방법이다. 정치인들, 여러 주변 상황, 신문만 보며 혐오하고, 분노하고, 두려워할 필요는 없다. "하나님은 나를 통해 생각하고, 말하고, 생각하신다."라고 단언하며 확신하면 된다.

이 단순한 삶의 진리를 기억하자. 우리에게서 평화를 앗아가는 것은 그 어떤 사람도, 상황도, 환경도, 방송도 아니다. 우리 스스로가 자기 자신의 생각, 말, 행동, 반응에 통제를 빼앗기며 저항을 포기해 버리는 것이다. 주인은 당신이다. 당신의 생각은 당신이 통제한다.

13

마음속의 부

...

몇 주 전, 남아프리카공화국의 주요 도시를 돌며 강연할 기회가 있었다. 이 나라 전역에서 마음의 법칙에 관한 강연을 하는 레그 바렛 박사가 여러 세미나에 나를 초청해 주었기 때문이었다. 더반이라는 도시에서 강연이 끝난 뒤, 한 남자가 내게 말했다.

"강연 내용에 정말 공감했습니다. 부유함은 마음속에 있다가 땅으로, 하늘로, 바다로, 모든 곳으로 뻗어 나가죠."

그는 자신의 아버지와 할아버지가 부를 찾기 위해 영국에서 남아프리카로 넘어왔다고 말했다. 그의 할아버지는 수개월 동안 금을 찾아다녔지만, 아무것도 발견하지 못했다. 그러고는 투자할 돈이 떨어지자 그대로 포기해 버렸다. 하지만 그의 아버지는 같은 지역을 계속해서 탐색했고, 몇 주 지나지 않아 현재 남아프리카에서 가장 큰 금광이 된 곳을 찾아냈다.

그는 자신의 아버지가 매우 독실한 신자였으며, 하나님이 금이 있는 곳을 알려주실 것이고, 자신을 푸른 초원과 물이 있는 곳으로 이끌어 주실 것이라고 믿으며 기도를 멈추지 않았다고 말했다. 물론 금은 땅속에 있지만, 정신적인 부는 그의 아버지의 마음속에 하나님의 지침과 시편 23편에 대한 절대적인 믿음이라는 형태로 존재하고 있었다. 그의 말에 따르면, 그의 할아버지는 자신이 얻지 못한 부를 거머쥔 친구를 지켜보며 조바심과 질투로 가득했다고 한다. 이러한 태도가 마음과 정신을 눈멀게 했고, 결국 자신의 발아래 있는 금을 보지 못하게 만든 것이다.

내면 들여다보기

• • •

마음의 평화, 부, 안정감, 내면의 힘을 우리 외부에서 찾아서는 안된다. '신성한 존재'이자 만물을 창조했으며 모든 것을 알고 있는 '최상의 지성'은 우리 안에 존재하기 때문이다. 그 어떤 정부, 기관, 사람도 우리에게 내면의 고요함과 평화를 가져다줄 수 없다.

잠재의식의 기반은 습관이고, 습관은 우리가 걷기, 수영, 피아노, 운전을 배우는 것과 같은 방법으로 형성된다. 우리는 특정한 사고 패턴과 행동을 계속해서 반복하고, 이렇게 시간이 지나면 이러한 패턴들은 우리의 잠재의식에 깊게 뿌리내린다. 그렇게 우리는 이들을 무의식적으로 행하게 되며, 이를 제2의 천성이라고 부르기도 한다. 제2의 천성은 그저 의식적인 선택과 행위에 대한 우리 정신의 반응일 뿐이다.

하루에 몇 번씩 "하나님의 평화가 내 정신과 마음에 스며든다. 나는 영원한 지혜와 진실과 아름다움의 품에서 안식을 얻는다."라고 말하며 이를 습관으로 만들어 보자. 이 기도를 반복하며 자기 자신이 지금 무엇을, 왜 하고 있는지 생각해 보는 것이다. 이 단순한 진리를 계속해서 되뇌다 보면 평화를 찾게 될 것이고, 그 평화와 평온함을

15

주변에 전파할 수 있게 된다.

많은 사람이 작은 마을이나 아름다운 해변에서 휴식과 안정을 찾으려 한다. 하지만 우리의 마음은 어디에나 함께한다는 사실을 기억하자. 사실, 자기 자신은 언제 어디서나 만날 수 있다. 마음이 혼란스럽고, 불안하고, 걱정이 가득한 상태라면 해변도, 산도 평화를 가져다줄 수는 없다. 반드시 스스로 평화를 찾아야만 한다.

누군가는 축복과 평온이 넘치는 지상 낙원, 모든 것을 공유하며 모두가 조화와 평화 속에 행복하게 살아가는 유토피아를 끊임없이 찾아다닌다. 그러나 자신의 유토피아는 자신이 만든다는 사실을 잊지 말아야 한다. '무한한 힘'에 자신을 맞추며 이해를 초월한 평화를 얻은 사람의 마음이 아닌 다른 유토피아는 존재하지 않는다. 우리에게 닥치는 문제, 어려움, 혼란들은 내면의 평화를 찾게 함과 동시에 우리 안에 있는 신성함을 발견해 세상의 모든 문제를 초월하게 한다.

스스로 변화하기

• • •

기억하자. 우리에게 세상을 바꿀 마법 지팡이는 없지만, 우리 안의 '무한한 존재'와 그 힘을 깨닫고 조화, 평화, 아름다움, 사랑, 기쁨, 올바른 행동, 신성한 계율과 질서를 찾으며 자기 자신을 바꿀 수는 있다. 그리고 이를 습관으로 정착시키면 우리는 인류 정신, 세상의 법

칙, 대중 정신이라고도 불리는 세상사의 혼돈과 격변에서 벗어나 더
높을 곳에 닿을 수 있게 된다.

세상을 넘어

· · ·

성서에서 세상은 선하거나 악한 이 세계의 모든 사람을 일컫는다.
대중 정신 혹은 세상의 법칙이란 지구상에 있는 45억 인구의 사고방
식을 의미한다. 우리는 매일 전쟁, 잔혹함, 범죄, 증오, 질투, 살인,
인종 및 종교 갈등을 접한다. 동시에 세상의 평화에 기여하는 훌륭하
고 숭고한 사람들의 이야기를 듣기도 한다.

우리는 이 세상과 사람들로부터 도망칠 수 없다. 주관적인 관점에
서 우리는 결국 하나이고, 그 정신들이 모인 정신의 바다가 우리 모
두에게 영향을 미치며 세상에 녹아들게 하기 때문이다. 그러므로 우
리는 기도를 계속해야 한다. 오늘, 바로 지금, '무한한 지성'이 우리를
이끌고, '무한한 힘'이 우리를 지탱한다고 생각해 보자. 모든 이에게
사랑과 평화와 선의를 나누고 그들의 삶을 축복하자.

이러한 태도는 우리에게 성공을 가져다줄 뿐만 아니라 세상 모든
사람의 행복에 기여하게 해줄 것이다. 이 혼란스러운 세상의 소용돌
이에서 벗어나 기쁨과 평화의 길을 걷게 될 것이며, 우리 안의 신념
과 확신이 외부의 모든 행동을 결정하게 될 것이다.

초월

• • •

한 남성 간호사가 막 학교를 졸업한 뒤 근처에 있는 병원의 책임자로 일하게 되었다. 그는 내게 상담을 요청하며 자신의 신경이 늘 곤두서 있고, 환자들은 반쯤 정신이 나간 것 같으며, 휴대전화 벨 소리가 끊이지 않는 이 상황을 더는 견딜 수 없을 것 같다고 호소했다.

대화를 이어나가며 그는 병원에 온 환자들이 신체만큼이나 마음도 아픈 사람들이며, 자신의 일은 간호사로서 이 병원에 가득한 소음, 혼란, 불평을 극복하는 것이라는 사실을 깨닫게 되었다. 나는 그에게 병원에 온 환자들의 짜증스러운 태도를 마주하는 것은 간호사로 일하는 데 있어 꼭 필요한 부분이고, 만약 그 일에서 도망쳐 버린다면 곧 더 큰 어려움을 겪게 될 것이라고 말했다. 그리고 반드시 자신의 문제를 똑바로 보며 용기를 가지고 노력해야만 극복할 수 있다는 말을 반복해서 전해 주었다.

그는 내 제안을 받아들였고, 이렇게 말했다.

"이중 그 무엇도 나를 움직이지 못하니……. (사도행전 20장 24절) 저는 이 모든 괴로움과 어려움을 극복할 것입니다."

그는 병원에 남기로 결정했고, 자신의 새로운 태도가 모든 것을 바꾸었다는 사실을 알게 되었다.

삶을 바꾸는 방법

• • •

요하네스버그에 방문했을 때 한 남자와 흥미로운 대화를 나누었다. 45세인 이 남자는 자신의 마음이 산산이 부서졌고, 모든 것이 허무하며 우울하고 답답하다고 말했다. 그가 운영하던 사업이 실패로 돌아가고 아내마저 더는 이전의 부유한 삶을 보장해 주지 못한다는 이유로 떠나 버렸기 때문이었다.

하지만 '마음의 법칙' 강연에 참석한 어느 저녁, 그의 삶은 완전히 바뀌었다. 그날 강연의 연사가 맨 처음으로 한 말은 이랬다. "사고방식이 곧 그 사람입니다." 이 말은 그에게 깊은 울림을 주었다. 연사는 이러한 진실이 수천 년 동안 알려져 왔지만, 사람들 대부분은 크게 관심을 가지지 않거나 무시해 버렸다고 덧붙였다.

대저 그 마음의 생각이 어떠하면 그 위인도 그러한즉 (잠언 23장 7절)

이 구절에서 마음이란 우리의 잠재의식을 의미한다. 성경에서는 마음 깊은 곳에서 진정으로 원하고 느끼는 것이 무엇이든 현실로 나타날 것이며, 삶의 모든 부분에 발현될 것이라고 말한다. 다시 말해, 마음을 다해 느끼고 받아들이는 모든 생각이나 개념은 우리의 잠재의식에 의해 형태를 갖추며 실제로 경험할 수 있게 된다는 의미다.

이 사실은 모든 세대를 아우르는 인류 역사상 가장 중요하고 훌륭한 발견이다. 이 남자는 성공, 화합, 평화, 선의, 번영, 옳은 행동에 대해 생각하는 습관을 들이기 시작했다. 이러한 개념들에 깊게 몰두했고, 더 나아가 이들을 증명해냈다. 자기 자신을 비난하거나 비판하는 생각이 들 때면, 그는 곧바로 이렇게 되뇌었다.

"나는 성공할 수 있다. 나는 화합을 이뤄낼 수 있다. 나는 충만하다."

이렇게 이전과 다른 태도로 몇 개월을 보낸 뒤, 그는 건설적인 사고를 하는 사람이 되었다. 그는 현재 자신이 일 년에 수백만 달러를 벌어들이는 성공한 사업가가 되었다고 말했다.

다윗은 이렇게 말했다.

그가 내 이름을 안즉 내가 그를 높이리라. (시편 91편 14절)

이름이란 본질을 의미하며, 우리에게 응답을 주는 것은 '무한한 지성'의 본질이다. 출애굽기 3장에서 이 이름은 '스스로 있는 자', 혹은 사고의 기능인 '자각'으로 불린다.

남아프리카의 훌륭한 스승 중 한 명인 레그 바렛 박사가 언젠가 관객에게 전해 주었던 흥미로운 이야기가 있는데 그 핵심은 다음과 같다.

"정신이 없다면 여러분은 저를 볼 수도, 제 애기를 들을 수도 없습니다. 여러분을 둘러싼 세상을 느낄 수도 없습니다. 맛을 볼 수도, 느낄 수도, 여러분의 정원에 핀 꽃들의 향기를 맡을 수도 없습니다."

우리의 정신은 삶의 근본이고, 생명과 실체를 부여하며, 우리가 사실이라고 믿으며 받아들이는 것들을 구성한다. 우리가 바라보는 모든 것은 눈에 보이지 않는 사람과 하나님의 정신에서 나온다.

근본적인 진실 기억하기

• • •

미국 심리학의 아버지인 윌리엄 제임스William James는 지난 백 년 동안 이루어진 발견 중 가장 훌륭한 것은 잠재의식의 힘을 인식하게 된 것이라고 말했다. 1847년부터 사람들의 정신을 치료했던 피니어스 큄비Phineas Quimby 박사는 자신의 실험을 진행하며 "내가 무언가를 진정으로 믿으면, 내가 그것을 생각하든 그렇지 않든 그 효과가 나타난다." 라고 말했다.

이 발견이 중요한 이유는 이것이 우리 모두에게 적용될 뿐만 아니라 잠재의식에 자리 잡은 것들이 우리를 지배하고 통제한다는 사실을 의미하기 때문이다. 즉, 의식하든 그렇지 않든 관계없이 잠재의식에 있는 신념, 가정과 확신들이 우리의 모든 의식적 행동들을 관리하고 지시한다는 것이다. 잠재의식에 새겨진 것은 좋은 것이든 나쁜 것이든 전부 현실 공간이라는 스크린에 투영된다. 그리고 습관적으로 반복되는 사고는 조금씩 흡수되며 잠재의식에 기록되고, 이들은 법칙과 신념으로 굳어져 행동으로 나타난다.

오렌지 주스 알레르기

• • •

언젠가 포트엘리자베스에서 만난 한 젊은 여성과 오랜 시간 상담을 진행했던 적이 있었다. 그녀는 자신이 오렌지 주스를 좋아했었지만, 언젠가부터 알 수 없는 이유로 주스를 마실 때마다 얼굴과 팔에 불쾌하고 간지러운 발진이 생겼다고 말했다. 하지만 그녀의 형제자매는 아무런 문제없이 오렌지 주스를 마음껏 마실 수 있었다.

나는 그녀의 알레르기 반응은 분명 어린 시절 누군가 그녀에게 오렌지를 너무 많이 먹는다고 지적하며 오렌지가 몸에 좋지 않다고 말했을 때 생겼을 것이라고 말해 주었다. 그때 생겨나 잠재의식에 묻혀 있던 신념이 깨어나며 특정한 반응을 일으켰고, 그녀의 형제자매에게는 오렌지가 좋지 않다는 믿음이 없었기 때문에 이러한 알레르기 반응을 일으키지 않은 것이다. 이 알레르기 반응 뒤에는 그녀가 오랫동안 잊고 있었던 잠재의식 속 가정이 있었다.

나는 그녀에게 잠재의식을 새롭게 설정하고 오렌지에 대한 두려움을 없앨 방법으로 다음과 같은 기도를 활용하라고 설명해 주었다.

"하나님은 모든 일을 좋은 방향으로 나타내신다. 내가 먹고 마시는 모든 것은 아름다움과 질서와 균형으로 변화한다. 내 안에는 화합과 생기가 넘친다. 나는 천국의 조각을 먹고 기쁨이라는 포도주를 마신다. 나의 몸에는 질서, 평화, 완전함, 아름다움이 발현된다. 모든 것이 훌륭하다!"

그녀는 이러한 진실을 반복적으로 단언하며 자신의 잠재의식에 새겼고, 점차 그릇된 믿음에서 벗어났다. 그녀는 의식으로 잠재의식을 통제할 수 있다는 사실을 알고 있었고, 며칠 전 그녀는 오렌지 주스를 마시는 사진을 내게 보내 주기도 했다. 자신 안에 있는 힘을 발견함으로써 그녀는 자유와 마음의 평화라는 새로운 감각을 얻을 수 있었다.

진실 실천하기

• • •

의식이 진실이라고 믿는 모든 것은 잠재의식이 받아들인 것이며, 잠재의식의 '무한한 지성'은 우리 안의 가정이 제시하는 역할을 실행하며 그것을 현실로 가져온다. 진실일 수도, 거짓일 수도 있는 우리 안의 가정들은 이렇게 사실로 굳어지며 현실이라는 공간에 투영된다.

정말 이루어지네요!

• • •

몇 달 전, 엘토로의 새들백 극장에서 열린 일요일 아침 강연에서 나는 진심과 이해를 담아 '나는'이라는 말을 덧붙이면 무엇이든 이루어질 것이라는 말을 전했다. 그 강연을 듣던 한 남자는 스스로 이를 실천해 보기로 다짐했다. 그래서 그는 하루에도 몇 번씩 기회가 될 때마다 "나는 영화롭다. 나는 건강하다. 나는 행복하다. 나는 기분이 아주 좋다!"라고 소리 내 외쳤다. 홀로 운전을 할 때도 예외는 아니었다. 그는 이 문장을 말하는 습관을 들였고, 곧 이 문장들은 삶의 법칙이 되었다. 그러자 곧 그의 사업, 건강, 가족과의 관계에 놀라운 변화가 일어났으며, 그는 자신의 태도가 변화하며 삶의 모든 것을 바꾸어 놓았다는 사실을 깨달았다.

오른손

• • •

최근 도둑질을 한 죄로 손이 잘린 어떤 남자에 관한 기사를 읽었다. 코란을 기반으로 작성된 기사였다. 세상 모든 종교 경전에는 숨은 뜻이 있으므로 문장 그대로 받아들여서는 안 된다. 마태복음 5장 30절에는 이런 내용이 나온다.

또한, 만일 네 오른손이 너로 실족하게 하거든 찍어 내버리라……

성경에는 비유, 우화, 은유, 직유, 암호 같은 문장이 가득하다. 비유에는 겉으로 드러난 의미와 숨겨진 의미가 공존한다. 우리는 손을 통해 무언가를 만들고, 빚고, 창조하고, 지시한다. 그리고 당연하게도 손의 움직임은 우리의 사고가 통제한다. 예를 들어, 만약 우리가 기괴하고 흉측한 그림을 그리고 있다 해도, 형언할 수 없는 하나님의 아름다움과 우리 자신을 동일시하며 사고방식을 변화시키면 영원히 아름답고 행복한 그림을 그릴 수 있다.

당신의 결과물과 예술적인 창조물들이 생산적이지 않다면, 그 즉시 멈추고 끊어내야 한다. 즉, 정신적 태도를 바꾸어야 한다는 의미이다. 만약 사업이나 자신의 분야에서 결과가 잘 나오지 않는다면, 이는 우리의 사고방식과 마음속의 이미지 때문이다. 그러니 반드시 사고방식을 변화시켜야 한다.

동양에 있는 어느 국가에서 나는 가이드에게 공원에 적혀 있는 한 표지판의 의미를 물었다. 그는 그 문장을 그대로 직역하면 '발을 잘라낸다'라는 뜻이지만, 진짜 뜻은 '잔디밭에 들어가지 마시오.'라고 말해 주었다.

> 비유가 아니면 아무것도 말씀하지 아니하셨으니……. (마태복음 13장 34절)

> 만일 네 오른 눈이 너를 실족하게 하거든 빼어 내버리라……. (마태복음 5장 29절)

눈은 우리의 영적 지각, 이해, 세상을 보는 방식, 인생관을 의미한다. 마치 소년이 복잡한 방정식을 이해했을 때 "이제 좀 보여요."라고 하는 것은 그 방정식을 완전히 이해하게 되었다는 말인 것처럼 말이다.

만약 빠져나갈 구멍이 없는 것처럼 느껴지거나 스스로 절대 성공하지 못할 것이라 생각한다면, 그 눈을 빼내야 한다. 다시 말해, 그러한 어리석은 태도를 끊어내고 자기 자신이 무한한 힘에서 태어났으며, 승리하기 위해 태어났다는 사실을 깨달아야 한다. 하나님이 우리를 이끌어주시며, 최고의 기쁨 안에서 살아가고, 최고의 결과가 우리에게 다가온다는 것을 자각하자. 나무들의 말, 바위의 설교, 흐르는 개울의 노래를 들으며 만물에서 하나님을 찾아가자.

제2장

우리를
치유하는 마음

그 어떤 형태이든 환자의 믿음에 영감을 주는 신념에 적합한 완화 요법이 더해지면 치료제만큼이나 큰 효과를 발휘한다. 그러므로 어떠한 동물의 이빨이나 발톱, 나무 조각, 뼈에 영혼이 깃들었다고 믿으며 숭배하고, 특정한 의식을 통해 이 영혼들을 불러올 수 있다고 생각하는 이들에게 이러한 의식은 건강을 되찾아 줄 수 있다. 이는 순전히 이러한 의식과 신념이 강력한 암시로 기능하기 때문이며, 이들의 잠재의식과 맹목적인 믿음이 잠재의식 속에 잠든 치유의 힘을 깨우기 때문이다.

원시 인류의 삶

• • •

미신이 보편적이었던 원시 인류 시기에는 정신과 신체의 치유와 관련된 수많은 미신적 기술과 방법이 있었다. 우상, 부적, 성인의 뼈, 성스러운 유물 등을 향한 비이성적 숭배가 사람들을 치유할 수 있었던 이유는 맹목적인 믿음 때문이었다. 이 맹목적인 믿음은 우리의 정신을 두려움에서 믿음으로 향하게 하며, 이로 인해 결과가 나타난다.

플라시보의 힘

• • •

플라시보는 위약(僞藥)으로, 캡슐 안에 유산균이나 빵 부스러기를 넣어 만들기 때문에 실제로 효과는 없지만, 환자에게 심리적 안정을 주는 가짜 약이라고 할 수 있다. 이 약 자체에는 치료 효과가 전혀 없는데도 종종 처방 후 놀라운 치유 효과를 보이는 경우가 있으며, 현재는 전 세계적으로 많은 의사가 위약의 치유적 잠재력을 인지하고 있다.

플라시보라는 단어는 '기쁘게 하다'라는 라틴어에 어원을 두고 있다. 최근 한 기사는 미국 심리치료학회지에 실린 샤피로 박사의 논문을 언급했는데, 박사는 논문에서 "플라시보는 암을 포함해 치료하기 어려운 질병에 큰 효과를 보일 수 있다."라고 주장했다.

델 마르 티후아나 메디컬 센터

• • •

　그동안 나는 상당히 많은 암 환자들과 이야기를 나누었고, 그중에서는 수술이 불가능할 정도로 상태가 좋지 않은 사람들도 있었다. 그러다 이들은 티후아나에 있는 메디컬 센터에 가게 되었고, 레이어트릴Laetrile이라는 항암제로 치료를 받은 뒤 건강을 완벽하게 회복했다. 한 남자는 그곳에 전 세계에서 온 환자들이 모여 있었다고 말했다. 모든 치료에 실패한 암 환자들이 레이어트릴로 치유되었다는 내용의 기사가 쏟아지기도 했다.

　이러한 현상은 환자들의 믿음에 반응하는 잠재의식의 존재를 분명히 드러낸 것이었다. 미국 식품의약처와 암 전문가들은 살구 씨에서 성분을 추출해 만든 레이어트릴에 아무런 치료 성분이 없다고 말한다. 하지만 그런데도 약을 먹는 환자들이 나아질 것이라는 믿음을 갖자 그 믿음이 신체의 화학 작용을 일으켰고, 잠재의식에 있는 치유의 힘을 움직였다.

　네가 믿은 그대로 이루어질지니. (마태복음 8장 13절)

안수

· · ·

환자의 몸을 만지거나 손을 대 병을 낫게 하는 것은 매우 오래전부터 이어져 온 치유 방법이며 인도인, 이집트인, 유대인 등 역사 깊은 나라들에서 행해져 왔다. 이집트에서는 한 손을 환자의 배 위에, 한 손을 등에 두고 있는 조각이 발견되었다. 중국에서는 초기 선교사들이 안수를 통해 다양한 질병을 치료했다고 한다.

신약과 구약에서 우리는 이에 관련된 수많은 예시를 찾아볼 수 있으며, 그중 일부는 다음과 같다.

여호와께서 모세에게 이르시되 눈의 아들 여호수아는 그 안에 영이 머무는 자니 너는 데려다가 그에게 안수하고……. 네 존귀를 그에게 돌려 이스라엘 자손의 온 회중으로 그에게 복종하게 하라. (민수기 27장 18, 20절)

병든 사람에게 손을 얹은즉 나으리라 하시더라. (마가복음 16장 18절)

보블리오의 부친이 열병과 이질에 걸려 누워 있거늘 바울이 들어가서 기도하고 그에게 안수하여 낫게 하매. (사도행전 28장 8절)

아나니아가 떠나 그 집에 들어가서 그에게 안수하며 이르되 형제 사울아 주 곧 네가 오늘 길에서 나타나셨던 예수께서 나를 보내어 너를 다시 보게 하시고 성령으로 충만하게 하신다 하니 즉시 사울의 눈에서 비늘 같은 것이 벗어져 다시 보게 된지라. (사도행전 9장 17~18절)

사람들이 귀 먹고 어눌한 자를 데리고 예수께 나아와 안수하여 주시기를 간청하니 예수께서 그를 따로 데리고 무리를 떠나사 손가락을 그의 귀에 넣고 침을 뱉어 그의 혀에 손을 대시며 하늘을 우러러 탄식하며 그에게 이르시되, 에바다! 하시니, 이는 열리라는 뜻이라. 그의 귀가 열리고 혀가 맺힌 것이 곧 풀려 말이 분명하여졌더라. (마가복음 7장 32~35절)

이 외에도 성경에는 안수의 놀라운 치유 효과를 증명하는 여러 구절이 있다. 성경에서는 예수께서 자신이 태어난 마을에 갔을 때 마을 사람들의 불신 때문에 기적을 행하지 못했다고 설명한다. 하지만 성경을 쓴 사람은 그러한 상황에 대해 중요한 진술 하나를 덧붙였다.

그곳에서는 아무 권능도 행하실 수 없어 다만 소수의 병자에게 안수하여 고치실 뿐이었고. (마가복음 6장 5절)

열두 제자 중 한 명이자 아일랜드 출신인 성 패트릭은 눈먼 자의 눈 위에 손을 얹어 그 사람을 치료해 주었다고 한다. 역사에 따르면 영국과 프랑스의 왕도 접촉을 통해 병을 치유했다고 전해지는데, 이러한 권능을 보여 준 첫 번째 왕은 에드워드 참회왕Edward the Confessor과 최초의 프랑스 왕 필립Philip the First of France이었다고 한다. 이들의 안수는 '카이로시지아chirothesia'라고 불렸다.

오늘날 전 세계 많은 치유자가 안수 치료를 활용하고 있으며, 그중 다수가 놀라운 결과를 얻고 있다. 치료를 경험한 많은 사람은 치유자의 손으로부터 신체의 모든 세포에 전달되는 자석 같은 치유의 힘을 느꼈다고 말한다. 그러니 치유하는 사람의 믿음과 더불어 환자의 신념, 불이 붙듯 번지는 상상력이 잠재의식에 스며들어 무한한 치유의 존재를 끌어냈다는 설명이 타당할 것이다. 이렇듯 성경은 우리에게 정답을 알려 준다.

너희 믿음대로 되라 하시니. (마태복음 9장 29절)

믿음의 힘

• • •

어느 날, 이따금 연락을 주고받아왔던 유타의 한 여성으로부터 전화가 걸려왔다. 그녀는 말기 암으로 고통받으며 인도와 온전함, 완전함을 구하는 기도를 하고 있었다. 그녀는 계속해서 기도했다.

"저는 수술을 하고 싶지 않습니다. 병원에 가고 싶지 않습니다. 의사에게 가고 싶지 않습니다."

나는 그녀에게 그와 같은 기도는 그녀가 경험하고 싶지 않은 바로 그 두려움을 불러일으키기 때문에 적절하지 않다고 말해 주었다.

> 내가 두려워하는 그것이 내게 임하고……. (욥기 3장 25절)

또한, '무한한 존재'의 방식은 우리가 찾을 수 없는 저 너머에 있기에 그녀가 치유의 방법을 결정하는 것은 잘못된 일이라는 사실을 설명해 주었다. 그래서 그녀는 인도, 온전함, 아름다움, 완전함을 구하는 기도를 계속했다. 그러다 그녀는 친구를 통해 레이어트릴로 암을 치료한 90개의 사례가 담긴 존 리처드슨 박사와 패트리샤 그리핀의 책을 접하게 되었고, 그 길로 티후아나로 날아가 치료와 기도를 통해 건강을 완전히 회복했다. 그녀는 완전한 믿음으로 티후아나에 갔고, 그래서 원하는 결과를 얻었다.

> 그러므로 내가 너희에게 말하노니, 무엇이든지 기도하고 구하는 것은 받은 줄로 믿으라. 그리하면 너희에게 그대로 되리라. (마가복음 11장 24절)

> 믿는 자에게는 능히 하지 못할 일이 없느니라. (마가복음 9장 23절)

약효를 증진하는 정신의 힘

• • •

산호세 대학의 잭 홀란드 교수가 내게 노먼 커즌스의 '신비한 플라시보'라는 기사를 보내 주었다. 기사에는 이렇게 쓰여 있었다.

"출혈과 궤양이 있는 두 개의 환자 그룹을 대상으로 한 실험을 통해 플라시보의 실제 효과에 있어 의사의 역할에 대해 놀라운 결과를 관찰할 수 있었다. 첫 번째 그룹은 새로운 약이 개발되었으며, 분명 치유 효과가 있을 것이라는 정보를 의사에게 전달받았다. 두 번째 그룹은 신약이 투여될 것이며, 그 효과는 아직 분명하지 않다는 정보를 간호사에게 전달받았다. 첫 번째 그룹의 70%는 궤양 증상에서 상당한 호전을 보였다. 반면, 두 번째 그룹에서는 25%만 비슷한 결과를 얻었다. 이 두 그룹이 받은 '약'은 모두 똑같은 플라시보, 위약이었다."

노먼 커즌스는 이 결과에 대해 아주 흥미로운 논평을 덧붙였는데, 그것은 의사야말로 가장 강력한 플라시보라는 사실이었다.

위의 실험 결과는 환자의 믿음이 지닌 힘을 보여 준다. 한 그룹은 의사에게 들은 말을 통해 약의 치유 효과를 크게 기대했고, 다른 한 그룹은 약의 효과에 대해 의사보다 상대적으로 확신이 덜한 간호사의 말을 들으며 기대감이 떨어졌기 때문에 그다지 큰 효과를 보지 못했다. 믿는다는 것은 무언가를 진실로 받아들이는 것이다.

내면에 계신 하나님 아버지

• • •

우리 안의 하나님 아버지는 만물의 근원이며, 삶의 원칙이다. 예수
님은 눈에 보이는 것과 보이지 않는 모든 것을 창조한 이 존재를 '아
버지'라 부르셨다. 이 존재는 예수님이 눈면 자와 다리 저는 이를 치
유한 힘의 근원인 동시에 폭풍을 잠재우고, 빵과 물고기를 끝없이 만
들어내고, 예수님을 군중 속에서 사라질 수 있게 하고, 모세에게 이
야기하며, 죽은 자를 부활하게 한 정신이다.

이렇게 발현되는 정신을 보면 '우리 안의 하나님 아버지'라고 불리
는 원천과 힘이 있음을 알 수 있다.

내 안에 계시는 아버지께서 하시는 일이다. (요한복음 14장 10절)

물론 정신, 사고, 믿음이나 확신을 눈으로 볼 수는 없다. 성경은 이
렇게 말한다.

나를 본 자는 아버지를 보았거늘……. (요한복음 14장 9절)

다시 말해, 그 모든 놀라운 일과 기적적인 치유를 행하는 정신을
확인하면 이들을 가능하게 하는 정신 및 영적인 힘이 우리 안의 하나
님 아버지에 의해 움직인다는 사실을 깨닫게 된다.

안정을 예상하자

• • •

수년간 나는 삶에 닥칠 실망을 예상하며 사는 사람들을 수없이 보아왔다. 이들은 보이지 않는 어떠한 위험을 두려워했는데, 이 불길한 예감, 불확실함, 불안함은 마치 구름처럼 정신을 뒤덮고 있었다. 많은 사람이 자신들을 향한 하나님의 뜻은 무언가 아주 불편한 것이라고 확신하며 하나님께서 자신의 믿음을 시험하고 죄를 벌하기 위해 고통과 어려움을 보내신다고 믿는다. 하나님의 뜻이 어떠한 아픔과 고통이고, 자신의 실수를 향한 형벌이라고 생각하는 사람이 이렇게 많다는 것은 매우 놀라운 사실이다.

기억하자. 우리를 향한 하나님의 뜻은 '생명의 법칙'이 향하는 방향이며 늘 사랑, 아름다움, 행복, 조화, 풍요로운 삶으로 나타난다. 우리를 향한 하나님의 뜻은 경이롭고, 놀랍고, 아름다운 것이며, 우리의 가장 깊은 꿈을 초월하는 무언가이다. 하나님은 완전한 평화이니 고통은 바랄 수 없다. 하나님은 끝없는 기쁨이니 슬픔은 바랄 수 없다. 하나님은 끝없는 사랑이니 애정이 없는 것은 그 무엇도 바랄 수 없다. 하나님은 온전함, 아름다움, 완전함이니 고통은 바랄 수 없다. 하나님은 어제도, 오늘도, 영원히 변하지 않는다.

고통, 질병, 비참함을 불러오는 것은 우리 자신이며, 이는 하나님의 길과 사고방식을 알지 못하기 때문이다. 우리는 하나님이 복수와 같은 인간의 마음을 지닌 인간적인 존재라는 생각을 반드시 떨쳐버

려야 한다. 또한 하나님은 보편 법칙이며, 이 법칙에는 복수심도 없고, 인간적이지도 않고, 인간의 편파성도 없다.

> 하나님은 사람의 외모를 취하지 아니하시고. (사도행전 10장 34절)

사람이 하나님의 법칙을 부정적으로 사용한다면, 그 반작용으로 고통받게 될 것이다. 태양 빛은 선인과 악인, 살인자와 성인 모두에게 똑같이 내리쬔다. 정의로운 사람에게도, 그렇지 않은 사람의 머리 위에도 비는 똑같이 내리며, 이와 마찬가지로 '무한한 정신'도 어떠한 판단 없이 모두에게 미친다. 사람은 의식을 통해 자신의 잠재의식에 기록하는 방향에 따라 보상을 받기도, 벌을 받기도 한다. 좋은 것을 생각하면 좋은 것을 받고, 악을 생각하면 악이 따라온다. 단순한 이치다.

> 너희가 악하니 어찌 선한 것들을 말할 수 있겠느냐? (마태복음 12장 34절)

자신을 발견하다
• • •

최근 한 남자가 내게 상담을 요청했다. 큰 기업의 직원이었던 그는 자신의 동료, 상사, 회사를 탓하고 있었다. 그는 함께 일하는 동료 중 일부가 자신의 승진과 발전을 방해하고 있다고 믿었다. 그리고 이러한 상황에 분노하며 다툼과 불화를 만들어냈다. 나는 그에게 현재의 모든 상황은 외부가 아니라 그 스스로 만든 것이며, 지금 그가 모든 축복과 힘의 근원인 내면의 하나님에게 닿지 못하고 헤매고 있다고 설명했다. 이 남자는 앞을 제대로 보지 못하며 존재하지 않는 적들과 싸우고 있었던 것이다. 그는 이전의 태도를 바꾸며 아침저녁으로 다음과 같이 기도했다.

"하나님이 내 편에 계신다. 하나님이 나를 사랑하고 보호하신다. 하나님이 내 상사이자 인도자이며, 좋은 것으로 가는 모든 길을 열어주신다."

이렇게 그는 자신의 삶을 대하는 마음의 법칙을 바꿔가며 모든 동료, 상사, 주변 사람들에게 사랑과 호의를 전하게 되었다.

그는 내면에 있는 하나님, 즉 전능한 힘이 자신에게 불리한 것이 아닌 자신을 위한 것이라는 사실을 깨달았다. 다른 쪽으로 생각한다면 목적과 동기가 완전히 모순될 수 있었다. 그 남자는 지금까지 적이라고 생각했던 것들은 자신의 두려움과 무지가 반영된 존재였다는 사실을 알게 되었으며, 상담을 통해 태도를 바꾸고 삶의 모든 것을 변화시켰다. '평화는 하나님의 마음 한가운데에 있는 힘이다.'라는 격언이 있다. 이 남자는 자신 안에 있는 평화를 찾은 뒤 그 내면의 평화를 모든 사람과 상황에 투영하기 시작했다. 평화는 우리 존재의 중심에 있으며, 우주의 영혼이다. 이제 그는 자신의 내면에 있는 신성함과 화합했고, 진정한 발전과 표현 방법을 찾게 되었다.

나는 자신을 믿을 수 없습니다
• • •

몇 년 전 런던 캑스턴 홀에서 강연을 마친 뒤, 한 남자가 티타임에 나를 초대했다. 그는 홍보에 관해 아주 흥미로운 주제를 꺼냈다. 수년 전 그는 정치인으로서 자신을 홍보하고 이상적인 이미지를 만들기 위해 홍보 담당자를 고용했다. 그는 공직에 세 번이나 당선되었지만, 담당자의 글에 있는 사람은 진짜 자신이 아니었기 때문에 자신을 믿어준 사람들을 속였다는 기분이 들었다고 말했다.

그는 정신의 법칙을 알고 나서 홍보 담당자들의 일을 이해하기 시작했다고 한다. 이들은 다양한 신문, 라디오, TV 프로그램을 통해 반복적으로 이미지에 관련된 암시를 주입하고, 이 매체에 자주 노출된 사람들은 그 암시를 받아들이게 되는 것이다. 그는 이렇게 말했다.

"이런 일을 스스로 잘못된 것이라고 느끼며 대중들을 경멸하기 시작했습니다. 나는 그들이 무지하고, 천박하고, 쉽게 속아 넘어간다고 깎아내렸어요."

그는 만들어진 자신의 이미지가 완전히 가짜라고 생각했는데, 자신에게는 그러한 자질이 전혀 없다고 믿었기 때문이었다. 그렇게 이 남자는 내면의 충돌을 삭이며 궤양이라는 병을 키우고 말았다. 런던의 어느 정신과 의사는 그가 마주한 상황이 궤양의 원인이라고 말했다. 그는 사람들을 속이며 자신이 가지고 있지 않은 자질과 미덕에 대해 거짓말을 했기 때문에 죄책감을 느끼며 벌을 받아야 한다고 생각했다. 적절한 치료와 더불어 공직에서 물러나자 그의 궤양 증상은 치유되었다.

나는 그에게 긍정적인 자아상을 가지는 것이 매우 중요하다고 설명했다. 그는 대담하게 확언하기로 했다. "나는 살아계신 하나님의 아들이다. 하나님은 나를 사랑하고 보호하신다. 나는 내 중심에 계신 하나님을 찬양한다. 하나님의 존재는 조화, 건강, 평화, 기쁨, 풍요로 나에게 흘러들어온다." 나는 그에게 이 기도를 반복하며 습관으로 만들고, 자기 자신에 대해 비판적인 생각이 들 때나 결점을 찾을 때면 그 즉시 "나는 내 중심에 계신 하나님을 찬양한다."라고 외치라고 제안했다.

또한, 다른 사람들을 낮추어 보거나 모욕하는 것도 자기 생각이기에 자신에게 똑같은 일을 하는 것과 같으며, 생각하는 모든 것은 신체에, 또 경험으로 나타난다고 설명했다. 이제 그는 내면의 하나님을 찾았고, 더는 자기 자신을 비하하지 않게 되었다.

세상과 싸우지 말 것
. . .

아침 신문을 펴거나 저녁에 TV 혹은 라디오에서 흘러나오는 뉴스를 들으면 세상의 온갖 충격적이고 비극적인 사건들을 접하게 된다. 만약 우리가 모든 범죄와 살인에 분노하거나, 머릿속에서 이런 끔찍한 사실과 싸우며 분개하느라 내면과 조화를 이루지 못한다면 이러한 불화들이 우리의 삶에 나타나게 된다.

하나님의 평화가 우리의 영혼을 채우며, 하나님의 사랑이 정신과 마음에 스며들어 있다는 사실을 기억하자. 또한, 모든 인류를 비추는 하나님의 빛을 이해하고 느끼자. 이렇게 하면 우리는 빠르게 변화하는 이 세상에 비록 조금일지라도 평화를 가져다주는 데 기여하게 된다. 세상과 싸우며 우리의 소중한 정신적, 영적 에너지를 소비하지 말자. 우리의 에너지는 자기 자신과 주변 사람의 건강과 행복을 위해 건설적으로 사용해야 한다.

과거에서 벗어나기
. . .

언젠가 내가 속한 작은 클럽에서 80세가 넘은 노인과 잠깐 이야기한 적이 있었다. 그는 사회보장국, 세금, 정부에서 일하는 사기꾼들, 두 번의 세계대전에서 자신이 받은 상처에 대한 후회를 늘어놓았다.

그는 50여 년 전에 있었던 소송도, 1929년 시장 경제가 붕괴했을 때 잃은 돈에 관해서도 이야기했다. 노인은 과거의 상처와 영광과 함께 살고 있었고, 워싱턴에 있는 현 정부를 향한 분노와 증오에 가득 차 있었다. 그는 지팡이에 몸을 의지하며 부정적이고 파괴적인 감정에서 생겨난 관절염과 대장염으로 고통받았다. 나는 그에게 질병에 있어 감정의 역할에 관해 설명해 주었고, 그는 내 설명을 받아들이는 것 같았다. 그는 자신이 세상을 바꿀 수는 없지만, 자기 자신은 바꿀 수 있다는 사실을 깨달았다. 그의 마음은 파괴적인 감정을 만들어내던 이전의 형태를 점차 벗어났다. 나는 그에게 잠재의식에 웅크리고 있던 부정적인 감정들이 발산되며 신체의 질병으로 나타난 것이라고 말해 주었다.

나는 그에게 기도문을 만들고, 소셜 모임에 하나 이상 가입하고, 친구를 만들고, 수영이나 골프를 할 것을 제안했다. 내가 그에게 권해준 기도는 아침에 시편 23편, 점심에 27편, 자기 전에 91편을 읽는 것이었다. 시편은 《하나님의 노래》이니 이렇게 훌륭한 진실들에 점차 녹아들며 그가 점차 사고방식을 바꿀 수 있을 것이라고 생각했기 때문이다.

내가 그에게 해준 용서의 기도는 다음과 같다.

"하나님의 사랑이 내 영혼을 채운다. 나는 하나님의 사랑이 내 마음으로 들어올 때 모든 분노가 사라질 것을 안다. 나는 그동안 타인에 대해 부정적이고 파괴적인 생각을 품었던 나 자신을 용서한다. 나는 다시는 이러한 일을 반복하지 않을 것이다. 나는 내 안의 전능하신 하나님께 집중하며 하나님의 관점과 사랑의 법칙에 따라 생각하고, 말하고, 행동하고, 반응한다. 나는 모든 이(이름 나열하기)를 완전히 용서한다. 나는 그들에게 천국의 모든 축복, 사랑, 평화, 호의를 전한다. 그들도, 나도 자유롭다. 나는 다른 이들을 내 마음에서 놓아줬을 때 그것을 알며, 그 자리에는 그 어떤 분노도 없다. 그 자리에는 평화와 마음에서 우러나온 축복이 넘친다."

나는 아직 그 노인을 이따금 만나는데, 그는 더는 과거에 연연하지 않고 하나님과 하나님의 일에 관심을 두고 있다. 관절도 자신과 의사가 놀랄 정도로 유연해졌으며, 완전히 새로운 삶을 살게 되었다. 그는 자신의 사고방식을 바꾸고 마음의 법칙을 따름으로써 삶과 신체의 질병까지 치료할 수 있었다.

두 개의 세계
• • •

형이상학이란 물질세계를 넘어선 무언가를 말하며 우리 내면의 사고, 감정, 상상력, 신념을 의미하기도 한다. 잠깐 멈춰 생각해보면, 우리가 하는 모든 것과 하지 않은 모든 것은 마음의 태도, 즉 사고방식에 의해 이미 결정되어 있다는 것을 알 수 있다. 만약 자신의 몸과 마음의 상태가 좋지 않거나 무력하고, 틀에 박혀 있고, 단조로운 삶을 살고 있다면, 과거에 묶여 있거나 똑같은 정신적 패턴을 반복하기 때문일 확률이 높다.

우리가 성장하려 할 때 우리를 더 높은 단계로 이끌 '생명의 법칙'을 거부한다면 다른 대안이 없을 뿐만 아니라 질병과 같이 부정적인 문제들을 일으킬 수도 있지만, 그 법칙을 받아들이면 무기력에서 벗어나 해결책을 찾게 해줄 것이다. 그렇게 되면, 우리는 우리 자신을 찾을 수 있다.

마음의 평화
• • •

성경은 이렇게 말한다.

> 내가 세상에 화평을 주려 온 줄로 생각하지 말라. 화평이 아니요 검을 주러 왔노라. (마태복음 10장 34절)

예수께서는 이를 '평화의 법칙'이라고 불렀다. 당연히 우리는 이 문장 뒤의 깊은 정신적 의미를 찾아야 한다. 이 성경 구절은 모든 사람의 내면에 있는 신성한 지혜를 언급하며 오래된 진실을 드러내고 있다. 우리가 처음으로 자기 자신에 관한 진실을 들으며 운명을 직접 만들어갈 수 있다는 사실을 알게 되면 불편함을 느낄 수도, 혹은 충격을 받을 수도 있으며, 혼란을 느낄 것이다. 검은 무언가를 깔끔하게 잘라내고 끊어내는 것을 상징한다. 이 구절에서 검이란 분할의 검이며, 진실에서 그릇된 개념을 잘라내는 검이다.

'잠재의식의 힘'에 관련된 강연을 끝낸 어느 일요일 아침, 한 소녀는 내게 자신이 어린 시절부터 지녀왔던 종교적 신념에 대해 충격을 받았다고 말했다. 그녀는 나의 강연이 모두 진실처럼 들렸고, 바로 그 때문에 불편함을 느꼈다고 덧붙였다. 나는 그녀가 내 강연에 나온 내용과 같이 단순한 진실을 이해하기 시작하며 이를 실천으로 옮기면 낡은 교리와 미신, 끔찍한 사후세계와 같은 신학의 복잡함에서 벗어날 수 있을 것이라고 말해 주었다.

진실, 즉 검은 우리의 마음에 있는 모든 거짓을 잘라내는 것이기 때문에 마음속에 분란을 만들 수 있다. 마침내 진실이 승리하고 나면 우리는 나의 구원자가 바로 나 자신이라는 사실을 발견하게 된다. 아플 때 구원자는 건강이다. 배가 고플 때 구원자는 음식이다. 두려움, 무지, 미신과 더불어 견고한 감옥에 갇혔을 때 구원자는 자유다. 목이 말라 죽어갈 때 구원자는 물이다. 그리고 정글에서 길을 잃었을 때는 우리의 잠재의식 속에 있는 지침이 출구로 이끌어주며, 잠재의식 깊은 곳에 잠자는 무한한 지성을 깨워줄 것이다.

성경은 이렇게 답을 준다.

나 곧 내가 여호와라 나 외에 구원자가 없느니라. (이사야 43장 11

절) 나는 여호와라 나 외에 다른 이가 없나니 나밖에 신이 없느니라. 너는 나를 알지 못하였을지라도 나는 네 띠를 동일 것이요.

(이사야 45장 5절)

우리 안의 '나'는 하나님의 존재, 자각, 순수한 존재, 살아 있는 정신, 눈에 보이거나 보이지 않는 만물의 창조자이다. 그러므로 모든 이는 자기 자신의 구원자인 것이다. 진실은 우리 마음에 두려움을 불어넣는 모든 신념을 부수고 나올 것을 명령한다. 체념하거나 문제를 미루는 것, 혹은 소위 말하는 구제 불능의 상태는 평화가 아니다. 진정한 평화란 그릇된 신념들을 끊어내며 문제가 이어지는 상황을 완전하게 거부하는 것이다.

하나님은 모든 문제의 해결책을 알고 계시며, 우리에게 이로운 것, 조화와 건강과 풍요로운 삶을 주신다는 사실을 깨닫자. 낡고 오래된 사고방식을 끊어내자. 우울하고 불행한 모든 전망을 거부하자. 최선의 것만을 예상하자. 그것들이 우리에게 올 것이다. 영원히 하나님의 찬양을 머금고 세상을 살아가는 법을 배우자.

삶의 진실들은 우리 안에 있던 낡은 생각, 의견, 종교적 신념들과 부딪히며, 내면에 있는 하나님의 선물을 불러일으킨다는 사실을 기억해야 한다. 《하나님의 노래》의 시편 23편의 내용처럼 푸른 초원과 잔잔한 물가로 인도받을 것을 믿으며, 모든 이해를 초월하는 내면의 평화를 찾아가자.

47

HOW to USE the LAWS of MIND

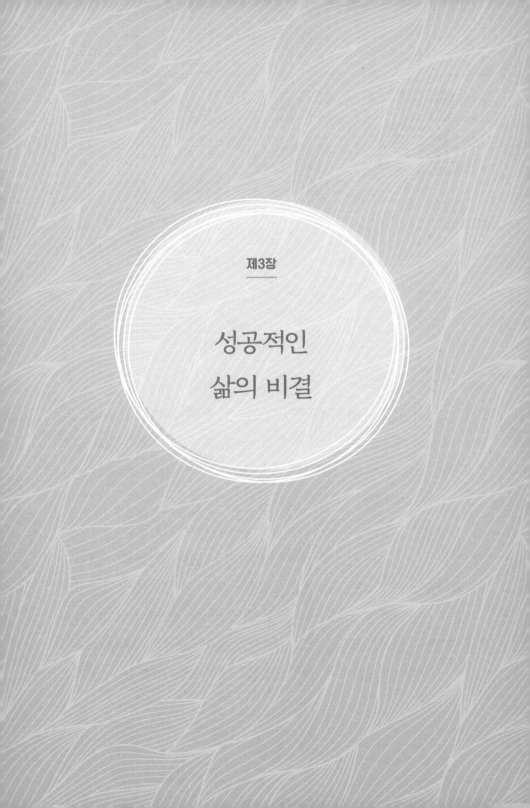

제3장

성공적인
삶의 비결

　세상 모든 사람이 성공하기를 바란다. 우리는 이기고, 정복하고, 승리로 가득한 삶을 살기 위해 태어났다. 그렇기에 우리는 기도 생활, 직장 생활, 인간관계를 포함해 삶의 모든 부분에서 훌륭한 승리를 거두어야 한다.

　성공은 그 자체로 강력한 동기이며, 우리 안에 있는 생명의 법칙은 늘 우리를 통해 더 높은 곳에서 발현하고자 한다. 충만하고 행복한 삶을 살고, 더 높은 곳에서 자기 자신을 표현하며, 재능을 통해 세상에 기여하고 있다면 우리는 성공을 거둔 것이다. 성공한 사업이란 우리를 가장 높은 곳으로 이끌면서 인류에게 이익을 주는 것이다. 성공은 물질적 보상을 주며, 성공의 산물은 우리에게 기쁨을 준다. 하지만 성공에는 여러 측면이 있어 누군가는 성공이라고 느끼는 것이 다른 이에게는 실패로 다가올 수도 있다.

저는 성공한 사람이 아닙니다
•••

최근 자신의 모든 능력을 돈을 버는 데 쏟아 부어 엄청난 돈과 부동산을 보유하게 된 한 남자와 이야기를 나누었다. 그는 업계에서 자신을 엄청난 성공을 거둔 사람으로 대우해 준다고 말했다. 하지만 그는 내게 자신은 성공한 사람이 아니라고 털어놓았다. 타인의 이득을 취하기 위해 불투명한 방법을 사용했고, 자신을 믿었던 사람들을 속이며 부를 축적했기 때문이었다. 그는 궤양과 엄청난 고혈압으로 고통받고 있었다. 게다가 자신이 고통과 벌을 받아야 한다는 죄책감에 시달리고 있기도 했다.

나는 그에게 궤양이 생긴 이유는 궤양을 만드는 사고방식 때문이라는 사실을 설명했다. 또, 그가 사고방식을 바꾸면 자연히 치유도 따라올 것이라고 말해 주었다. 그는 복용 중인 약의 부작용으로 고통받고 있기도 했다. 결과적으로 그는 다음과 같은 기도를 밤낮으로 반복하며 자신의 사고방식을 바꿀 수 있었다.

"하나님이 나의 목자시다. 나는 하나님을 목자로 받아들이며 환희에 찬 내 영혼을 노래한다. 전능하고 신성한 힘이 내 모든 길을 안내

하신다. 하나님의 지혜가 나를 다스리니 나는 평화도, 조화도, 인도도 필요하지 않다. 하나님은 나의 꿈 그 이상으로 인도하시니 나는 늘 푸른 초원에 머문다. 하나님의 평화가 내 마음과 정신에 흐르니 나는 늘 잔잔한 물가에 머문다. 나의 감정(바다)은 늘 잔잔하고 고요하다.

이제 나의 마음은 고요하며 하나님이 계신 천국의 진실과 빛을 반사한다(나의 영혼은 회복되었다). 나는 온종일 내 안에 있는 신성한 하나님의 존재를 생각한다. 나는 하나님의 영원한 진리에 헌신하고 주의를 기울이며 정의로운 길을 걷는다. 나는 죽음이 없음을 알며 어떤 악도 두려워하지 않는다. 나는 하나님께서 우리에게 두려움이 아닌 사랑과 힘, 고요한 마음만을 주셨음을 안다. 나는 하나님의 막대(사랑)와 지팡이(진실)가 평안을 주고, 나를 지탱하며 번영하게 함을 안다. 하나님의 연회가 늘 내 앞에 있다. 가장 높으신 하나님의 비밀 장소인 그곳에 나의 생각이 있으며, 나는 하나님과 함께 걷고 이야기한다. (적들이 주는) 두려움과 걱정으로 괴로워질 때면 양분이 풍부한 하나님의 진실을 먹는다. 내가 먹는 고기는 하나님의 무한한 힘이고, 마시는 와인은 기쁨의 정수이다. 하나님의 지혜는 나의 지성에 성유를 발라 주시며, 이는 내 발밑을 비추는 등불이고 내 길을 밝히는 빛이다. 나의 컵(심장)은 하나님의 '전능한 존재'가 머무는 방이며, 이곳에는 사랑과 기쁨이 넘친다. 내 마음에는 선과 진실이 머무르고, 이곳은 나의 하나님이 머무는 집이다."

이렇게 얼마간 시편 23편의 해석을 반복하며 마음에 가득 채운 뒤,

그는 삶을 대하는 자신의 태도와 관점이 완전히 바뀌었다는 사실을 깨달았다. 그는 더 친절해지고, 사려 깊어지고, 모든 일에 사랑이 넘쳤다. 더 이상 약은 필요하지 않았다. 그는 태도를 바꾸는 것이 모든 것을 바꾸었음을 알게 되었다.

그는 이제 자신을 비하하지 않았다. 생명의 법칙은 절대 비하하지 않으며, 우리의 마음을 옳은 방법으로 사용한다면 정당한 결과는 자연히 따라온다. 우리의 마음 자체가 법칙이다. 좋은 것을 생각하면 좋은 것이 오고, 나쁜 것을 생각하면 나쁜 것이 온다. 수학이나 화학 법칙이 그렇듯 생명의 법칙도 원한을 품지 않는다.

덧셈을 제대로 하지 못해 회사에서 해고당할 수도 있지만, 적절한 지침을 따른다면 더는 이러한 실수를 하지 않을 것이다. 수학의 법칙은 우리에게 그 어떤 원한도 없다. 우리의 마음도 마찬가지다. 마음의 법칙을 황금률과 사랑의 법칙에 따라 옳은 방법으로 활용하자. 마음의 법칙은 우리에게 원한을 품지 않는다. 과거는 잊어버리고 되새기지 않아야 한다.

가역성의 법칙

• • •

에디슨은 말이 파동을 만들어낸다는 사실을 알았고, 이러한 진동이 말이나 노래를 재현할 수 있다는 내용을 이론으로 정리하기도 했다. 그는 역변환이라는 개념을 생각해냈고, 말이나 노래를 재생산하는 이 개념을 기계 장치로 바꾼 축음기를 발명했다.

과학 법칙을 배우는 사람들이라면 모든 힘은 가역, 즉 원래 상태로 되돌아갈 수 있다는 사실을 알고 있다. 열은 기계적 움직임을 만들어낸다. 이를 뒤집어보면 기계적 움직임으로 열을 생산할 수 있다는 것도 알 수 있다. 전기를 사용해 자성을 만들어낼 수 있다는 것은 과학적 사실이다. 마찬가지로 자성으로도 전류를 만들어낼 수 있다. 원인과 결과, 에너지와 물질, 작용과 반작용은 모두 같으며 서로 호환될 수 있다. 그래서 나는 이렇게 말하고 싶다.

> 그러므로 내가 너희에게 말하노니 무엇이든지 기도하고 구하는 것은 받은 줄로 믿으라. 그리하면 너희에게 그대로 되리라. (마가복음 11장 24절)

우리는 원하는 것을 이미 가졌다고 믿으며 기도해야 한다. 바로 이것이 역변환 법칙의 기본이다.

기도를 통해 거둔 성공
• • •

런던에서 대학을 졸업하는 아들을 보고 싶었던 한 어머니가 있었다. 하지만 그녀에게는 런던까지 갈 돈이 없었다. 나는 그녀에게 만약 그녀가 런던에 도착해 아들과 포옹하며 졸업식을 본다면 어떨 것 같은지 물었다. 그녀는 "너무 행복하고 기쁠 거예요!"라고 말했다.

나는 그녀에게 잠자리에 들기 전에 그녀가 있는 곳으로 런던을 데려오고 미래를 현재로 끌어와 아들을 포옹하는 자기 자신을 그리고, 눈을 떴을 때 이곳이 런던이 아니고 아들이 옆에 있지 않은 것에 놀랄 정도로 모든 장면을 생생하고 현실적으로 떠올리라고 말했다.

나의 제안을 실천한 지 세 번째 되는 밤, 그녀는 상상을 완전히 자기 것으로 받아들였다. 아침에 눈을 떴을 때, 그녀는 자신이 실제로 런던에 있지 않다는 사실에 진심으로 놀라워하게 되었다. 실제로 그녀의 기도는 10여 년 전 누군가에게 빌려주었던 돈을 받으며 응답받았다. 게다가 원금에 이자까지 돌려받으면서 영국에 가는 데 필요한 돈보다 더 충분한 돈을 얻게 되었다.

그녀는 자신이 이미 졸업식을 보며 아들과 대화하고 있다고 생생히 떠올렸고, 이렇게 기쁜 마음과 암시는 기도의 응답으로 나타났다. 그녀는 자신의 목적이 이미 벌어진 사실인 것처럼 생각했다. 모든 힘의 변환이 가역적이라는 사실을 이해했던 것이다. 그녀는 런던에 가는 것이 자신에게 커다란 기쁨과 만족을 줄 것이라는 사실을 알았다. 분명 자신이 런던에 있을 때 느낄 기쁨, 그 분위기를 포착해 끊임없이 떠올린 그녀의 노력이 기도의 응답으로 나타났을 것이다.

하나님은…… 없는 것을 있는 것으로 부르시는 이시니라. (로마서 4장 17절)

성공적인 기도는 마음의 법칙에 달려 있다. 만약 물리적인 사실이 마음에 기쁨을 준다면, 그 기쁜 마음이 물리적인 사실을 만들어낼 수 있다.

정직하지 않은 방식

• • •

만약 누군가가 사업이나 재정을 관리할 때 정직하지 않은 방식을 사용한다면, 그 사람이 겪을 손해는 경제적일 수도 있지만 건강, 승진, 권위, 자존감, 사랑 등 잠재의식이 닿는 여러 방면으로 다가올 수 있다. 마음의 법칙에 관련된 악행과 악용은 언젠가 반드시 대가를 치른다.

평화와 화합을 선사하는 유일한 성공은 다른 사람이 나에 대해 생각하고, 말하고, 느끼고, 행동하기를 원하는 그대로 생각하고, 말하고, 행동하라는 황금률을 따르는 것이다. 성공이란 기본적으로 도덕적이며 정신적인 것이고 정직함, 진실함, 정의로 좌우되며, 모든 이의 선의로 완성된다.

인간은 모두 상호의존적인 존재이기에 다른 사람의 행복이 모든 이의 성공에 필수적인 요소라는 가정은 매우 합리적이다. 더 많은 사람이 영적인 삶에 관심을 가지고 인정할수록 우리는 자신의 물질적 부를 더 현명하고, 사려 깊고, 건설적으로 활용할 수 있게 된다. 신앙이 충만한 사람은 편안한 집에서 머물고, 입는 것과 먹는 것에 불편함이 없다. 다시 말해, 모든 것이 자신의 쓰임과 기쁨을 위해 존재한다는 사실을 안다.

우리에게 모든 것을 풍성히 주어 누리게 하시는 하나님……. (디모데전서 6장 17절)

그 누구도 어떤 것을 완벽하게 소유할 수 없다. 하나님께서 만물을 소유하고 계시지만, 우리는 바다나 공기와 같이 지구에 있는 하나님의 보물을 사용할 수 있다. 신앙이 충만한 사람은 원할 때 원하는 일에 사용할 모든 돈을 얻을 수 있다. 돈은 단순히 교환을 위한 수단이며, 시기가 지날 때마다 여러 형태로 바뀌어왔다. 이 역시 국가의 경제적 안정을 유지하기 위한 하나님의 방식이다.

종교 활동의 성공

• • •

우리는 종교 활동이나 종교 단체가 계속해서 더 많은 돈만 좇고 있다면, 그것은 결코 성공이 아님을 알아야 한다. 이는 완전한 실패의 증거이며, 거짓된 영성으로 불려야 한다. 만약 삶에 대한 종교적 접근이 성공적이라면, 세상이 이를 원하고 지지할 것이다.

종교 활동에서 성공한 사람이란 단순한 신봉자가 아니라 진정한 진실을 추구하는 자이다. 신앙이 충만한 사람은 전도자가 아니라 동료가 된다. 진정한 진실을 추구하는 사람의 비결은 '더 높은 자아'가 제시하는 내면의 목소리에 충성하는 것이다. 모두의 내면에 있는 전능한 존재는 성공의 잠재력을 허락하니, 우리는 정복하며 앞으로 나아가고 또 나아갈 뿐이다.

내면의 고요와 평화를 찾는 법
· · ·

최근 한 대기업의 회장에게 정신적인 조언을 해준 적이 있었다. 그는 매우 성공한 사업가였고, 큰 부를 쌓았으며, 수백만 달러가 넘는 집에 살면서 편안함과 호화로움에 둘러싸여 있었다. 물론, 전혀 문제없는 성공이었다. 무일푼으로 시작해 자신의 노력으로 정상에 올라섰기 때문이었다.

하지만 삶에서는 성공적이지 못했다. 심한 고혈압은 물론이고 편두통과 대장염이 그를 떠나지 않았다. 그는 내게 이렇게 말했다.

"저는 신경 쇠약을 앓고 있습니다. 여러 진정제를 먹어 보았지만,

그 어떤 것도 듣지 않았어요."

나는 그에게 진정으로 필요한 것은 마음의 평화이며, 오직 스스로 노력해야만 얻을 수 있다고 말해 주었다. 그리고 평화를 찾을 방법으로 그에게 하루에 두세 번 시편 23편을 읽고 해석하며 "하나님의 평화가 내 영혼을 채운다."라고 소리 내 말할 것을 제안했다. 그리고 그가 시편 23편에 있는 영원한 진리를 이해하고 건설적으로 생각하기 시작한다면 신체적 건강을 찾으면서 내면의 평화를 얻을 수 있다고 강조했다.

절박했던 그는 무엇이든 할 준비가 되어 있었다. 나는 그에게 시편 23편의 해석이 포함된 책인 《힘은 당신 안에 있다Within You Is the Power》를 건네주었다. 그는 마음을 열고 시편과 함께 책 속에 있는 다른 내용을 읽으며 명상하기 시작했고, 그토록 찾던 내면의 고요와 평화를 찾게 되었다. 내면에 있는 하나님의 존재로 돌아가 하나님의 사랑과 평화에 교감하며 그의 영혼은 마침내 회복되었다.

닫힌 마음과 열린 마음
• • •

이미 가득 차 있는 컵에는 아무것도 담을 수 없다. 이렇듯 어떤 마음에는 그릇된 신념, 주장, 기묘하게 뒤틀린 하나님에 관한 개념이 가득해 새롭고, 활력 넘치고, 건설적인 생각이 들어갈 자리가 없다.

나는 최근 어느 알코올 중독자에게 이렇게 말했다.

"자신이 알코올 중독자라는 사실을 받아들이세요. 마음에 새로운 생각이 들어오게 해야 합니다. 당신의 손이 닫혀 있으면 내가 건넨 선물을 받을 수 없듯이 마음이 닫혀 있으면 삶에 관한 새로운 해석을 받아들일 수 없습니다."

그는 자신이 술을 과도하게 마시는 이유는 모두 직장에서 받은 압박과 긴장 때문이라고 말했다. 돈도 꽤 많이 벌었지만, 대부분 술을 먹는 데 탕진했다. 그는 치유에 목말라 있었다. 어느 순간 그는 자신에게 치유가 필요하다는 사실을 받아들였고, 이는 그 자체로 치유 과정의 70%를 달성한 것이나 다름없다.

나는 그의 잠재의식이 그가 진심을 담아 내린 결정을 받아들일 것이고, 그 진실함이 매우 중요한 것이라고 설명했다. 매일 밤 자기 전, 그는 진정으로 이해하고 느끼며 사랑을 담아 이렇게 소리 내 말했다.

"하나님은 나에게 자유와 술 취하지 않은 정신과 마음의 평화를 주신다. 하나님 아버지, 감사합니다."

그는 이 기도를 매일 밤 5~6분씩 반복했다. 이렇게 기도하며 그는 잠재의식을 통해 의식 속에 자유, 평화, 술 취하지 않은 정신을 새겨 넣은 것이다. 채 일주일도 되지 않아 그는 잠재의식으로 이 기도를 받아들이는 데 성공했고, 술을 마시고자 하는 모든 욕구가 사라졌다. 마음의 법칙은 강박적인 알코올 중독자가 될 수도 있었던 이 남자를 자유로 이끌었다. 모든 법칙은 두 가지 방향으로 사용할 수 있다. 이 남자는 그중 옳은 방향을 택했다.

모든 축복의 원천
• • •

성경은 이렇게 말한다.

> 수고하고 무거운 짐 진 자들아 다 내게로 오라 내가 너희를 쉬게
> 하리라. (마태복음 11장 28절)

성경은 정신적이고 영적인 교재이며, 특정한 사람을 지칭하지 않는다. 성경에 등장하는 인물들은 진실을 의인화해 표현한 것이다. 그러니 평온함이나 마음의 평화를 가져다줄 누군가를 찾지 말고 내면에 있는 하나님의 평화를 찾아 대담하게 단언해야 한다.

"하나님의 평화, 사랑, 기쁨이 내 안에 흐르며 내 영혼을 치유하고, 생기를 불어넣고, 회복시킨다."

신성한 존재는 우리 안에 있다. 마음 안에 있는 하나님의 사랑과 빛과 진실과 아름다움을 깊이 생각할 때 우리는 주권을 갖고 고양되는데, 이는 내면에 계신 하나님을 찾아냈기 때문이다. 신성함의 중심은 우리 안에 있다.

다윗은 이렇게 말한다.

여호와 안에서 잠잠하고 참고 기다리라. (시편 37편 7절)

'여호와'라는 말은 절대적인 힘, 즉 하나님을 의미한다. 하지만 '여호와 안에서 잠잠하고'라는 말은 우리를 창조하고, 깨어있을 때나 잠들었을 때도 우리의 장기를 통제하고, 모든 외관을 완성하신 우리 안의 무한한 정신의 존재, 즉 더 높은 자아를 믿고 그 안에서 평안을 찾는다는 것을 의미한다.

고대에는 봉건 제후들이 자신의 농노, 노예, 소작농들의 생사를 결정할 권력을 쥐고 있었다. 오늘날에도 영국에는 왕과 귀족들이 있지만, 이러한 권력을 가지고 있지는 않다. 이와 같은 현상을 다음과 같이 생각해보자. 우리 내면의 '왕'은 우리의 모든 자잘한 생각, 주장, 행동, 반응을 통제하고 관리하는 지배적인 신념 혹은 주된 사고방식이다. 예를 들어, 만약 두려움에 휩싸여 있다면 내면의 황제는 두려움이 될 수 있다. 두려움이 우리를 지배하면 두려움이 모든 생각, 감정, 행동, 반응을 통제하게 된다.

우리 마음의 왕좌에 앉을 위대한 왕은 모든 방면에서 우리를 다스리고 인도하며 이끌어주실 사랑의 하나님이다. 우리를 지배하는 이 신념은 삶에 놀라운 일들을 일으킬 것이고, 우리의 모든 세상은 이 신념의 이미지에 마법처럼 녹아들 것이다. 하나님의 신성한 사랑과 정의로움이 우리를 다스리게 되면 그 진정한 왕이 내면의 평화를 지켜줄 것이다. 일과 인간관계에서 성공할 수 있을 것이며, 건강을 얻고 허탈함과 우울함에서 벗어나게 될 것이다.

우리 내면을 지배하는 신념은 우리의 세상을 지배하며, 좋은 것이든 나쁜 것이든 우리가 갈 곳과 경험하게 될 것들, 즉 미래를 결정한다. 1847년 큄비는 "인간이란 신념이 표현된 존재다."라고 말했다. 우리 안의 신성함에 주의를 기울이며 하나님의 존재를 인도자, 지도자, 행복과 발전의 원천으로 삼는다면 반드시 성공, 진정한 자기표현, 타인과 조화로운 관계를 얻게 된다. 하찮고, 두렵고, 신경 쓰이는 모든 걱정과 질투, 시기는 사라질 것이다. 우리의 마음에 이들이 머무를 자리가 없기 때문이다.

내면을 들여다보며 통찰을 얻어야만 우리의 모든 고통을 멈출 수 있다. 성경은 이렇게 말한다.

> 너희가 돌이켜 조용히 있어야 구원을 얻을 것이요. (이사야 30장 15절)

성공적인 삶

• • •

일요일 아침에 열리는 나의 강연에 이따금 참석하는 90세 노인이 있었다. 최근 그는 나와 대화하며 30여 년 전 자신이 지녔던 신에 관한 개념은 어렸을 때와 똑같았다고 말했다. 그에게 신이란 분노에 차 있고, 앙심을 품고 있으며, 독재 권력을 휘두르던 어느 술탄과 같은 존재였다. 노인은 신을 두려워하며 자신의 고통이 신의 뜻이라고 생각했다. 결국 그는 병을 얻었고, 의사로부터 "이제 2개월 정도밖에 남지 않았습니다. 주변 정리를 하셔야 할 것 같아요."라는 말을 듣게 되었다.

어느 날 병실에 있던 다른 환자를 방문한 젊은 여성이 치유의 힘을 사용하는 방법이 적힌 팸플릿을 그에게 건넸고, 그는 완전히 빠져들었다. 그는 단번에 삶을 향한 갈증에 휩싸였다. 그는 침대를 박차고 일어나 집으로 돌아갔고, 모든 친구를 식당으로 초대해 저녁을 대접했다. 그는 이렇게 말했다. "이것은 내 부활을 기념하는 자리일세." 내면에 있는 무한한 치유의 존재를 향한 그의 믿음과 새로운 통찰은 마침내 응답받았고, 이렇게 들어온 영적 에너지는 그의 삶을 바꾸었다. 그는 아프기 전 60년보다 지난 30년간 더 많은 것을 성취했다고 말했다. 그는 낡은 행동 방식과 생활 방식, 그릇된 개념을 벗어 버린 뒤 그가 지도하거나 친구가 되어 준 모든 사람의 성공에 기여하는 새로운 삶을 살게 되었다.

말하는 대로
• • •

잠재의식은 우리를 그대로 흡수한다. 내 지인 중에는 55세 건축업

자가 있다. 그의 아내는 그가 끊임없이 "나는 늙어가고 있어. 몸이 예전만큼 튼튼하지 않아. 기억력도 흐려지고 있어. 더는 못 견디겠어."라고 말한다며 하소연했다. 이 남자는 실제로 80세처럼 보였고 쇠약함, 노쇠함과 더불어 삶에 기쁨과 활력을 느끼지 못하고 있었다. 아내는 그에게 잠재력의 힘에 관해 설명해 주었지만, 그는 아내의 말을 비웃으며 잠재의식 같은 것은 없다고 말했다. 그의 마음은 닫혀 있었고, 자신의 잠재의식에 이미 새겨진 것들만을 표현해내고 있었다.

생명은 늙지 않는다. 나이란 세월의 흐름이 아니라 지혜로움의 시작이다. 사랑, 믿음, 신뢰, 기쁨, 선의, 웃음, 영감은 결코 나이 들지 않는다. 당신이 아홉 살이든 아흔 살이든 생명은 우리를 통해 늘 더 나은 것을 표현하려고 한다. 우리 안의 정신, 곧 하나님은 우리에게 늘 "더 높은 곳으로 오라. 그러려면 네가 필요하다."라고 말한다. 우리 마음에 있는 이 보이지 않는 손님의 사뿐한 발걸음을 환영하자.

내가 온 것은 양으로 생명을 얻게 하고 더욱 풍성히 얻게 하려는 것이라. (요한복음 10장 10절)

이것이 우리 안에 있는 생명의 법칙이 바라는 바이다. 우리 안의 무한한 존재는 우리를 앞으로, 더 높은 곳으로, 하나님을 향해 나아가게 하는 속삭임, 영감, 꿈을 알아차리게 한다.

원칙의 승리

• • •

에머슨은 말했다. "원칙의 승리가 아니면 그 무엇으로도 평화를 이룰 수 없다." 전기 법칙을 이해하고 적응하지 못하면 집안의 전선을 연결할 수 없다. 화학 법칙을 이해하지 못하면 화학 약품을 만들어낼 수 없다. 집을 짓고 싶다면 건축 원리를 이해해야 한다. 음악가가 되고 싶다면 반드시 음악을 공부하고 연습해야 하며, 이렇게 시간이 지나면 마침내 눈을 감고도 클래식 곡을 연주할 수 있게 될 것이다. 마찬가지로 잠재의식을 자동으로 활용하려면 이와 똑같은 과정을 거쳐야 한다.

우리의 마음은 하나의 원칙이다. 좋은 것을 생각하면 좋은 것이 따라온다. 부족함과 한계를 생각하면 궁핍을 겪는다. 온종일 하는 생각이 바로 우리 자신에 대한 생각이다. 우리 마음의 법칙들을 배워 실천에 옮기자. 예를 들어, 진심으로 받아들여 우리의 감정을 움직인 개념은 잠재의식으로 들어가 현실로 나타난다. 이 법칙을 알고 나면 잠재의식에 무엇을 새겨야 할지 주의를 기울이게 된다.

그들이 돈을 내지 않은 이유

• • •

언젠가 전문직에 종사하는 한 여성과 이야기를 나누었다. 그녀는 사람들에게 많은 시간을 들여 좋은 충고를 해주었지만, 그중 많은 사람이 그에 따른 값을 지불하지 않았다고 말했다. 나는 그녀에게 온 모두가 축복받고, 치유되고, 번성을 얻었으며, 그렇기에 하나님의 질서에 따라 이들이 기꺼이 대가를 지불할 것이라고 단언하면 괴로움을 극복할 수 있다고 말해 주었다.

그녀는 내 제안에 따라 태도를 바꾸었고, 잠재의식은 이에 응답했다. 많은 손님이 돈을 내지 않았던 이유는 그녀가 낮에 사회복지사로 일하고 있었고, 그녀의 주관적인 사고가 가난과 빈곤에 시달리는 사람들에게 집중되어 있었기 때문이었다. 그녀는 마음이 움직이는 방식에 대한 새로운 통찰을 따르며 매우 성공적인 직업 생활을 하게 되었다.

미신

• • •

많은 사람이 이렇게 말한다.

"만약 이게 하나님의 뜻이라면, 따르겠습니다."

당신의 기도가 '만약'으로 시작한다면, 그 응답은 매우 부족하고 불확실하며 아마 절대 현실로 드러나지 않을 것이다. 자신의 짝을 찾던 한 여자는 늘 "나는 너무 나이가 많아. 나는 못생겼어."라고 말하곤 했다. 그녀는 자신이 결혼할 수 있는 이유가 아니라 그렇지 못한 이

유만 찾아 되뇌었다. 나는 이렇게 패배주의적인 생각만 하는 그녀에게 이렇게 말했다.

"당신이 찾는 남자는 지금 당신을 찾고 있습니다. 이 남자의 전 부인은 매우 아름다웠지만, 그에게서 달아나 다른 남자들을 만나고 다녔어요. 그 남자는 이제 당신과 같은 여자를 찾고 있습니다."

그리고 신문을 보면 60, 70, 80세에도 결혼식을 올리는 사람들의 기사를 자주 볼 수 있다고 전해 주며 말을 이어갔다. 무한한 영적 힘은 신성한 질서에 따라 우리를 딱 맞는 동반자에게 이끌어주지만, 이는 우리가 요구해야만 이루어진다. 그러니 우리의 장점과 함께 상대에게 무엇을 줄 수 있는지를 생각하자.

이런 점들을 널리 알리면 상호 인과성의 법칙에 따라 딱 맞는 상대가 삶에 등장하게 될 것이다. 우리의 진정성이 소망을 현실로 만든다.

그녀는 내가 제시한 이 간단한 지침을 받아들였고, 적절한 시기에 기도의 응답을 받았다.

또 다른 미신은 "만약 그것이 하나님의 뜻이라면."이라는 믿음이다. 이것은 터무니없는 말이다. 하나님의 뜻은 삶, 자유, 자기표현, 성장의 더 크고 훌륭한 척도다. 성장, 부, 성공, 치유에 대한 모든 생각과 열망이 곧 우리를 향한 하나님의 뜻이다. 열망에 집중하자. 의식과 잠재의식을 하나로 만들면 어느 순간 열망은 현실이 될 것이다.

"나에게 옳은 일이라면."이라고 믿는 미신도 있다. 우리에게 옳지 않은 일이 무엇이 있는가? 풍요로운 삶을 영위하는 것은 옳은 일이다. 완벽한 건강, 평화, 조화, 기쁨, 충만함, 안전, 진정한 위치, 삶의 모든 축복을 누리는 것도 옳은 일이다. 하나님께서는 우리에게 즐거운 모든 일을 풍요롭게 선사하신다.

마음의 법칙에는 인간성이 없다
• • •

직조공의 베틀을 생각해 보자. 베틀에는 검은색, 갈색, 노란색 등 여러 색실이 걸려 있다. 베틀은 이 모든 실을 걸어둘 뿐 아무 신경도 쓰지 않는다. 베틀에 있는 카펫이 눈을 시리게 할 만큼 형편없이 만들어지고 있다고 가정해 보자. 실들을 바꾸더라도 베틀은 이에 맞추어 자동으로 움직일 뿐이다. 우리의 의식은 직조공이고, 잠재의식은 베틀이다.

어떤 남자가 사창가를 운영하여 엄청난 돈을 벌었다. 잠재의식에는 도덕의식이 없기에 이에 대해 아무것도 생각하지 않는다. 잠재의식은 좋은 것이든 나쁜 것이든 의식을 통해 새겨진 것만을 표현할 뿐이다. 예를 들어, 어떤 사람이 큰돈을 상속받았다고 해보자. 이 사람은 나쁜 쪽으로 그 돈을 쓸 수도 있다. 도박으로 돈을 전부 날릴 수도 있고, 만약 종교적으로 설득하는 능력이 있다면 사람들에게 한계를 가르치며 두려움을 불어넣을 수도 있다.

마음의 법칙에는 인간성이 없다는 사실을 기억하자. 타인을 해치거나 속이고 기만하는 방법으로 잘못 활용한다 해도 법칙은 그것에 맞게 반응한다.

> 원수 갚는 것이 내게 있으니 내가 갚으리라고 주께서 말씀하시니라. (로마서 12장 19절)

그러니 우리의 가장 높은 이상을 따라 살아가자.

한 남자가 내게 왜 성적으로 문란하고 약에 취해 사는 자신의 친구들이 훌륭한 시, 음악, 극본을 만들어내는 것이냐고 내게 물었다. 답은 단순하다. 무한한 힘, 즉 하나님은 인간성이 있는 존재가 아니며, 이타주의자도, 성적으로 문란한 자도, 살인자에게도 그들이 원하는 것을 준다. 그 사람의 신념에 따라 행해진 것이다.

하나님이 자신을 시험한다는 미신에 빠진 사람들도 있다. 이들은 하나님이 하늘 위 구름 속 어딘가에 계시며, 엄청난 어려움을 주어 자신이 어떻게 대처하는지 관찰한다는 어떤 메시아적 콤플렉스를 지니고 있다. 하나님은 그 누구도 시험하거나 벌하지 않는다. 법칙의 잘못된 활용과 무지로 인해 사람이 자기 자신을 벌하는 것이다. 이들의 유일한 죄는 무지이며, 세상의 모든 고통은 그 결과이다.

필요한 존재

• • •

어떤 시인은 이렇게 말했다.

"우리는 자연이라는 신체와 신이라는 영혼을 지닌 거대한 존재를 이루는 조각들이다."

우리는 우리의 일을 하며 반드시 기쁨과 보람을 느껴야 한다. 그 옛날 책상이나 의자, 조각을 만드는 사람들의 내면에는 노래가 흘렀다. 이들은 자기 일에 자부심이 있었다. 책상이든 큰 건물이든 이를 완성하려면 작은 부품들이 필요하다. 모든 부품이 모여 하나의 완성품이 된다. 우리는 모두 필요한 존재다. 우주에는 불필요한 것이 없다. 심포니를 이루는 데에 불필요한 음은 없다.

이 세상에 당신은 오직 하나 뿐이기에 그 누구도 당신과 같을 수 없다. 당신은 특별하다. 만약 요리사로 일한다면, 당신은 육군 총사령관에게 꼭 필요한 존재가 될 수 있다. 당신이 존재한다는 믿음과 확신 외에 필요한 것은 없다. 잠재의식은 진심으로 믿는 것들을 받아들이고, 우리는 이에 따라 삶의 경험을 마주하게 된다.

성공을 위한 묵상

• • •

내가 반드시 내 일을 해야 함을 알지 못하셨나이까? (누가복음 2편 49절)

나는 나의 일, 직업, 활동이 하나님의 일임을 안다. 하나님이 하시는 일의 기반에는 늘 성공이 있다. 나는 지혜와 이해 속에 매일 성장해 나간다. 나는 하나님의 풍요의 법칙이 늘 나를 위해, 나를 통해, 내 주위에서 움직이고 있음을 알고, 믿고, 받아들인다.

"나의 일 혹은 직업은 올바른 행동과 표현으로 가득하다. 내게 필요한 생각, 돈, 물건, 인맥은 현재와 더불어 언제든 내게 있다. 이 모든 것은 보편적인 끌림의 법칙에 의해 거부할 수 없이 내게 끌려온다. 하나님께서는 내 일의 생명이시다. 나는 하나님의 인도를 받으며 모든 방면에 영감을 받는다. 나는 성장하고, 확장하고, 앞으로 나아갈 놀라운 기회들을 매일 마주한다. 나는 선의를 쌓아간다. 나는 타인에게 내가 대접받기를 원하는 대로 행동하기에 큰 성공을 거둔다."

제4장

정신의
힘

얼마 전 나는 독일 뮌헨에 사는 어느 80세 노인과 이야기를 나누었다. 그녀는 한때 자신의 몸 상태가 더는 가망 없는 상태까지 치달았지만, 모든 물질적인 방법이 실패했을 때 영적인 방법을 통해 죽음의 심연에서 빠져나올 수 있었다고 말했다.

어느 날 누군가 그녀에게 영적 치유자에 대해 말해 주었다. 그 치유자는 치료를 하거나 약을 주지 않았다. 누군가를 물리적으로 치료할 만한 기술도 없었다. 그는 그녀의 증상이나 고통에 대해 질문하지 않았고, 그저 그녀의 옆에 가만히 앉아 이렇게 말했다.

"하나님과 하나님이 행하신 놀라운 일들에 대해 생각해봅시다." 그러다 소리 내어 다음과 같이 말했다. "하나님은 우리를 이끄시는 사랑의 아버지이시고, 즉각적이며, 다가가기 쉽고, 친밀한 치유의 힘이시다. 하나님은 살아 있는 영혼으로 존재하시며 그 신성한 존재는 우리 존재의 모든 부분에 흐른다."

그녀가 마음을 열고 신성한 영혼의 흐름을 받아들이자 놀라운 변화가 일어났다. 그녀의 수용적인 태도와 더불어 무한한 치유적 존재에 대한 깨달음은 온전함, 생기, 완전함을 부활시켰고, 놀라운 치유가 뒤따랐다. 이것이 정신의 힘, 즉 하나님의 힘이다. 그녀가 신성한 사랑의 무한한 힘과 지혜가 이미 자신의 손에 있다는 사실을 알아차린 순간부터 변화가 시작되었다.

단순한 진실

• • •

정신(하나님)의 힘은 불완전하지 않다. 우리는 자연적이고 사회적인 관심의 모든 양상에 반드시 이러한 정신을 담아내야 한다. 우리는 정신의 힘으로 살아간다. 하나님이 곧 정신이며, 이 정신은 이 아름다운 세계의 시간과 공간에 발현된다. 우리 안의 이 정신은 승리할 힘을 준다. 우리 안에는 천상의 빛 속으로 여러 문제를 올라가게 하고, 우리의 요청을 통해 받는 지침으로 이 문제들이 변화하는 것을 볼 수 있게 하는 신성한 존재가 있다. 이곳에는 모든 필요에 맞는 지침이 있고, 모든 이를 위한 사랑이 있다. 사랑은 가장 위대한 치유의 힘으

로, 잠재의식에 닿아 우리에게 활기를 주고, 강인함을 주고, 인류를
축복하며, 빛을 발하는 중심적인 존재로 우리를 변화시킨다.

신성한 사랑의 치유력

• • •

몇 달 전 런던에서 강연이 끝난 뒤, 갑작스럽게 분비샘에 염증이
생기고 조직이 심하게 부풀어 오르는 증상으로 고통받던 한 여성과
이야기를 나누었다. 그녀는 약을 먹으면 증상이 몇 주간 나아졌다가
또 재발한다고 말했다. 나는 그녀의 감정에 관해 물어보았고, 분비샘
은 호르몬을 분비하는 기관이며, 호르몬이란 조화를 의미한다고 설
명했다. 그녀는 자신을 속여 큰돈을 빼앗아간 여동생을 증오하고 있
었고, 그 증오와 적대감이 분비샘과 여러 장기에 염증을 일으켰다는
사실을 깨달았다. 다시 말해, 마치 독을 마시고 있는 것과 같았다.

나는 그녀 안의 조화와 온전함을 회복시켜 줄 신성한 사랑을 흡수
해야 한다고 말해 주었다. 모든 종교는 사랑과 선의의 실천과 더불어
서로에 대한 사랑을 가르친다. 오늘날 전체론적 의학에서 의사들은
사랑과 선의와 용서가 건강과 행복에 필수적인 요소라고 말한다. 그
녀는 내 조언에 따라 증오를 놓아 주고 치유를 얻었다. 나는 그녀에
게 강제로 그녀 자신이나 동생을 사랑하려고 노력하지 않아도 되며,
오히려 그 과정에서 역효과가 생길 수도 있다고 설명했다. 그녀가 해

야 할 일은 자신의 영혼, 혹은 잠재의식을 신성한 사랑으로 채우는 것이었다. 그녀는 이렇게 기도했다. "하나님의 치유와 사랑이 나를 채운다. 하나님은 나를 사랑하고 보살피신다. 하나님의 평화가 내게 스며든다." 그녀는 하루에 세 번씩 20분 동안 이 기도를 반복했다. 또한, 그녀는 내 조언에 따라 증오가 뇌리를 스칠 때마다 "하나님의 사랑이 내 영혼을 채운다."라고 소리 내어 말했다.

그리고 몇 주 전, 나는 그녀로부터 놀라운 내용이 담긴 편지를 받았다. 편지에는 이렇게 쓰여 있었다. "저는 이제 평화롭습니다. 더는 약이 필요하지 않아요. 제 동생이 떠올라도 평화가 흐트러지지 않습니다. 고통스럽지 않습니다. 그 애가 잘 지내길 바라요."

이것이 사랑의 힘이며, 이는 다른 모든 것들을 녹여낸다. 우리 안에 평화와 선의가 가득하다면 신체의 모든 장기와 신경은 고통받지 않을 것이며, 소화 불량이나 궤양도 없을 것이다.

그의 삶을 바꾼 새로운 시야
• • •

나는 유럽 투어 강연을 다니며 뮌헨, 프랑크푸르트, 하노버, 취리히, 빈, 런던에서 열린 세미나를 통해 과학, 의학, 사업, 정치 분야의 뛰어난 사람들을 만날 수 있었다. 어느 날 독일 뮌헨의 고위 공무원이 내 호텔을 찾아왔고, 몇 년 전 독일에서 출간된 나의 책《잠재의식의 힘》의 내용을 실천해 성공과 발전을 이룰 수 있었다며 감사를 전했다. 과거에 그는 낮은 자리에 머물렀고, 급여도 높지 않았다. 내 책을 읽은 뒤 그는 자신이 그동안 자신보다 높은 자리로 승진한 사람들을 비판하고, 비난하고, 깎아내렸다는 사실을 깨달았다. 그리고 이런 행동이 자신을 더욱 작아지게 한다는 것도 알게 되었다. 그는 사람들을 시기하는 것을 멈춘 뒤 그들이 이룬 성취를 축복하고, 이해하고, 축하하는 법을 배웠으며, 그들과 협력하면서 있는 그대로 어울려 지내기로 했다고 말했다. 또, 다른 사람의 승진과 발전을 축복하고 축하하는 것이 자기 자신도 축복하는 길임을 알게 되었다. 그러고는 내게 그 책을 써 주어서 고맙다고 말해 주었다.

그의 말은 이번 투어 중 내가 받은 가장 멋진 찬사였다. 사랑은 전 우주적인 용매이며, 자기 자신에게 '나는 내가 생각하는 대로, 또 다른 사람이 나를 대하기를 바라는 대로 살 수 있는가?'라고 물었을 때 '그렇다'라고 대답할 수 있다면, 당신은 건강하고, 행복하고, 풍요롭고 성공적인 사고방식을 구축하고 있는 것이다. 그 이유는 매우 단순하다. 당신은 당신 세계의 유일한 사상가이며, 당신 생각에는 창조적인 힘이 있기 때문이다. 우리가 타인에 대해 하는 생각은 우리의 삶에도 그대로 반영된다.

황금률의 내적 의미

• • •

많은 사람이 황금률에 대해 들어봤지만, 진정한 의미를 아는 사람은 그리 많지 않을 것이다. 단순하게 말하면, 우리의 사고는 창조적이기 때문에 타인에 대한 우리의 생각은 우리의 삶에도 영향을 미친다는 의미이다. 이를 진실로 받아들이면, 우리는 주의를 기울이며 마치 신과 같은 방식으로 타인을 생각하게 될 것이다. 모든 생각은 스스로 발현한다.

모두가 황금률과 사랑의 법칙을 실천한다면 이 세상은 얼마나 달라질까? 아마 천국을 땅 위에 옮길 수 있을 것이다. 보통 사람들은 단순히 황금률을 말할 수는 있겠지만, 진정한 내적 의미를 이해하지 못한다. 그렇기에 따르지 않는다.

남에게 대접을 받고자 하는 대로 남을 대접하라. (누가복음 6장 31절)

이는 우리의 영혼에서 내려오는 지침이며, 이를 따르고 실천하는 삶에 조화, 건강, 평화를 불러온다. 모든 사람이 황금률을 따른다면, 세상에는 전쟁, 범죄, 잔인함, 강간, 고통, 비인간적인 일들도 없을 것이다. 육군, 해군, 공군, 경찰, 핵무기도 필요 없을 것이다. 사고가 바르면 행동도 바르게 된다. 싹을 틔울 수 없는 씨앗으로 사과나무를 기를 수 없듯, 부정적인 사고에서는 올바른 행동이 나올 수 없다.

거짓된 용기

• • •

어느 알코올 중독자가 자신은 술을 한두 잔만 마시고 깨끗하게 그만둘 자신이 있다며 자랑하듯 내게 말했다. 그에게는 완전히 취할 때까지 다음 잔을 멈추지 못하는 충동이 있었기에 그 말은 어리석은 허세일 뿐이었다. 그의 잠재의식과 의식은 서로 다른 말을 하고 있었다. 그는 술을 마시고자 하는 잠재의식의 충동에 사로잡혀 있었기에 술을 마시는 습관을 버릴 수 없었고, 자신에 대한 통제를 잃어 버렸다. 습관적인 충동에 사로잡혀 완전히 굴복해 버린 상태였다.

그는 자신을 응원하고 북돋기 위해 몇 잔만 마신 것이라고 변명했다. 하지만 이러한 행동을 할 때마다 그는 자신 안에 있는 전능하고 현명한 신성함을 거부한 것이다. 그가 느꼈던 것은 우리가 거짓된 용기라고 부르는 일시적인 고양감이었다. 이렇게 나약함, 열등함, 부족함에 관한 암시를 계속 반복하다 보면 잠재의식에 새겨지고, 잠재의식에 새겨진 것은 강박이 된다. 결국, 그는 늘 술에 취해 있고 강박적으로 술을 마시는 알코올 중독자가 되었다.

마음을 회복하는 방법

• • •

위의 남성은 자유를 향한 감정적 지지책을 만들지 않으면 자신의 도전이 실패로 돌아갈 것이라는 사실을 깨달았다. 그는 치유를 열망했고, 매일 밤 잠자리에 들기 전에 '자유와 마음의 평화'라고 되뇌며 자신을 달랬다. 이렇게 자유와 마음의 평화를 되뇌며 그는 이것이 새로운 습관이 되었음을 알게 되었다.

몇 주 뒤, 그는 마침내 술을 끊고 마음의 평화를 찾았다. 그를 짓눌렀던 법칙이 이제는 그에게 자유와 완전한 치유를 준 것이다.

비밀을 알게 된 그녀

...

몇 달 전 나는 오스트리아 빈에서 세미나를 진행했다. 실력이 뛰어난 어느 골프 선수와 대화를 나누던 중, 그녀는 모든 규칙과 기술을 전부 배운 뒤에 매일 밤 자기 자신에게 이렇게 말한다고 내게 전해 주었다.

"나는 편안하다. 나는 준비를 마쳤다. 나는 평온하다. 나는 모든 경기 전에 침착함을 유지하며, 내 안의 전능한 힘이 나를 지배한다. 나는 당당하고 영광스럽게 경기한다. 나는 하나님을 위해 경기한다."

그녀는 모든 각도에서 경기를 연구했고, 규칙적으로 연습에 임하며 몸과 마음을 단련했다. 하지만 그녀는 그보다 더 영리하게 자신의 더 높은 자아가 보다 우월하고 누구도 모방할 수 없는 방식으로 양손, 자세, 방향을 지배하게 했다. 매일 밤 잠재의식에 적절한 말을 새기기도 했다.

그녀는 용기가 되는 말을 반복하며 잠재의식에 완전히 새겼고, 더 훌륭하고 뛰어난 골프 선수가 될 수 있었다. 이렇듯 잠재의식의 법칙은 매우 흥미롭고 매혹적이다.

서로 사랑하라

• • •

내면이 외면을 지배한다. 마음에 사랑과 조화로운 생각이 없으면 다른 사람을 사랑할 수 없다. 우리 마음 안에 있는 사람들은 곧 사상, 개념, 신념, 주장, 일상에 대한 우리의 반응이다. 우리는 이들이 진실하고, 사랑스럽고, 숭고하고, 신과 같은 것들을 따르게 해야 한다.

우리의 규율들과 성경에 나오는 제자들은 마음속에서 단련된 특성들을 의미한다. 우리는 우리의 비전을 단련하고 있는 것일까? 비전이란 우리가 중요하게 여기는 무언가이며, 마음으로 바라보고 있는 것이다. 우리가 어디에 있든 비전도 함께한다. 마음의 법칙이 지닌 창의성을 가까이하고 이에 헌신하며 생명의 땅에 계신 하나님의 훌륭함과 절대성을 믿을 때 우리의 믿음은 단련된다. 우리의 믿음은 특정한 교리, 신조, 전통, 사람이나 기관이 아닌 어제도, 오늘도, 앞으로도 변치 않는 영원한 진리에 있다.

상상력은 사랑스럽고 훌륭한 것들을 상상할 때 단련된다. 판단력은 어떤 생각의 진실과 거짓을 가려낼 때 단련된다. 선을 계속해서 긍정하는 것을 곧 옳은 판단이라 부르며, 이는 삶에 화합과 평화를 가져다준다. 우리가 현실로 만들어내는 것들은 무엇이든 우주라는 스크린에 펼쳐질 것이다.

만약 마음에 두려움, 걱정, 분노, 편견, 질투, 종교적 편견이 가득하다면 진정으로 사랑할 수 없다. 모두 사랑의 반대편에 있는 것들이기 때문이다. 이렇게 되면 우리는 자기 자신의 정신적 태도를 타인에게 투영하며 그들을 탓하고 비판할 것이다.

인생을 바꾼 설명

• • •

1979년 8월, 런던의 캑스턴 홀에서 연설을 진행하며 나는 어려움을 겪는 한 남자에게 이렇게 말했다.

"당신은 반드시 자기 자신에게 복음을 전해야 합니다. 당신이 말하는 환전상과 도둑들은 마음속에 있는 것입니다. 당신은 그 자체로 의식의 신전이고, 당신에게서 귀중한 것들을 빼앗아가는 환전상과 도둑들은 두려움, 무지, 미신, 자기비하, 자기비판, 그릇된 의지입니다. 신앙심이 깊은 사람들은 생명을 북돋는 패턴과 하나님의 영원한 진리로 잠재의식을 채워 이런 도둑들과 강도들을 몰아냅니다. 이렇게 그들은 내면의 평화와 화합을 경험하고, 자신의 신체, 일, 인간관계를 통해 이를 자신 있게 표출합니다."

이 남자는 2천 년 전에 존재했던 어느 신전을 떠올렸고, 도둑과 환전상들이 자신의 마음 밖에 있다고 믿게 되었다. 그는 활력, 평화, 화합, 부유함, 성공을 빼앗아가는 존재가 바로 자기 자신이라는 사실을 깨닫고 이를 그만두었다. 그러자 안개를 뚫고 그의 마음속으로 한 줄기 빛이 내려왔다. 그에게 전해 주었던 설명이 치료제가 되었던 셈이다.

무한함과 함께하기

• • •

최근 이야기를 나누었던 한 남자는 자신이 어떤 일을 꾸준하게 하지 못한다며 죄책감을 느끼고 있었다. 그에게는 온종일 직장에서 일한 후에도 계속해서 일을 해야 한다는 강박이 있었다. 흔히 말하는 '일 중독'이었던 것이다. 그는 할 일을 집에 가져와 자정이 넘도록 온갖 숫자, 계획, 사업 프로젝트를 들여다보았다. 그동안 그는 두 번의 심장마비와 더불어 출혈을 동반한 궤양도 겪었는데, 이는 모두 궤양을 만드는 생각들과 감정적인 격변 때문이다.

그는 하나님께서 안식일을 만들었다는 사실을 잊고 있었다. 안식일이란 그저 일주일 중 하루가 아니라 하나님의 무한한 힘에 주의를 집중하고 "무한하신 하나님이 나의 모든 길을 이끄신다. 하나님의 평화가 나의 정신과 마음에 스며든다."와 같은 말로 이를 단언하며 정신적 휴식을 취하는 날이다.

나는 그에게 매일 밤 기도와 묵상을 위한 시간을 내어 시편 23, 27, 42, 26, 91편과 같은 내용을 번갈아 가며 읽으라고 제안했다. 그는 규칙적으로 자신의 삶에 모든 위대함을 행하시는 하나님과 하나님의 사랑을 가만히 생각하며, 힘과 영감의 원천에 주의를 기울여야 한다는 사실을 깨닫게 되었다.

그는 아침과 점심시간을 활용해 '하나님과 함께하는 고요한 순간 Quiet Moments with God'에 나온 위대한 진실들을 묵상하며 자신이 하루의 긴장과 불안에서 완전히 해방되었음을 알게 되었다. 우리의 지성에 성유를 바르는 하나님의 지혜와 우리를 강인하게 만드는 전능한 힘을 규칙적이고 체계적으로 소리 내어 부르는 것을 잊지 말자. 하루에 두세 번, 5~10분 정도 시간을 내어 하나님의 위대한 진실을 깊이 생각하자. 그렇게 하면 우리는 하나님 앞에 무릎 꿇고 성령이 몸과 마음에 들어와 양분을 주는 안식일을 실천하는 것이다.

이 남자는 하나님의 무한한 힘이 자신이 겪는 모든 일에 깃들기를 요청하기 시작했고, 더 높은 자아가 자신이 나아갈 더 나은 길들을 보여 준다는 사실을 깨닫게 되었다.

열망은 반드시 잠재의식에 닿는다

• • •

많은 사람이 번영, 성공, 좋은 것들을 바라며 고요하고 평안한 삶을 위해 기도했지만, 아무 일도 일어나지 않았다고 말한다. 이런 사람들은 제대로 쉬지 못하고, 두려워하고, 불안을 느끼며 이러한 일상적인 생각이 자신을 지배하게 만든다.

이를 극복하는 방법은 발전, 확장, 번영, 성공을 향한 자신의 열망을 가만히 생각하면서 성장에 대한 열망이 하나님에게서 왔음을 깨닫는 것이며, 이를 실천하면 성스러운 법칙과 질서에 따라 전능한 하나님의 힘이 우리의 열망을 현실로 이뤄줄 것이다. 이 문장들을 생각하며 당신은 점차 열망을 잠재의식에 새기게 되고, 잠재의식은 이를 현실로 불러온다.

사무실, 공장, 사업장에서 일하는 많은 사람은 기계적으로 살아가며 자신들을 둘러싼 압박과 암시에 그저 대응만 할 뿐이다. 그러므로 이들은 마주하는 모든 어려움에 기계적으로 대처하는 경향을 지닌다. 많은 이가 잘못된 사고와 행동을 반복한다. 그러니 영원한 진리를 계속해서 깊게 생각하자. 믿음과 기대를 지니고 이를 반복한다면, 우리는 풍성한 수확을 얻을 수 있다.

잘못된 자아상

• • •

상담을 진행하며 만난 한 청년은 늘 몸이 아파 고통받고 있었다. 한 증상이 호전되면 바로 다른 질병이 생긴다는 것이다. 그는 6년 동안 무려 여섯 번의 수술을 받았다. 그가 지닌 자신의 자아상은 늘 아픈 사람이었다. 어린 시절의 그는 줄곧 허약하다는 말과 앞으로도 계속 약할 것이라는 말을 들어왔다. 그는 이 말들을 받아들였고, 결국 건강하지 못한 사람이 되었다. 늘 아픈 사람일 것이라는 믿음은 그의 잠재의식에 새겨졌고, 그 믿음은 현실로 나타났다. 나의 지도를 받으며 청년은 이 자아상을 바꾸기 시작했고, 매일 아침 5~10분 정도 거울 치료를 실천했다. 그는 거울 앞에 서서 이렇게 소리 내어 말했다.

"나는 건강하다. 하나님이 나의 건강이다."

이 온전함의 개념은 점차 잠재의식으로 들어갔고, 청년은 그릇된 믿음에서 벗어나게 되었다. 청년은 내가 제안한 치료법의 결과가 삶으로 나타날 때까지 이를 믿으며 성실하게 실천했다.

두려움과 죄책감

• • •

언젠가 22세의 젊은 여성이 내게 이렇게 말했다.

"저는 온갖 두려움에 시달리고 있어요."

그녀는 신, 미래, 사후세계, 사악한 존재들, 악마, 주술까지 모든 것을 두려워했다. 성경은 이렇게 말한다.

하나님이 우리에게 주신 것은 두려워하는 마음이 아니요, 오직

능력과 사랑과 절제하는 마음이니. (디모데후서 1장 7절)

　나는 그녀에게 어렸을 때는 우리 모두 주변 영향에 쉽게 휩쓸리며, 부모님을 비롯한 여러 환경이 그녀의 마음에 신, 삶, 우주에 대해 그릇된 사실을 새겼을 것이라고 설명했다. 그녀는 자신이 그 어떤 두려움, 죄책감, 자기비난을 지닌 채로 태어나지 않았으며, 이 모든 것은 나중에 만들어졌다는 사실을 알아차리기 시작했다. 그녀는 사악한 존재들에 관련된 기묘한 생각에 사로잡혀 있었으며, 숲에는 도깨비와 영혼들이 가득하다고 믿기도 했다. 모든 곳에 위험이 도사리고 있는 것처럼 보였다. 그녀는 밤낮으로 시편 27편을 묵상하기 시작했고, 하루에도 여러 번 이렇게 단언했다.

　"하나님께서 나를 사랑하고 보살피신다. 나는 하나님의 딸이자 무한한 힘에서 태어난 자식이다."

　그녀는 이 단순한 문장을 믿으며 끈질기게 반복했고, 마침내 자신에 대한 새로운 평가, 새로운 계획을 발견하게 되었다. 그리고 이 건전한 비전과 함께 그녀는 신성한 질서를 따라 활짝 피어나고 있다.

두 개의 자아

• • •

　다음 문장을 생각해보자. 첫 번째 자아는 현재 나의 모습이고, 두 번째 자아는 내가 되고자 하는 나의 모습이다. 그러므로 반드시 현재의 자아가 죽음을 맞아야만 내가 바라는 나의 모습으로 살아갈 수 있다. 위에 언급된 소녀의 오래된 자아는 죽음을 맞았다. 어린 시절 그녀의 마음에 새겨진 거짓들은 지워졌고, 이전의 오랜 신념에 가둬 두었던 에너지들은 새로운 자아로 자리를 옮겼다. 한계, 부족함, 두려움이라는 이미지에서 길을 잃었던 에너지들이 성공, 행운, 아름다움이라는 새로운 이미지로 옮겨간 것이다.

성공으로 향하는 길

• • •

빈의 한 젊은 음악가가 자신이 생각하는 음악의 정점에 다다르는 것이 너무 힘들다며 내게 고민을 털어 놓았다. 그는 음악을 시작하던 시기에 발전하는 자신의 실력과는 반대로 가난한 환경과 부족한 인맥이 큰 장애물이었다고 말했다. 하지만 마음에 관한 강연을 들은 뒤 그는 그동안 마주해야 했던 어려움과 기다림이 내면의 힘을 발견하게 해주었다는 사실을 깨닫게 되었다. 이렇게 그는 내면에 있던 보이지 않는 힘, 하나님을 불러냈다.

기회는 계속해서 그를 외면했지만, 그는 포기하지 않았다. 그리고 전능하신 하나님의 힘이 길을 열어줄 것이며 이 무한함과 하나가 되어 모든 장애물을 넘어갈 수 있다고 스스로 계속해서 되뇌었다. 모든 어려움과 실패들이 그의 정신과 영혼의 연장들을 날카롭게 갈아 주었다. 그의 어머니는 그에게 힘이 될 거라며 쇼팽의 전기를 읽어 주었고, 어머니의 예상대로 그 책은 그에게 계속 나아갈 수 있는 용기를 주었다.

쇼팽은 병들고 가난했지만, 마음속에 있는 열망과 꿈을 현실로 이끌어낼 어떠한 힘이 있다는 확신과 믿음을 잃지 않았다. 그렇게 쇼팽은 무려 54개의 마주르카(폴란드의 춤곡)와 더불어 수많은 폴로네즈(느린 폴란드 춤곡), 폴란드 노래를 작곡해냈다. 그의 내면에 있던 무한한 정신이 길을 밝혀 주었기 때문이다. 비록 그는 천천히 죽어가고 있었지만, 결국 마음속 열망을 성취해냈다.

여기서 우리는 '만물은 움직임으로서 삶을 이어가고, 이를 통해 힘을 얻는다'라는 오랜 격언이 여전히 진실임을 알 수 있다. 바울은 이렇게 말했다.

> 이는 내가 약한 그때 강함이라. (고린도후서 12장 10절)

> 주께서 내 곁에 서서 나에게 힘을 주심은 나로 말미암아 선포된 말씀이 온전히 전파되어 모든 이방인이 듣게 하려 하심이니 내가 사자의 입에서 건짐을 받았느니라. (디모데후서 4장 17절).

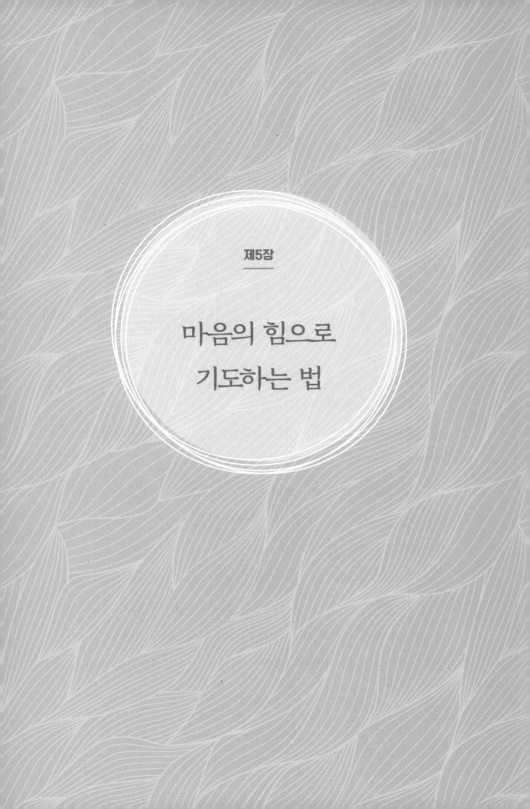

제5장

마음의 힘으로
기도하는 법

오랜 격언은 이렇게 말한다.

"진정한 기도란 입으로만 반복하는 시끄러운 소리가 아닌 여호와의 발치에 매달리는 영혼의 깊은 침묵이다."

믿음은 기도를 통해 비로소 그대로의 모습으로 발현된다. 기도에는 형식과 의식의 기도와 믿음과 사랑의 기도가 있다. 이 두 가지의 성격과 효과는 근본적으로 다르다.

전 세계 수많은 사람은 종교 생활의 일부로서 기도하기도 하고, 자신이 부여받은 하나의 과제라고 생각하며 의무감에 기도하기도 한다. 믿음과 사랑으로 기도할 때 기도는 더 이상 과제나 의무가 아닌 성장과 확장, 건강과 행복의 발현을 위해 영적으로 꼭 필요한 일이 된다. 기도는 거역할 수 없는 신성한 이끌림을 발판삼아 하나님의 보좌로 향하는 것이다. 또한, 기도는 모든 이의 현실이자 우리 안에 살아계신 전능한 정신인 하나님과 만나는 일이다.

성경은 이렇게 말했다.

> 기도하실 때에 용모가 변화되고 그 옷이 희어져 광채가 나더라.
> (누가복음 9장 29절)

마태복음은 이렇게 전했다.

> 그 얼굴이 해 같이 빛나며 옷이 빛과 같이 희어졌더라. (마태복음 17장 2절)

지금 이 순간에도 전 세계 수많은 사람이 이와 같은 영적 변화를 경험하고 있다.

빛을 만나는 방법

• • •

이번 장을 쓰기 몇 분 전, 나는 한 정신과 간호사와 이야기를 나누었다. 그녀는 환자와 함께 시편 23편을 묵상하던 중, 영혼의 고양감과 함께 자신의 몸과 마음이 환한 빛에 잠기는 듯한 경험을 했다고 말했다. 이 경험은 그녀의 삶을 바꿔 놓았고, 현재 그녀는 마음의 법칙과 성령의 길을 따르는 목사가 되기 위해 공부하고 있다. 더불어 그녀와 함께 신성한 변화를 경험했던 환자의 불안했던 정신 상태도 완전히 치유되었다.

이처럼 정신과 영혼을 통해 하나님과 만났던 많은 사람이 비슷한 경험을 했다. 하나님은 무한한 생명이며, 우리 존재의 원천과 맺는 긴밀한 유대감은 우리의 몸과 마음에 온전함, 아름다움, 완전함을 불어넣는다.

가장 신성한 곳

• • •

우리는 사고를 통해 무한함과 연결될 수 있다. 가만히 앉아 하나님의 끝없는 사랑, 무한한 지성, 완벽한 조화, 형용할 수 없는 아름다움, 완전한 기쁨을 생각하며 이들을 깊이 생각하면 된다. 이렇게 숙고하는 동안 우리는 하나님의 은혜와 사랑이 넘치는 환한 광채가 흘러들어오는 것을 느낄 수 있다. 이러한 방법을 통해 우리 자신은 내면에 하나님의 존재를 품은 가장 신성한 곳, 성역이 된다. 모든 교리와 형식, 인간과 신의 중재자는 사라지고, 하나님과의 직접적인 유대감을 경험한다.

믿음의 기도

• • •

믿음의 기도는 병든 자를 구원하리니 주께서 그를 일으키시리라.

(야고보서 5장 15절)

마음이나 정신에는 시간도, 공간도 존재하지 않는다. 병든 자를 위하는 진정한 기도에는 신성을 향한 애원이나 복잡한 말들이 없으며, 감정 없이 예쁘게 꾸며진 말들은 하나님의 왕좌에 닿지 않는다. 병든 자를 위한 진정한 기도는 치유적인 존재가 지닌 행복과 치유와 건강을 북돋는 힘이 흐르며, 그 사람을 온전하고 완전하게 만들어 주기를 진심을 담아 요청하는 것이다. 하나님의 조화, 아름다움, 생명은 우리 안에서 평화, 활력, 온전함, 완전함으로 드러난다는 사실을 이해하고 느껴야 한다. 이를 분명히 깨달으면 병은 하나님이 비추시는 사랑의 빛 속에 녹아 없어질 것이다.

사도 바울은 이렇게 말했다.

그런즉 너희 몸으로 하나님께 영광을 돌리라……. (고린도전서 6장
20절)

우리가 마음으로 그린 그림이 기도와 일치해야 한다는 것을 기억하자. 마음의 눈으로 환자가 빛과 행복, 기쁨과 더불어 생명과 사랑

으로 넘치는 모습을 보아야 한다. 그것이 진정한 기도이다. 진정한 기도는 하나님의 진실이 우리가 돕고자 하는 사람의 진실임을 알고 그것을 요청하는 것이다.

특정한 말로 설명할 수 없는 기도도 있는데, 기도가 더 깊은 내면을 반영할수록 효과적인 경우가 많기 때문이다. 여기서 기도란 그저 우리 안에 있는 하나님의 존재에 의지하며 마음을 열어 하나님이 주시는 치유의 힘과 신성한 사랑의 흐름을 받아들이는 것이다.

소리 내어 말하는 진정한 기도는 사랑과 영적인 생명력으로 빛난다. 진정한 기도란 우리 안에 있는 하나님의 신성한 향기를 전달하는 수단으로 보아야 하며, 이 향기는 생명을 주는 영적 잠재력을 지닌 채 병든 자에게 흘러 들어간다. 그리고 환자의 잠재의식은 이를 통해 깨어나고 강해져 하나님의 전능한 사랑을 부활시킨다. 이렇게 되면 치유는 자연히 따라온다.

의인의 간구는 역사하는 힘이 많으니라. (야고보서 5장 16절)

마음의 법칙, 굳건하고 변하지 않는 정신의 법칙과 조화를 이루는 진실한 기도는 병든 사람에게 긍정적인 영향을 미치며 건강을 완전히 회복하도록 도와준다. 만약 누군가 기도의 응답으로 자리에서 일어나 걷거나 새로운 삶을 얻는다면, 그것은 기적이 아니며 마음의 법칙을 벗어난 일도 아니다.

그녀의 기도법

• • •

캘리포니아 패서디나(Pasadena)에 사는 내 오랜 친구는 심각한 골반 골절로 고통받는 자신의 가족 중 한 명을 위해 기도했다. 그녀의 가족은 나이가 많았기 때문에 병원에 가 봐도 의사들도 이렇다 할 치료를 해 줄 수 없었다. 그녀는 병으로 고통받는 가족의 마음속에 치유의 힘이 흐르고 있고, 하나님이 그 안에서 말씀하시며 걷고 있다는 사실을 선명하게 느끼며 이해했다. 그녀는 아픈 가족이 그녀의 집에서 똑바로 선 채 자신에게 일어난 치유의 기적을 설명하는 모습을 생생하게 떠올렸고, 환한 빛 속에서 웃음 짓는 모습을 상상했다. 그녀는 이 이미지를 자주, 계속해서 머릿속에 그렸다.

얼마 지나지 않아 친구의 가족은 침대에서 일어나 병원 안을 걸을 수 있었고, 마침내 집으로 돌아와 그녀의 상상이 현실이 되었다는 것과 영혼의 침묵 속에 존재하던 주관적인 이미지가 현실로 나타났다는 것을 확인시켜 주었다. 진정한 기도가 이루어진 것이다.

하나님의 약속들

• • •

하나님의 약속들은 어제도, 오늘도, 영원히 변하지 않기에 법칙이라고 부를 수 있다. 이 약속들은 과거가 아닌 살아 있는 현재에 속한다. 하나님의 존재는 영원한 현재이며, 하나님의 뜻에서 과거와 현재와 미래는 모두 하나이다. 모든 존재는 하나님의 시간과 영원한 현재에 속한다.

하나님의 시간에는 미래가 없기에 하나님의 약속은 우리에게 미래의 언젠가 무언가를 주겠다는 서약이 아니다. 현재, 바로 이 순간 우리가 받아들이는 선에 기반한 것이다.

매일 이뤄지는 현금 거래를 생각해 보자. 우리는 돈 대신 수표나 은행권을 받지만, 이들은 돈이 아니라 그저 종잇조각일 뿐이며 요구할 시 돈을 주겠다는 약속이다. 마찬가지로, 하나님의 약속 안에는 우리가 요청하는 축복이 있다. 위대한 치유자이자 피니어스 파크허스트 큄비의 제자인 워런 에반스는 이렇게 말했다.

"우리가 바라는 것이 무엇이든, 미래와 과거는 우리의 믿음을 통해 존재를 이어간다."

성경은 이렇게 말한다.

> 우리가 그를 힘입어 살며 기동하며 존재하느니라……. (사도행전 17장 28절)

하나님은 우리 안에 있는 삶의 원칙이자 건강, 평화, 모든 축복의 원천이다. 여기 우리에게 영감을 주는 찰스 웨슬리의 말을 생각해 보자.

> 그대는 우리에게 생명의 우물이요, 넘쳐흐르는 기쁨의 홍수다.

우리는 이에 기꺼이 휩쓸리며 하나님께 돌아가리라.

묵상하는 사람
• • •

여러 분야의 전문가, 의사, 목사 등 정신과 신체의 건강을 위해 노력하는 이들이 있다. 이들은 저 높은 곳으로부터 힘을 받으며, 이들이 지닌 치유의 기운은 다른 이들에게 전해진다. 이들은 병들고 노쇠한 이들에게 강인함을 상징하는 기둥이 되어 주며, 환자들은 이들과 가까운 곳, 또는 먼 곳에서 영향을 받는다.

의사라는 말의 진정한 의미에는 가르치는 사람이라는 개념이 함축되어 있다. 가장 높은 차원에서 보았을 때, 의사는 '병든 자를 돌보는 사람'이다. 미국 초기에는 환자의 정신에 숨은 질병의 씨앗을 연구하는 퀴비 박사나 워런 에반스와 같은 사람들이 있었다. 오늘날 우리는 이들을 '예지자'라고 부르는데, 환자와 아무 말도 하지 않고도 질병의 숨은 원인을 찾아낼 수 있었기 때문이다. 보통 예지자들이 찾아낸 원인은 그 자체로 치료제였다.

천사들이 우리를 굽어보신다

• • •

많은 사람이 천사에 대해 질문한다. 천사란 우리가 하나님을 보는 관점을 의미한다. 또한, 마음의 태도를 의미하거나 어떠한 영감일 수도, 더 높은 자아로부터 받는 메시지일 수도 있다. 성경은 이렇게 말한다.

천사가 하늘로부터 예수께 나타나 힘을 더하더라. (누가복음 22장 43절)

천사들이 나아와서 수종드니라. (마태복음 4장 11절)

다른 관점으로 바라보면 우리는 모두 하나님의 천사들이다. 저 세상으로 넘어갈 때 신체는 속세와 멀어지고 보이지 않게 되지만, 우리는 여전히 천사들이자 하나님의 표현이다. 우리가 사랑했던 사람들도 이전처럼 자주 볼 수 없을 뿐, 우리 옆에 있다. 이는 시편 91편에 분명히 명시되어 있다.

화가 네게 미치지 못하며 재앙이 네 장막에 가까이 오지 못하리니. 그가 너를 위하여 그 천사들을 명하사 네 모든 길에 너를 지키게 하심이라. (시편 91편 10~11절)

하나님의 무한한 존재는 상호관계의 법칙에 따라 우리 각자에게 응답한다. 가장 고차원적인 의미에서 기도는 응답이라는 성질을 지닌 우리 안의 하나님과 연결되는 행위다. 전 세계 많은 이들이 성인이나 천사들에게 기도한다. 이들은 궁지에 몰렸을 때 마치 햄릿처럼 이렇게 말한다.

"천사와 목사들이시여, 우리를 지켜 주세요!"

성인이란 하나님의 진실에 헌신하며 하나님의 존재를 따르는 이들이다. 다시 말해, 하나님과 같은 생각을 하며 옳은 길을 걷는 이들은 누구라도 성인이 될 수 있다. 성인과 천사를 향한 기도는 세계적으로 수많은 사람에 의해 이뤄지고 있다. 이 성인과 천사들이란 하나님과 같은 삶을 살아가는 모든 이를 의미한다.

언젠가 인도에 사는 한 남자는 내게 자신이 다른 차원, 정신의 더 높은 영역인 사차원에 살아 있는 어느 성인들을 만났다고 말했다. 그는 이들에게 도움을 구하며 기도를 통해 하나님과의 중재를 도와달라고 요청했다. 그리고 그의 믿음과 신념은 결과로 나타났다. 믿음의 주체가 진실이든 거짓이든 관계없이 믿음은 현실로 이루어지기에 우리는 결과를 얻는다. 잠재의식은 맹목적인 믿음에 반응한다. 성인들이 응답을 줄 것이라는 믿음과 확신은 이 남자의 잠재의식에 새겨졌고, 자연히 응답받게 된 것이다.

전 세계 많은 사람이 이미 오래전 세상을 떠난 성인과 천사들에게 기도하며 놀라운 치유를 경험해왔다. 하지만 이들은 그 어디로도 떠나지 않았다. 이들은 세상을 떠난 우리의 지인들처럼 사차원과 같이 기능하며 우리 주변에 머무르고 있다.

모든 선은 모든 축복의 원천인 하나님에게서 나온다. 곤경에 처했을 때 깨달음을 얻어 다른 차원에 있는 영혼들에 도움을 청하는 것이 아주 적절하고 정상적인 일임을 이론적으로 정리한 이도 수없이 많다. 영적 치유자나 헌신적인 의사에게 도움을 청하는 것이 전혀 부당하지 않고 하나님께 드리는 합당한 예배를 빼앗는 것이 아니라면, 더 높은 세계로 올라가 더 높은 정신의 영역에 있는 헌신적인 이에게 도움을 청하는 것이 부적절할 이유는 무엇인가? 어떤 형태이든 모든 기도는 응답받을 것이다.

> 믿는 자에게는 능히 하지 못할 일이 없느니라……. (마가복음 9장 23절)

우리는 어디에나 존재하는가?
• • •

히말라야 산기슭, 리시케시의 아쉬람(힌두교도들이 수행하며 거주하는 곳)에 있는 한 요가 수행자는 다른 차원에 있는 이들에게 도움을 구하면 그들로부터 응답을 들을 수 있는지, 아니면 그들은 다른 곳에 있으며 어디에나 존재하는 이는 하나님뿐인지와 같은 질문을 많이 받는다고 말했다. 이 수행자는 질문한 이들에게 무언가가 1만 5,000개의 장소에 현재한다고 해도 그것은 어디에나 존재하는 것이 아니라고 설명해 주었다. 정신, 즉 하나님은 시간과 공간의 제약을 받지 않기 때문이다. 이것이 정신과 물질의 차이다.

수행자는 인도에서 수천만 명을 앞에 두고 연설할 때 자신이 시각과 청각이라는 수단을 통해 그들 모두에게 존재하게 된다고 덧붙였다. 또 그의 사상과 믿음의 관점에서 보았을 때 어떤 책을 써 발표한 사람은 자신의 책을 통해 전 세계 수많은 독자에게 존재하는 것이었다. 그래서 다른 차원에 있는 성인들은 정신의 법칙을 통해 그들의 본질적인 삶을 구성하는 사상과 사랑으로 수많은 사람과 공간에 동시에 존재한다고 생각하면 쉽게 받아들일 수 있다고 말했다.

오랜 격언은 이렇게 말한다. "지상의 성인들과 숨을 거둔 모든 이들은 하나의 교감을 이룬다." 주관적인 관점에서 우리는 모두 하나이기에 구분이란 존재하지 않는다. 인간성이라는 단어는 수없이 많은 형태로 나타나는 '하나의 정신'을 의미한다.

더 가까이

• • •

이는 만민에게 생명과 호흡과 만물을 친히 주시는 이심이라. (사도행전 17장 25절)

내면에 있는 무한한 하나님의 존재에 가까이 갈수록 생명과 사랑을 비롯해 모든 좋은 것을 풍족하게 얻을 수 있다. 우리에게 필요한 영혼의 모든 양분은 하나님의 무한한 사랑과 생명으로부터 얻게 될 것이다.

현명한 행동
· · ·

많은 사람이 현명하게도 성인이나 천사, 혹은 성자라고 불리며 다른 차원에 살아 있는 존재들을 향한 기도를 두고 '눈에 있는 먼지가 천국의 태양을 가리는 형상'이라고 지적한다. 성인과 천사들이 모든 축복의 근원인 하나님보다 더 많은 주목과 헌신을 받는 것은 현명하지 못하고 신중하지 못한 일이다. 하지만 나는 의식의 어떤 수준과 만난다는 의미에서 이러한 접근들을 긍정적으로 생각한다. 그들만의 방법으로 빛을 향해 가고 있는 것이기 때문이다.

수호성인
· · ·

많은 도시가 그 지역에서 가장 사랑받고 추앙받는 수호성인을 모신다. 아직 깨달음을 얻지 못한 사람들은 만물의 아버지인 하나님보다 성인과 천사에 더 주목한다. 키케로가 자신의 저서에 분명히 표현한 것처럼 고대 그리스와 로마의 신들은 신격화된 인간일 뿐이다. 이러한 신들이 많은 이에게 '지상신Supreme God'이라는 개념으로 추앙받는 과정을 상징했다. 이 모든 것을 보며 우리는 사람들이 자신이 생각하는 더 큰 힘에 의지하려 한다는 사실을 반드시 기억해야 한다. 이들은 자신만의 방법으로 더 큰 힘을 찾아간다.

성경은 이렇게 말한다.

> 구하라 그러면 너희에게 주실 것이요, 찾으라 그러면 찾을 것이요, 문을 두드리라 그러면 너희에게 열릴 것이니 구하는 이마다 얻을 것이요, 찾는 이가 찾을 것이요, 두드리는 이에게 열릴 것이니라. (마태복음 7장 7~8절)

기도는 모든 치유 과정에 꼭 포함해야 한다.

> 병이 낫기를 위하여 서로 기도하라……. (야고보서 5장 16절)

하지만 하나님의 존재가 활력, 온전함, 완전함으로 드러나려면 반드시 기도에 믿음과 사랑이 담겨 있어야 한다. 정신의 힘 앞에서 시간과 공간은 사라진다. 하나님은 만물이자 만물 안에 있는 존재이기에 모든 개인은 순수한 영혼(하나님)이라는 거대한 통합에 속해 하나로 묶여 있다.

눈부신 미래 만들기

• • •

예언가 호세아는 "하나님께 생각을 맡겨라."라는 멋진 말을 남겼다. 이는 매우 실용적이면서도 단순한 접근이며, 이 방향을 따라가며 습관으로 만들면 우리의 삶이 바뀔 수 있다. 습관적으로 떠올리는 생각들은 정신 깊은 곳에 어떤 자국을 남기고, 생명의 원칙은 이렇게 잠재의식에 남은 흔적에 따라 반응하며 우리 삶의 경험을 형성한다. 하나님은 우리가 생각하는 그 모습으로 나타난다.

언젠가 나는 사업에 실패하고 건강까지 잃은 한 남자에게 마음속에 감옥을 만드는 것을 그만두어야 한다고 조언해 주었다. 그는 내게 자신은 상상력이 없는 사람이라고 말했다. 나는 그에게 상상력이야말로 인간이 지닌 최고의 능력이며, 모든 이가 지니고 있고, 건강할 때나 아플 때나 언제든 사용하고 있는 것이라고 말했다. 우리는 상상력을 활용하는 방향을 따라 행동하고, 그 방향에 맞는 사람이 된다.

그는 자신이 겪는 어려움을 타인, 정부, 친척들, 사업 동료들 탓으로 돌리며 마음속에 스스로 감옥을 만들고 있었다. 하지만 그는 자기 자신이 문제를 더욱 크게 만드는 원인이라는 사실을 자각하기 시작했다. 그렇게 점차 삶에 책임감을 느끼게 되었고, 생각을 내면의 하나님께 맡기기로 결심했다. 또한 다음과 같은 말을 꾸준히 반복했다.

"나의 일이 하나님의 일이며, 하나님께서 나를 번영케 하신다. 하나님께서 나를 이끄신다. 하나님의 평화가 나의 영혼을 채운다. 하나님이 나의 주인이자 지도자이며, 하나님의 사랑과 치유가 내 존재 전체에 스며든다."

그는 이러한 진실을 하루에 몇 번씩 되뇌었고, 마음을 떠돌던 수많은 걱정과 논쟁들은 점차 사라져갔다. 그의 말에 따르면 그는 세상을 얻은 듯 홀가분해졌고, 세상 모든 시끄러운 소식과 범죄들에서 벗어났으며, 더는 주변 사람들을 증오하고, 비난하고, 그들에게 분노하지 않게 되었다. 그는 수천 년 전 호세아가 말했듯 생각을 하나님께 맡김으로써 눈부신 미래를 만들어내고 있다.

선장은 우리 자신이다

• • •

선장은 배를 지휘한다. 선장은 자신이 바다에 희생될 사람이라고 생각하지도, 파도에 휩쓸리지도 않는다. 선장은 항해의 원리를 이해하며 자신의 운명을 통제하고, 목표를 향한 방향으로 나아간다. 어떤 기회나 운명, 혹은 사건들로 걱정하지도, 조바심을 내지도, 안달하지도 않으며, 늘 승리를 위한 계획을 세운다.

당신은 이기기 위해, 승리하기 위해, 정복하기 위해 태어났다. 그러니 그 어떤 실패, 상실, 결핍, 한계도 마음에 두어서는 안 된다. 이는 우리의 마음속에 감옥을 만드는 것이며, 그렇기에 삶을 제한하고 억눌러 비참함으로 향하게 한다. 우리는 후퇴가 아니라 전진하기 위해 이곳에 왔다.

나폴레옹은 "상상력이 세상을 지배한다."라고 말했고, 유명한 장군이자 뛰어난 전략가가 되었다. 그는 늘 승리를 상상했고, 성공에만 정신을 집중해 유럽의 지배자로 군림했다.

역사가들에 따르면, 워털루 전쟁이 벌어지기 전 나폴레옹은 전투에서 패배하거나 흐름이 유리하지 않을 때를 대비해 후퇴 계획을 준비했다고 한다. 그가 이 계획을 사용해야 했던 이유는 마음속에 후퇴를 떠올렸기 때문이며, 수천 년 전 욥이 지적했듯이 이러한 생각은 엄청난 두려움을 몰려오게 했다.

나폴레옹의 삶에서 또 한 가지 흥미로운 사실은 나폴레옹이 코가 긴 사람을 매우 경외했다는 것이다. 이는 일종의 미신적인 신념이었다. 아마 이러한 믿음은 코가 긴 사람은 초인적인 힘이 있고, 신성한 힘을 받아 뛰어난 통찰력과 지혜가 있다는 말을 어린 시절 가족 중 누군가에게 전해 들으며 생겼을 것이다. 다시 말해, 나폴레옹은 자신 안의 힘을 코가 긴 사람들에게 투영한 것이다. 그는 마음속에 실패를 만들어냈고, 현실에서 경험하게 되었다. 나폴레옹을 패배로 몰아 넣은 웰링턴 장군은 실제로 코가 매우 컸다.

권세는 하나님으로부터 나지 않음이 없나니 모든 권세는 다 하나님께서 정하신 바라. (로마서 13장 1절)

나이는 단순한 세월의 흐름이 아니다

• • •

라구나 힐스의 실버타운 레저 월드에 사는 수많은 사람은 나이를 전혀 신경 쓰지 않는다. 90세 이상이 대다수이지만, 모두 활동적으로 생활하고 있다. 이들은 다양한 여가 활동에 참여할 뿐 아니라 자신의 전문 분야와 관련된 능력 개발을 위해서도 열심히 노력하며, 해당 지역의 건강 및 문화 활동에도 크게 기여한다. 이곳에 사는 사람들은 세월의 흐름이 귀와 눈을 어둡게 한다거나 몸을 쇠약하게 한다는 믿음에 동의하지 않으며, 정신은 늙지도, 죽지도 않는다는 사실을 깨달았다.

보험회사에서 수집한 통계 결과를 보면 나이가 들면서 나타나는 생명의 법칙은 없다. 이는 그저 형태가 없는 많은 사람의 믿음일 뿐이다. 이들은 나이가 드는 것에 관해 어떠한 규칙을 만들었지만, 예외들을 보면 이 규칙의 실체가 보인다. 인간에 의해 만들어진 규칙은 생명의 법칙이 아니다. 90세가 훌쩍 넘은 노인이 안경도, 보청기도 없이 자동차를 운전하는 모습은 우리 모두의 내면에 이렇게 초월적인 사람이 살고 있다는 사실을 보여 주는 증거이다.

의학으로 설명하기 힘든 경이로움

• • •

다음은 1979년 7월 31일 미국 〈내셔널 인콰이어러National Enquirer〉

지에 실린 기사 내용이다.

160세에도 일을 하며 하루에 담배 100개비를 피우는 남자

올해 160세인 브라질의 마노엘 드 모Manoel de Moura는 아마 세상에서 가장 나이가 많은 사람일 것이다. 터무니없이 나이가 많다고 주장하는 이들 중 다수는 최근 들어 그 실체가 폭로되고 있지만, 마노엘에게는 출생을 증명할 신분증뿐만 아니라 자신이 어렸을 때도 마노엘은 이미 노인이었다고 증언하는 주변 노인들도 있었다.

"제가 어렸을 때 마노엘은 이미 100세가 다 된 노인이었어요."

세리토 알레그레 마을의 이전 부시장이자 현재 80대인 테오도로 보스코는 이렇게 회상했다.

"등이 약간 더 굽은 것 빼고는 70년 전과 똑같아요."

70세인 모데스타 레모스는 인콰이어러 지와의 인터뷰에서 이렇게 말했다.

"우리가 막 학교에 들어갔을 때 마노엘은 지금처럼 머리와 수염이 희게 센 할아버지였어요."

마노엘의 나이에 대한 미스터리는 그 지역에서 일하는 의사이자 마노엘이 만난 유일한 의사가 그의 몸에 그 어떤 문제도 없다는 것을 밝히며 더욱 깊어졌다.

"마노엘은 제 의사 생활뿐 아니라 평생을 통틀어 가장 신기한 환자입니다."

의사 프란시스코 루즈는 이렇게 말했다.

"160세 남성이 건강하다는 것은 매우 이례적인 일입니다. 마노엘은 혈압도 정상이고, 심장 박동도 20대에 가깝죠. 의학으로는 마노엘의 장수를 설명할 수 없습니다."

마노엘의 출생증명서에는 그가 1819년 3월 25일 브라질의 어느 마을에서 태어났다는 사실이 명확히 적혀 있다.

"마노엘의 나이에는 의심의 여지가 없습니다."

펠로타스 지역의 시의원 테오필로 살라마오는 이렇게 단언했다.

"마노엘의 출생증명서는 브라질 연방 공화국 리오그란데두술 주에서 발급한 것이기 때문입니다."

인생 대부분을 농장에서 일하며 보낸 마노엘은 단순한 삶의 방식을 자신의 장수 비결로 꼽았다.

"제 생존에 가장 중요한 요소는 땅입니다. 저는 평생 땅에서 농작물을 기르며 살아왔습니다. 영화도 평생 한 번 본 것이 전부예요. TV도 딱 한 번 봤지만, 그 안에서 무슨 일이 일어나고 있는 건지 잘 모르겠더군요. 저는 무엇도 소유하지 않고, 그 무엇도 걱정하지 않습니다."

하지만 엄청난 흡연량은 여전히 큰 의문점이었다.

"담배만 충분하다면 온종일 피울 수 있어요." 마노엘은 말했다. "보통 하루에 80~100개씩 피우죠."

마노엘을 고용한 아리 레모스는 노동의 대가로 마노엘에게 음식과 쉴 곳을 마련해 준다.

"마노엘은 제가 만나본 최고의 직원입니다. 이곳에서 일하는 사람들 대부분이 게으른데, 마노엘은 아주 부지런한 일꾼이죠. 마노엘은 나무를 자르고, 괭이질하고, 주변을 깨끗이 청소합니다. 시력도 아주 좋아서 실을 바늘에 꿰는 일도 단번에 해낼 정도예요."

브라질 정부는 지난달 마침내 마노엘의 여생 동안 은퇴 연금 명목으로 매달 25달러를 지원하는 계획에 착수했다. 하지만 가족도, 친척도 없고 결혼도 하지 않은 마노엘은 돈에 아무런 흥미도 없었다.

"제게 인생에서 가장 즐거운 일은 뜨거운 커피 한 잔을 마시며 담배를 피우는 시간이에요."

그는 웃으며 말했다.

– 마이클 호이 기자

고통이 된 종교

• • •

22세 젊은 여성이 내게 상담을 요청했다. 그녀는 자신이 매우 신앙심이 깊은 사람이라고 말했다. 춤을 추지도, 카드놀이를 하지도, 술을 마시지도, 영화를 보지도, 이성과 데이트를 하지도 않았다. 그리고 매일 아침 교회에서 예배를 드리며 자신이 믿는 종교의 모든 규칙과 교리를 따랐다. 하지만 그녀는 불안신경증이라는 증상으로 고통받았고, 고혈압 증상을 완화하기 위한 안정제와 알약을 늘 가지고 다녀야 했다. 그녀는 자신에게 이런 일들을 겪게 만든 하나님께 분노했다.

나는 그녀에게 진정한 종교란 입이 아닌 마음으로 따라야 하며, 그녀가 관습적으로 모든 규칙, 교리, 의식을 철저히 지켰다고 해도 하나님에 대한 잘못된 개념과 더불어 하나님께서 자신을 벌한다는 뒤틀린 신념이 모든 정신적, 감정적 문제를 초래한 것이라고 설명해 주었다.

마침내 그녀는 자신을 괴롭히는 존재가 바로 자기 자신이라는 사실을 깨닫기 시작했다. '진정한 자신을 발견하는 이에게는 고통이 없다'라는 오랜 격언이 있다. 그녀는 부정적인 생각이 자신이 겪는 모든 문제의 원인이었다는 사실을 알게 되었고, 이 깨달음은 그 자체로 치료제가 되었다. 이렇게 그녀는 보편적 법칙과 불변의 진리를 따라 바르게 생각하고, 느끼고, 행동하는 습관을 들이기로 했다.

> 너희는 이전 일을 기억하지 말며 옛날 일을 생각하지 말라. (이사야 43장 18절)

> 보라, 내가 만물을 새롭게 하노라……. (요한계시록 21장 5절)

HOW to USE THE LAWS of MIND

제6장

영적
사고방식

영적 사고방식이 무엇인지 명확하게 아는 사람은 많지 않다. 많은 사람이 영적 사고방식이란 특정한 의식이나 기도에 따르는 것이라는 잘못된 믿음을 지니고 있다. 그렇다면 영적 사고방식이란 무엇일까? 어떻게 그러한 삶을 살 수 있을까? 이 두 가지는 모든 사람에게 매우 중요한 문제이다.

천국과 같은 사고, 즉 어제, 오늘, 영원히 변하지 않는 불변의 진리와 삶의 법칙을 따른다면 영적 사고방식을 실천하며 살아갈 수 있다. 잠재의식은 습관을 통해 만들어지고, 하나님과 같은 생각을 계속해서 이어가면 훌륭한 습관을 기를 수 있으며, 모든 경이로움이 현실로 이루어지는 것을 목격하게 된다. 성경은 이렇게 말한다.

외모로 판단하지 말고 공의롭게 판단하라 하시니라. (요한복음 7장 24절)

판단이란 올바른 것과 그른 것을 분별하는 것이다. 다시 말해, 어떠한 생각이 올바른지 그른지에 관한 결정이다. 여기서 올바른 판단이란 선한 것과 진실을 긍정하는 것이며, 이는 우리 삶에 화합과 평화를 불러온다.

누군가가 병을 앓고 있다면, 우리는 감각으로 느끼는 증거를 부정하는 것이 아니라 내면에 있는 무한한 치유의 힘으로 그 사람의 온전함, 활력, 완전함을 단언해야 한다. 행복하고, 즐겁고, 자유로워야 하는 사람이라고 생각해야 한다. 우리의 오감이 해석하는 세상은 틀린 것일 수도 있다. 그보다는 오감이 주는 증거들을 우리가 어떻게 해석하고 있는지를 생각해 보자.

많은 사람이 영적 사고방식으로 살아가려면 금욕과 고행과 같은 수행을 해야 한다고 믿는데, 실제로 이러한 수행은 아무런 소용이 없다. 영적 사고방식으로 살아가려면 외면이 아닌 내면부터 시작해야한다. 우리의 사고방식을 바꾸면 신체는 마음에 떠올리는 이미지에 마법처럼 녹아들 것이다.

117

더 높이 올라가기

• • •

내가 땅에서 들리면 모든 이를 내게로 이끌겠노라 하시니. (요한복음 12장 32절)

마음속에 하나님의 사상을 일으키고 우리 자신의 내면이 곧 성역임을 깨닫자. 내면에 있는 하나님의 속성과 자질을 깊이 생각할수록 정신과 마음의 힘은 더욱 강해진다. 하나님에 대해 아는 만큼 하나님과 더 가까워지고, 신성한 일들을 더욱 많이 할 수 있게 된다.

다음과 같은 말을 자주 반복해 보자.

"나는 치유와 회복을 행하시는 내 안의 하나님을 찬양한다. 저 높은 곳에서 내게 빛을 내리신다."

습관처럼 이를 반복하다 보면 영혼의 고양감과 함께 훌륭한 일들을 성취할 영감을 얻을 수 있을 것이다. 다만 이후에 이와 같은 단언을 부정하지 않도록 주의하자.

믿음의 시작

• • •

믿음과 삶의 어원은 같다. 믿는 것이 곧 사는 것이다. 믿음이란 열망을 채우고자 앞으로 나아가는 우리 내면의 움직임이다. 즉 이상,

목적, 열망에 우리의 삶과 사랑을 쏟아 붓는 것이다. 이상과 열망에 따라 살아가자. 배우가 된 듯 목표와 이상을 살아가자. 열망을 깨워 내자. 열망이 채워짐을 상상하고 행복한 결과를 목격하자.

우리 자신이 치유될 것과 번성할 것을 믿는다면 보편적인 생명의 흐름을 원하는 방향으로 바꿀 수 있다. 오감이 주는 증거보다는 성령의 진실을 믿자. 이것이 바로 완전한 구원이다.

어린양의 피

• • •

고대의 신비주의자들은 적절한 상징들을 활용해 가장 높은 진리들을 표현하고 보전했다. 삶의 순환을 상징하는 황도 12궁의 첫 번째 별자리는 양이다. 태양이 적도를 가로지르는 3월 21일을 '춘분ingress of Aries'이라고 하는데, 이는 유월절(유대인의 축제일)에 흘리는 피(태양빛과 열기)를 의미한다. 땅 밑에 얼어붙었던 모든 씨앗이 부활하며, 우리는 배고픔으로부터 구원받는다. 이 시기는 곧 북위에 있는 모든 생명체의 부활을 의미한다.

만약 어머니께서 병에 걸렸다면, 우리는 어머니께 피를 나눠 드릴 수 있다. 이는 어머니의 온전함, 활기, 완전함이라는 이상에 생명과 사랑을 쏟아 붓고, 어머니의 건강과 생기를 분명히 떠올리는 것을 의미한다. 우리는 어머니께 피, 즉 살아 있는 성령의 법칙을 드리고 있는 것과 같다. 피는 곧 생명이다. 이렇게 전 세계의 아픈 이들을 위해 끊임없이 흐르는 이 피로 우리는 죄와 아픔을 하얗게 씻어낸다.

알코올 중독자를 비롯해 다양한 병으로 고통받는 누군가의 건강을 위해 기도해본 적이 있을 것이다. 하지만 우리는 그 사람에게 반드시 문제의 원인과 더불어 기도하는 방법을 가르쳐 주어야 한다. 그렇지 않으면 병은 재발할 수도 있다. 아픈 이에게 문제의 원인과 기도법을 알려 주지 않는 것은 마치 불타는 건물로 뛰어들어간 소방관이 불길에 갇힌 사람을 놔두고 그 사람의 옷만 들고나오는 것과 같다.

치유자에게 있어 가장 높은 차원의 역할은 의사와 선생의 일을 하는 것이다. 고대에 의사란 내면의 신성함에 대해 가르쳐 주며 각자의 욕망과 열정을 넘어 더 위로, 하나님께 더욱 가까이 갈 수 있게 해 주는 사람이었다. 고대의 신비주의자들은 이렇게 말했다.

"구하는 것을 네 안에서 찾지 못한다면 결코 그것을 발견하지 못하리라."

병든 이를 위해 기도할 때에는 내면에 있는 무한한 치유의 힘에 주의를 기울여야 한다. 무한한 정신에는 시간도, 공간도 없으므로 우리는 이를 통해 환자를 더욱 빠르게 치유할 수 있다.

치러야 할 대가

• • •

영적 사고방식을 위해서는 변하지 않는 삶의 진리를 인식하고, 주의를 기울이고, 헌신하는 것이 필요하다. 정신과 마음이라는 돈을 내야 하는 것이다. 대가 없이 얻을 수 있는 것은 없듯이 주의를 기울이는 것은 삶에 있어 매우 중요한 열쇠이다. 정신을 통해 더 많은 지혜, 진실, 아름다움을 받아들일수록 우리는 다른 이에게 치유의 메시지를 더욱 확실하게 전달할 수 있게 된다. 물론 우리가 가지고 있지 않은 것을 줄 수는 없다.

> 그런즉 너희는 먼저 그의 나라와 그의 의를 구하라. 그리하면 이 모든 것을 너희에게 더하시리라. (마태복음 6장 33절)

성경에 등장하는 금과 은은 천국의 선과 진실을 상징한다. 이렇게 모든 축복의 근원에 주의를 기울이면, 우리가 지닌 영원한 유산을 깨달으며 무엇도 더 원하지 않게 된다.

워런 에반스 의학박사는 1884년에 이렇게 썼다.

> 진실하게 생각하라, 그리하면 당신의 생각은 세계의 굶주린 자들을 먹일 것이다.
> 진실하게 말하라, 그리하면 당신의 모든 말은 열매 맺는 씨앗이

될 것이다.

진실하게 살아가라, 그리하면 당신의 삶은 숭고한 교리가 될 것이다.

실망한 이유

• • •

최근 극심한 사업상 문제를 겪고 있는 한 남자와 이야기를 나누었다. 몇 달 동안이라도 버티려면 은행에서 돈을 빌려야 했지만, 최근에 이뤄진 규제로 인해 대출조차 받지 못했다. 그는 매우 불안하고 예민해져 있었다. 하지만 그는 이러한 부정적인 감정들이 자신이 기도하는 바와 반대되는 결과를 가져올 것이라는 사실 또한 알고 있었다.

나는 그에게 모든 축복의 근원, 즉 그의 내면에 있는 무한한 정신을 만나 마음의 평화와 휴식을 줄 위대한 불변의 진리를 단언하라고 제안했다. 지금 겪고 있는 문제와 마음을 분리하고 신성한 무관심을 따르며 기도가 절대 실패하지 않는다는 것을 확신하라고 제안했다. 우리 안의 전능한 지성은 오직 정답만을 알고 있다.

또한, 다음과 같은 오랜 진실들을 반복해서 말하며 마음이 평화로울 때 응답이 찾아온다는 사실을 깨닫도록 도왔다. 내 제안에 따라 그는 다음 성경 구절들을 하루에 여러 번 반복해서 묵상했고, 두려움이 밀려올 때는 그 즉시 구절 중 하나를 되뇌었다.

나의 하나님이 그리스도 예수 안에서 영광 가운데 그 풍성한 대로 너희 모든 쓸 것을 채우시리라. (빌립보서 4장 19절)

너희가 돌이켜 조용히 있어야 구원을 얻을 것이요 잠잠하고 신뢰하여야 힘을 얻을 것이거늘. (이사야 30장 15절)

우리에게 모든 것을 후히 주사 누리게 하시는 하나님……. (디모데전서 6장 17절)

하나님으로서는 다 하실 수 있느니라. (마태복음 19장 26절)

그들이 부르기 전에 내가 응답하겠고 그들이 말을 마치기 전에 내가 들을 것이며. (이사야 65장 24절)

너희 믿음대로 되라 하시니. (마태복음 9장 29절)

믿는 자에게는 능히 하지 못할 일이 없느니라 하시니. (마가복음 9장 23절)

그가 내게 간구하리니 내가 그에게 응답하리라. 그들이 환난 당할 때 내가 그와 함께하여 그를 건지고 영화롭게 하리라. (시편 91편 15절)

마음만 있다면 모든 것은 준비된다. (셰익스피어)

여호와는 나의 빛이요 나의 구원이니 내가 누구를 두려워하리
오. (시편 27편 1절)

내가 산을 향하여 눈을 들리라 나의 도움이 어디서 올까. (시편
121편 1절)

그는 성실하게 이 묵상을 이어갔다. 그러던 어느 날, 그의 곤경을
알고 있었던 고객 한 명이 갑자기 그에게 찾아와 필요했던 것보다 더
많은 돈을 투자해 주었고, 그는 문제를 잘 해결할 수 있었다. 결과에
대해 신성한 무관심을 유지하자 응답이 찾아온 것이다. 이렇게 삶의
법칙에 관한 진술들을 깊게 생각하는 습관을 들이며, 그는 마음에 평
화와 평온이라는 기반을 다질 수 있게 되었다.
다윗은 이렇게 말했다.

오직 여호와의 율법을 즐거워하여 그의 율법을 주야로 묵상하는
도다. (시편 1편 2절)

하나님의 위대한 진실을 가만히 되돌아보며 고요하고 열린 마음을
지닌다면, 우리에게 오는 응답을 더욱 빠르게 받아들일 수 있다.

실의 극복하기

• • •

결혼을 약속했던 약혼자를 끔찍한 비행기 사고로 갑자기 잃은 한 젊은 대학생이 나를 찾아왔다. 그는 학업을 모두 놓아 버린 채 절망과 우울함으로 고통받고 있었다. 신경 안정제를 먹고 있었지만, 약효가 다하면 상황은 다시 제자리로 돌아왔다.

나는 그에게 이러한 부정적인 감정이 잠재의식에 붙어 굳어진다면 매우 부정적인 복합체가 되어 위험한 결과로 이어지기 때문에 절대 그렇게 되도록 두어서는 안 된다고 말해 주었다. 그리고 이곳 레저월드에 사는 한 자동차 전문가가 시속 90마일로 달리던 중 큰 추돌사고를 당한 이야기를 전했다. 그 전문가는 다행히 심하게 다치지 않았지만, 자신의 차가 수리점으로 옮겨지자 그는 즉시 택시를 불러서 한 시간이 넘게 그 주위를 돌아다녔다. 잠재의식에 그 사고가 부정적인 경험으로 남지 않도록 하기 위해서였다. 마음속에 공포 관념을 만들고 싶지 않았던 것이다.

약혼녀를 잃은 대학생은 모두가 결국에는 다음 발자국을 내딛게 되며, 자신의 우울함과 실의가 다른 세상에 있는 연인을 돕기는커녕 힘들게 할 뿐이라는 사실을 깨닫기 시작했다. 마침내 그는 약혼녀를 놓아주기로 했고, 그녀가 떠오를 때마다 "하나님께서 네게 평화와 화합을 주시기를." 하고 말했다.

이렇게 그는 다시 학업에 집중할 수 있었고 신성한 지침, 평화, 화합을 깊게 생각하며 무한한 존재와 힘에 초점을 맞추기 시작했다. 이와 같은 과정에서 그가 느꼈던 부정적인 감정들은 하나님의 신성한 사랑 속에 힘을 잃고 사라졌다.

이 세상의 임금

• • •

이 세상의 임금이 오겠음이라 그러나 그는 내게 관계할 것이 없으니. (요한복음 14장 30절)

언젠가 근처 대학에 다니던 어린 여학생이 내게 상담을 요청했다. 그녀는 《하나님의 노래》를 포함해 내가 쓴 책을 여러 권 읽었으며, 이전까지 어떤 사이비 집단에 속해 있었지만, 그 모든 것이 미신과 헛소리라는 사실을 알게 된 후로 집회에 나가지 않는다고 내게 말했다. 그 사이비 집단의 다른 구성원 세 명은 그녀에게 저주를 퍼붓고, 그녀가 고통받게 될 것이라고 위협했다.

그녀는 이 세상의 임금은 두려움이며 그 구성원들의 의도는 마치 최면처럼 그녀에게 두려움과 공포를 불어넣으려는 것이라는 사실을 알고 있었다. 그래서 그녀는 온종일 시편 91편의 내적 의미를 생각하며 읽어내려갔다. 그리고 사이비 집단 구성원들의 위협이 떠오를 때마다 그 즉시 "하나님이 나를 사랑하시고 보호하신다."라고 단언했다.

그녀는 자신이 증오를 품지 않으면 받지도 않는다는 것을 알았다. 그래서 그들을 축복하며 위협을 뒤로했고, 그들의 불길한 예측을 비웃었으며, 그 위협들은 부정적인 암시이자 자신이 그것을 받아들이지 않았다는 사실을 깊이 이해했다. 당연하게도 그 구성원들의 부정적인 생각은 부메랑처럼 그들에게 다시 돌아갔다. 그녀의 말에 따르면 그 세 명은 그 후에 차 사고로 목숨을 잃었다고 한다.

그녀에게 찾아온 이 세상의 임금(두려움)은 그녀에게서 두려움에 반응하는 그 어떤 것도 찾지 못했다. 그녀가 생명의 법칙을 알고 있었기 때문이다. 그녀는 마음속 왕좌에 평화, 화합, 옳은 행동, 하나님의 신성한 사랑을 앉혀두었다. 시편 91편에 담긴 진실들은 그녀의 잠재의식을 관통했고, 그녀는 기쁨과 평화의 길을 찾아 하나님과 함께 걸어나갔다.

두려움을 다루는 방법

• • •

두려움은 언젠가 어떠한 모습으로든 우리 모두에게 찾아온다고 해도 과언은 아니다. 몇 년 전 노르웨이와 스웨덴을 거쳐 북극으로 가던 비행 중 거대한 폭풍이 나와 일행이 탄 비행기를 덮쳤다. 비행기에 탔던 모든 승객은 공포에 떨었다. 나와 일행 중 몇 명이 시편 91편을 암송하기 시작하자, 승객들이 조금이나마 진정되었다. 사람들은 죽음을 두려워하고 있었다. 시편을 암송하는 것만이 그때 우리 모두를 사로잡은 공포에서 벗어날 유일한 방법이었다.

두려움은 전염된다. 사랑도 전염된다. 우리는 외부에서 그 어떤 영향과 암시가 온다 해도 우리 내면의 무언가와 만나지 못한다면 결코 우리에게 영향을 미치지 못한다는 사실을 반드시 인식해야 한다. 사이비 종교의 저주로 위협받았던 소녀가 그들의 암시를 거부할 수 있었던 이유는 자신이 위협을 받아들이지 않는 한 그 저주는 자신에게 닿지 않을 것이고, 저주로 고통받는다면 그것은 단지 자신의 마음이 그쪽으로 움직였기 때문이라는 사실을 알았기 때문이다. 그 소녀가 받은 위협은 머무를 곳도, 받아들여질 곳도 찾지 못했고, 그렇기에 발현되지 못하고 소멸했다.

삶의 위대한 진실들을 흡수하며 정신적으로 계속해서 성장하다 보면, 다윗의 말이 사실이라는 것을 확신하게 된다.

> 네 왼쪽에서 천 명이 넘어지고, 네 오른쪽에서 만 명이 쓰러져도 네게는 재앙이 가까이 가지 못할 것이다. (시편 91편 7절)

91편의 9절과 10절은 다음과 같다.

> 네가 말하기를 여호와는 나의 피난처시라 하고 지존자를 너의 거처로 삼았으므로 화가 네게 미치지 못하며 재앙이 네 장막에 가

까이 오지 못하리니.

이는 실로 매우 아름답고 명확한 약속이다. 또한, 이 내용은 우리가 늘 하나님의 사랑을 통해 보호받고, 가르침과 보살핌을 받을 것이라는 사실을 알려 주고 있다. 하나님이 우리를 사랑하시고, 보살피시고, 방향을 알려 주시고, 이끄신다는 것을 늘 깊이 이해하고 생각함으로써 우리는 가장 높은 곳에 가까워질 수 있다. 하나님의 사랑이 늘 주위에 있으며 나를 감싸고 있다는 것을 계속해서 상기한다면 어디에나 존재하는 신성한 힘에 항상 몰입해 있을 수 있고, 모든 곤경은 우리에게 닿지 못하게 된다.

쉬운 길

● ● ●

몇 주 전 일요일 강연이 끝난 뒤, 어느 사업가가 내게 이렇게 말했다. "젊었을 때 저는 악착같이 일해 좋은 것들을 손에 쥐려 했습니다. 입에 풀칠이라도 하려고 늘 힘들게 노력했죠. 늘 더 많은 돈과 집, 차, 좋은 것들을 원했습니다."

그가 이전에 만났던 정신적 조언자는 그가 너무 지나치게 노력하고 있다고 말했다. 조언자는 그에게 모든 선의 근원이자 그의 내면에 있는 하나님의 존재와 만나 평화, 화합, 옳은 행동, 아름다움, 풍요를 요청하는 법을 알려 주었다. 하나님은 그의 안에 늘 흐르고 계시며 그의 삶에 비어 있는 모든 부분을 채우신다는 사실을 일깨워 주기도 했다.

그는 조언자의 말에 따라 영적인 삶의 길을 따라갔고, 바라던 모든 것을 얻게 되었다. 또한, 자신의 내면에 있는 무한한 존재를 향한 믿음과 확신은 건강, 부, 진정한 자아 표현, 풍족한 돈으로 나타났다. 그는 더이상 지나치게 노력하지 않았고, 태초부터 우리에게 주어진 모든 삶의 선물을 간절히 구하고 애걸하지 않게 되었다.

셰익스피어는 "마음만 있다면 모든 것은 준비된 것과 다름없다." 라고 말했다. 그러니 우리는 마음을 열어 그것들을 잘 받을 수 있는 사람이 되는 방법을 배워야 한다. 하나님은 우리에게 그 자신과 온 세상을 주셨다. 그러므로 우리 안의 전능한 하나님께 무언가를 구걸하는 것은 어리석은 일이다. 이미 성경에는 이렇게 쓰여 있다.

그들이 부르기 전에 내가 응답하겠고 그들이 말을 마치기 전에 내가 들을 것이며. (이사야 65장 24절)

우리가 겪는 문제가 무엇이든, 구하기도 전에 이미 응답이 존재한다.

오늘날 최고의 정신적 치료는 우리 안의 정신인 하나님과 만나 평화, 화합, 신성한 법칙, 삶의 질서를 요청하는 것이다. '나는 곧 내가 생각하는 그 존재다'라는 신성한 법칙을 마음에 새기며 늘 생각하자. 진실하고, 사랑스럽고, 숭고하며, 신과 같은 모든 것을 깊이 생각하며 경이로운 일들이 삶으로 드러나게 하자.

삶의 비결

· · ·

어느 저녁 한 심리학자의 강의를 들었다. 그녀는 인류가 레이저 광선을 완벽하게 개발해 지금은 무려 우주에 있는 미사일까지 파괴할 정도로 발전시켰다고 강조했다. 또한, 의술, 항공, 전쟁 등 다양한 분야에 걸친 레이저의 활용성에 대해서도 언급했다. 인류가 원자를 더 작은 단위로 쪼개고, 우리의 피부색, 눈동자의 색, 생김새를 결정하는 유전자 기록인 DNA의 비밀을 풀어냈으며, 우리 몸의 균형을 유지해 주는 분비 체계의 호르몬들을 대부분 찾아내 연구하고 있다고 말하기도 했다.

그녀는 우리가 이처럼 방대한 지식을 발견했음에도 평화롭고 조화로운 삶을 사는 방법을 배우지 못했다고 지적했다. 이러한 상황에 대한 답은 간단하다. 그 답은 '자기 자신을 찾는 자는 고통을 겪지 않으리.'라는 고대 신비주의자의 말 안에 있다. 우리가 곧 하나님이다. 성경은 이렇게 말한다.

너는 하나님과 화목하고 평안하라. (욥기 22장 21절)

불행과 어둠에 대한 답

• • •

오늘날 우리는 온갖 재앙에 관한 수많은 예언을 접하며, 이 예언들은 수많은 사람에게 두려움과 불안정을 불어넣는다. 나는 그동안 음울하고, 과민하고, 침울한 많은 이들과 이야기를 나누어왔다. 이들은 노화, 핵전쟁, 불안정, 미래와 같은 것들을 두려워하고 있었고, 많은 이가 죽음의 공포를 안고 있었다.

성경은 이렇게 말했다.

> 하나님이 우리에게 주신 것은 두려워하는 마음이 아니요 오직 능력과 사랑과 근신하는 마음이니. (디모데후서 1장 7절)

두려움이 다양한 형태로 우리 모두에게 찾아온다는 것은 변하지 않는 사실이다. 길을 따라 걷다가 경적을 듣게 된다면, 잠시 옆으로 물러나야 한다. 그러면 잠깐의 두려움은 삶을 향한 열망으로 바뀌고, 우리는 두려움으로부터 자유로워진다.

많은 사람이 뉴스, 잡지, 신문을 통해 핵전쟁, 지구 종말, 지진과 같은 재앙에 관련된 소식을 접한다. 이렇게 부정적인 예측에 몰두하다 보면 주체할 수 없는 두려움에 사로잡히게 된다.

나는 이러한 두려움으로 힘들어하는 사람들에게 그 두려움을 논리로 비춰 보고 자세히 파헤쳐 그러한 예언들이 결코 현실로 이뤄지지 않을 뿐만 아니라 그 출처 또한 종말의 날을 말하려는 부패한 점쟁이들의 근거 없는 주장임을 알아야 한다고 조언한다. 바울은 '고린도전서'를 통해 이렇게 지적했다.

예언도 폐하고……. (고린도전서 13장 8절)

기본적으로 이 모든 비정상적 두려움은 자기 자신을 무한한 존재와 힘과 연결하지 못한 사람의 불안정함에서 온다. 강력하고, 현명하고, 반대를 모르는 생명의 법칙이자 만물의 근원과 만나게 되면 우리는 반사적으로 행동하게 되며, 비정상적인 두려움은 점차 사라진다.

암벽이라 불린 남자

• • •

비서로 일하는 한 여성이 자신이 근무하는 사무실의 매니저가 매우 고압적이고 거만하며, 판매원들과 사무실 여직원들을 차별대우한다고 내게 말했다. 그 매니저는 무엇이든 단순하게 넘어가지 않았고, 늘 과장된 태도로 따분한 말만 늘어놓았으며, 잔인한 말을 내뱉었다.

어느 날 총괄 매니저가 사무실에 찾아왔고, 무언가 잘못된 점을 발견했다. 총괄 매니저는 사무실 매니저를 가볍게 질책했고, 그토록 냉정하고 자신감에 차 보이던 매니저는 그대로 무너져 '마치 아이처럼'

울었다고 한다. 심지어 안정제를 처방받기 위해 병원까지 가야 할 정도였다. 사실 겉으로 보이는 매니저의 태도와 자신감은 깊은 불안정, 무능함과 열등감을 감추기 위한 것이었다.

무한한 힘에 대한 믿음과 확신이 있고 자부심이 탄탄한 사람은 작은 질책에 무너지지 않는다. 오히려 이를 내면의 자신감을 더욱 자극하는 원동력으로 삼는다. 마음속에 부유하는 잡다한 생각들을 지배하며 진실하고, 정직하고, 숭고하고, 하나님과 같은 사고에 집중하면 우리는 진정한 지도자가 될 수 있다.

위에 언급된 매니저는 자기 자신을 제대로 알지 못하며 과장과 고함으로 그것을 감출 수 있다고 생각했다. 분노와 호통과 같은 행동은 깊은 열등감을 보여 주는 분명한 신호다. 허풍은 공허하고 가식적인 자랑일 뿐이다. 최악의 몰락을 마주하게 된 무솔리니의 허세와 히틀러의 과대망상을 보면 알 수 있다.

남과 비교하지 않기
• • •

하나님은 스스로 반복하지 않는다. 당신은 특별하며, 세상 어디에도 당신과 똑같은 사람은 없다. 그동안 성격이 소심하고, 부끄러움 많고, 내성적인 많은 사람과 상담을 진행해왔고, 나는 늘 모두의 내면에 다시 불리기를, 다시 살아 움직이기를 기다리고 있는 거대한 잠재력이 있다고 조언해 준다. 또, 마음에 두려움이 밀려올 때 내면에 있는 하나님을 부르면 그 두려움을 극복할 수 있다고 설명해 주었다.

이렇게 나와 상담한 이들은 하나님께 가르침과 힘과 지혜를 구하며 무능함에서 빠져나오고, 다른 이들이 포기할 때에도 계속 나아가는 힘을 얻는다. 가난하게 태어난 어떤 남자는 내게 자신이 현재 한 회사의 회장이 될 수 있었던 이유는 가난을 극복하고 자기가 있어야 할 진정한 자리를 찾으려는 엄청난 열망 때문이었다고 말했다. 부족함이 채찍이 되고 삶의 사다리를 올라가는 데 있어 강력한 원동력이 되었던 것이다.

열등감이 있는 많은 여성도 내게 이러한 불안정, 무능함, 열등감이 뛰어난 성과와 성공과 더불어 삶의 사다리를 올라가는 주된 힘이 된다고 말한다. 이런 여성들에게 내가 제시한 방식은 다음과 같다. 매일 아침 거울 앞에 서서 5~10분간 소리 내 이렇게 말하는 것이다.

"나는 무한한 힘의 딸이다. 나는 영원에서 태어났다. 나의 아버지는 하나님이시고, 하나님은 나를 사랑하신다."

매일 규칙적으로 이렇게 단언하다 보면 이 기도는 정신 깊이 가라앉으며 서서히 잠재의식에 스며든다. 그리고 마음 깊은 곳에 새겨진 새로운 자아는 현실이 되어 삶을 바꾼다. 잠재의식에 새겨진 것은 현실로 이뤄진다는 법칙을 따르는 것이다.

목사가 되고 싶었던 남자

• • •

2년 전 내 라디오 프로그램을 듣던 한 청년이 어떻게 하면 신학을 공부하는 목사가 될 수 있냐고 내게 질문했다. 나는 그에게 아르카디 아주 산타 아니타 교회에 있는 마가렛 스티븐스 의학박사를 만나보라고 권했다. 그녀가 그곳에서 많은 졸업생을 배출해낸 훌륭한 신학교를 운영하기 때문이다. 홀란드, 바흐, 스티븐스 박사 등 뛰어난 형이상학 교수들이 그곳에서 학생들을 가르치고 있었다.

지난 일요일 그 청년을 다시 만났을 때, 청년은 여전히 목사가 되고 싶다고 말하며 자신의 꿈은 오직 그것뿐이라고 주장했다. 하지만 꿈을 이루기 위한 어떤 행동도 하지 않은 채였다. 청년은 내가 추천한 학교에 등록하기는커녕 방문조차 해 보지 않았다. 다시 말해, 마음에 있는 열망을 현실로 이루기 위해 한 발자국도 내딛지 않은 것이다. 청년은 아무런 노력도 하지 않았다.

이 청년과 같은 사람은 아주 많다. 이들은 "스페인어나 독일어를 꼭 배워야 해. 내 경력에 매우 중요하니까."라고 말하면서 언어를 공부할 기회가 충분한데도 아무것도 하지 않는다. 그저 공상할 뿐이다.

자신이 겪은 엄청난 전쟁 경험을 책으로 엮겠다며 10년 동안 말만 하는 사람도 있다. 나는 그에게 그가 해야 할 것은 하나님이 글을 대신 써 주기를 기다리지 말고, 당장 자리에 앉아서 글을 쓰는 것이라고 몇 번이나 말해 주었다. 그가 무언가를 시작하면 하나님도 그것을 시작하신다.

우리는 영광스러운 삶을 누리기 위해 이곳에 있으니, 공상은 멈춰야 한다. 우리는 재능으로 더 나은 세상을 만들기 위해 이곳에 왔다. 말로만 글을 쓰겠다는 이 남자는 스스로 움츠러들며 훌륭한 자기표현과 성취를 위한 노력을 회피했다. 우리는 모두 "인류가 해야 할 유일한 연구 주제는 인간이다."라는 고대 그리스 철학자의 말을 되새겨야 한다.

인과 법칙

• • •

인과 법칙을 설명하는 또 다른 방법은 우리가 믿음의 발현이라는 사실이다. 무엇이든 우리의 의식이 진정으로 믿는 것은 잠재의식을 통해 현실이 된다.

최근 방문한 어느 사업체의 사무장은 내게 사업이 무너지고 있다고 말했다. 그는 그 이유가 사업체의 소유주가 일종의 이중생활을 하고 있었기 때문이라고 전했다. 소유주는 아내를 두고 다른 사람을 만나는 바람에 이혼 소송을 하고 있었고, 가게에서 일하는 직원들을 부당하게 대했다. 직원들을 대하는 그의 태도 때문에 끊임없이 새로운 직원을 구해야 했다.

에머슨은 "모든 기관은 사람의 그림자다."라고 말했다. 이 소유주의 사업 실패는 사실 성공적이고 조화로운 삶의 실패이다. 그가 실패한 원인은 내면의 죄책감, 두려움, 내적 갈등, 타인과 아내를 향한 분노이지 사업이 아니다. 성공은 우리의 내면에 달려 있다. 내면이 외부를 통제한다.

더 나은 미래

• • •

하나님이 우리에게 주신 것은 두려워하는 마음이 아니요 오직 능력과 사랑과 근신하는 마음이니. (디모데후서 1장 7절)

모든 날은 부활이자 회복이자 다시 태어나는 시간이다. 자연의 모든 존재는 새로운 날의 영광을 분명히 보여 준다. 매일은 우리에게 내면의 하나님을 깨우며 한계라는 긴 겨울잠에서 벗어나 새로운 날과 삶의 아침으로 나아가야 한다는 사실을 상기시킨다. 우리 안의 두려움, 무지, 미신은 사라져야 하며, 믿음, 자신감, 사랑, 선의는 반드시 부활시켜야 한다. 바로 지금부터 다음과 같이 하나님의 은혜와 사랑을 받아들이자.

"나는 자유롭게 흐르고, 더러운 것을 씻어내고, 질병을 치유하고, 화합을 이루고, 생기가 넘치는 성령으로 가득 차 있다. 나의 몸은 살아 있는 하나님의 신전이며, 신체의 모든 부분이 깨끗하고 완전하다.

내 정신과 신체의 모든 기능은 신성한 지혜와 신성한 질서에 의해 움직인다."

"나는 영광스러운 미래를 기다린다. 나는 최상을 기대하는 즐거운 마음으로 살아간다. 지금, 오늘 내 머릿속 하나님과 같은 경이로운 생각들은 저 깊은 잠재의식에 새겨진다. 나는 언젠가 이 생각들이 화합, 건강, 평화, 주변 환경, 경험, 어떠한 사건으로 발현될 것을 안다."

"나는 하나님과 풍족한 삶 안에서 두려움과 자유의 부재를 넘어선다. 내 안에 신이 바로 선다. 보라! 나는 모든 것을 새롭게 한다!"

HOW to USE THE LAWS of MIND

제7장

창의적인
사고 패턴

이 세상 수많은 사람, 심지어 이른바 고등 교육을 받은 사람들에게도 '상상하는 능력'은 매우 저평가되어 왔다. 많은 사람에게 상상력은 자신들의 지적 능력보다 낮은 단계에 있는 능력으로 가치 절하되었다. 하지만 상상력이야말로 우리 내면에 있는 가장 높은 단계이자 중요한 힘이라는 것을 기억해야 한다.

상상력은 우리 정신을 형성하는 힘이며, 창의적인 잠재력을 지닌다. 하나님께서는 자기 자신이 곧 만물이라는 상상을 통해 우주와 은하를 만드셨고, 상상하신 그대로의 존재로 나타나셨다. 하나님께서 인간을 만들기 위해서는 인간을 상상해야 했다.

생생한 상상력으로 경이로운 장면들을 창조하는 소설 작가들을 생각해 보자. 소설이라는 단어는 상상력으로 만들어 낸 이야기를 의미한다. 시 또한 정신의 산물이다. 상상력이란 이미지를 만들어내는 능력, 혹은 우주라는 스크린에 투영되는 아이디어를 형성하는 힘이다.

상상력은 인간의 능력 중 가장 중요하며, 상상력은 곧 정신력이자 창의력이다. 누군가 자신이 아프다고 상상하는 것은 그가 실제로 그렇다는 증거가 되는데, 질병은 이 창의적인 힘을 잘못 활용한 부작용이기 때문이다. 만약 모든 사람에게 나타나는 고통이나 질병의 정신적 흔적을 추적한다면, 분명 잘못된 방향으로 사용된 상상력의 힘을 찾게 될 것이다.

우리는 어떤 힘이든 두 가지 방향으로 사용할 수 있다. 그러니 반드시 보편적 법칙과 불변의 법칙에 기반해 절제되고, 통제되고, 올바르게 방향이 잡힌 상상력을 활용해야 한다. 사랑이 넘치고, 숭고하고, 하나님과 같은 것들을 상상하자. 믿음이 더해진 상상력은 모든 질병에 치유라는 경이로움을 선사한다. 상상력과 믿음이라는 두 가지 힘이 있다면, 창의력을 활용하기 위한 모든 장치 중 가장 중요한 것을 지닌 것이다.

마음이 병든 자를 보살핀 사람

• • •

수년간 샌프란시스코에서 목사로 일했던 사람이자 '마음의 과학

Science of Mind' LA 창립자인 어니스트 홈스의 동료인 캐릭 쿡은 언젠가 놀라운 치유자인 한 흑인 여성에 대해 말해 주었다. 누군가 그녀에게 어느 성인으로 추정되는 유골을 팔았고, 그녀는 치유를 구하러 자신을 찾아온 사람들에게 그 유골을 만지면 그 어떤 병도 낫게 된다고 자신 있게 말했다고 한다.

그로 인해 수많은 사람이 실제로 치유를 받았지만, 캐리 쿡의 말에 따르면 사실 그 뼈는 개의 유골이었다. 치유자를 찾아온 환자들은 그녀의 말을 믿었고, 실제로 치유의 힘을 발휘한 것은 그들의 믿음과 상상력이었다. 이후 한 의사가 그 유골을 살펴보고는 그녀에게 그것은 개의 발 뼈라고 설명했다고 한다.

이 사례는 치유자의 말을 받아들여 치유의 힘을 부활시킨 이들의 믿음과 상상력이 지닌 힘을 보여 준다. 물론 이 경우는 치유의 방법과 이유에 관한 이해가 없는 맹목적인 믿음이었다. 진정한 믿음이란 의식과 잠재의식의 합일이며, 이는 과학적인 방향으로 이루어진다.

자연에서 가장 강력한 힘들은 소리 없이 조용히 움직인다. 우리의 사고는 몸 전체를 지배한다. 사고가 병을 만들 수도 있고, 건강을 증진하며 온전한 신체를 만들어낼 수도 있다. 사고와 감정 상태는 신체 상태의 원인이 된다.

사고와 신념은 눈에 보이는 모든 것의 실체를 보여 준다. 별이 가득한 하늘, 산, 바다, 호수, 나무 등 이 세상에서 우리가 볼 수 있는 모든 것은 하나님의 사고에서 태어났다. 책에 쓰인 문장을 읽으며 작가의 생각을 이해하듯이 우리는 자연을 들여다보며 무한한 하나님의 힘과 소통한다.

사고의 힘 바로 보기

• • •

인간이 의식적으로 창조 혹은 발명해내는 모든 것은 마음속의 어떤 생각이었다가 분명한 모양이 잡힌 뒤 어떤 물체로서 외부에 발현된다. 예를 들어 우리가 사는 집, 자동차, 비행기도 최초에는 누군가의 머릿속에만 존재하는 것이었다. 모든 그림도 처음에는 화가의 머릿속에 있는 생각이었고, 우리가 감탄하는 놀라운 조각도 처음에는 조각가의 머릿속에 떠오른 발상이었다.

플라톤은 만물이 정신 안의 개념이나 사고가 외부로 발현된 것이라고 생각했다. 생각에는 옳은 것, 그른 것이 있고, 생각의 방식에도 옳고 그름이 있다. 잘못된 생각은 질병으로 신체에 나타난다. 풀턴의 생각은 증기선으로 발현되었고, 모스의 생각은 전신이 되었다. 공장이나 커다란 백화점은 어느 기업가의 생각이 응축되어 물체로 발현된 것이다.

이렇게 현실 세계와 더불어 자기 자신의 생리적 기능에 미치는 생각, 상상력, 믿음, 감정의 영향을 깨달아가는 사람들은 지금도 꾸준히 많아지고 있다.

적은 어디에 있는가?

• • •

"다른 사람을 강간하고, 살인하고, 누군가의 물건을 훔치고, 약탈하고, 자신의 아이를 학대하고, 심지어 죽이기까지 하는 사람들을 어떻게 용서하고 또 사랑할 수 있을까요?"라고 묻는 수많은 편지를 받았다. 어떤 이들은 미국인들을 인질로 잡아 잔인하게 대하는 이란 사람들에 대해 말하기도 한다. 성경은 이렇게 말한다.

너희 원수를 사랑하며 너희를 핍박하는 자를 위하여 기도하라.
(마태복음 5장 44절)

많은 사람이 '원수를 사랑하라'라는 구절의 진정한 의미를 이해하지 못하고 오해하곤 한다. 우리는 적이 바로 우리의 집(마음) 안에 있다는 사실 또한 알고 있다. 만약 마음속에 증오, 분노, 원한, 비통함이 있으면 감정적으로 매우 불안해진다. 궤양이나 고혈압처럼 건강에 이상이 생길 수도 있고, 사업에 실패하며, 인간관계도 원활하지 않을 것이다.

번성하지 못한 이유

...

얼마 전 자신의 분야에서 큰 성공을 거둔 뛰어난 어느 사업가가 자신의 사업이 곤두박질치고 있고, 직원들은 회사 자산을 도둑질하고 있으며, 고객들은 다른 곳으로 옮겨가 버렸다며 하소연했다.

그가 이러한 상황을 마주하게 된 이유는 결혼 생활에 문제가 생겨 힘든 이혼 과정을 겪었기 때문이었다. 그는 아내를 증오했고, 그렇게 그의 마음은 억압된 분노와 두려움에 오염되었다. 그가 말한 적들은 그 자신이 만들어낸 것이었다.

나는 그에게 자기 세상의 유일한 사상가는 자기 자신이며, 그의 아내를 대하는 마음의 책임은 그에게 있다고 설명했다. 그는 성공과 실패, 건강과 건강하지 않은 상태를 결정하는 것은 자신에게 일어난 일이 아니라 그 일에 대한 자신의 사고방식이라는 사실을 깨닫기 시작했다. 그래서 그는 대체의 법칙을 실천했다. 자신의 부정적인 생각을 건설적인 사고로 대체하며 현재 처한 법적 문제를 해결할 신성하고 조화로운 방법이 있고, 신성한 정의가 모든 것을 다스릴 것이라고 단언했다.

그는 진짜 적들은 마음속에 있으며, 자신이 만들어낸 것이라는 사실을 알게 되었다. 그래서 올바른 사고방식, 올바른 감정, 올바른 행동을 실천하기 시작했다. 그가 활용했던 단순한 기도는 다음과 같다.

"하나님께서 나를 통해 말씀하시고, 행동하신다. 하나님께서는 나

147

를 사랑하고 보살피신다."

두려움과 증오가 마음에 밀려올 때면 그는 즉시 "하나님의 사랑이 내 영혼을 채운다."라고 단언했다. 이렇게 그는 자기 자신을 치유하며 사업도 다시 일으키게 되었다.

정신신체의학

• • •

정신신체Psychosomatic라는 단어는 정신을 뜻하는 '프시케psyche', 신체를 뜻하는 '소마soma'라는 두 가지 그리스어에서 왔으며, 먼저 마음에 무언가가 존재하지 않으면 몸에도 아무 일이 일어나지 않음을 의미한다. 라구나 힐스에 있는 프랭크 바레스는 매우 뛰어난 의사이자 질병에 있어 마음과 몸의 관계에 대한 강연을 종종 진행하고 있다. 바레스 박사와 더불어 전체 의학을 실천하는 여러 의사는 환자들이 겪는 신체장애, 여러 질병과 이리저리 뒤엉킨 파괴적인 감정 상태 사이의 관계성을 강조한다.

암 연구자들은 마음 깊은 곳에 자리 잡은 분노, 적대감, 절망과 더불어 용서하지 않는 마음과 자기비하라는 패턴이 암 환자들 사이에서 흔히 보인다고 말한다. 환자의 사고방식이 현실로 드러나 암이 된 것이다. 바레스 박사는 성공적으로 자신의 환자들이 건강한 마음을 키울 수 있게 했다.

148

우리가 마주한 적들이 실제로는 우리 스스로가 만들어 낸 것이고, 우리 마음의 움직임이었다는 사실을 알게 되면 '적을 사랑하라'라는 구절에 담긴 지혜를 쉽게 이해할 수 있다. 그러므로 부정적인 생각이 있던 자리에 불변의 법칙에 기반을 둔 하나님과 같은 생각들을 채워 넣는다면, 그 부정적인 생각들은 우리를 축복하고 치유할 건설적인 힘으로 변화한다.

두 자매

• • •

같은 시기에 사랑에 빠져 결혼까지 같이한 어느 쌍둥이 자매가 있었다. 하지만 불과 몇 년 뒤, 자매의 남편들은 각자의 아이들과 자매를 버리고 한마디 말도 없이 외국으로 도망쳐 버렸다.

마음의 과학을 공부했던 자매 중 한 명은 다시 자신에게 집중하며 침착함과 평정, 균형을 유지했다. 남편이 떠나기 전처럼 피부도 가꾸고, 수영과 골프도 계속하며 내면의 평화를 지켜냈다. 끊임없이 '하나님의 노래'에 담긴 위대한 진실들을 깊이 들여다보았고, 결코 평정을 잃지 않았다. 마치 요셉처럼 그 힘들었던 경험에서 장점만을 취했다. 그녀는 빠르게 이혼을 마무리했고, 어린 딸을 돌봐주던 소아과 의사가 청혼하자 그와 결혼했다.

반면, 자매 중 다른 한 명은 전남편에게 엄청난 증오를 표출하며 그가 불행해지기를 바랐다. 분노와 적대감으로 가득 찼던 그녀는 결국 관절염으로 병원에 입원해야만 했다. 두 자매는 같은 경험을 했다. 차이는 이들에게 일어난 일이 아니라 그 경험에 대한 사고방식과 대응 방식이었다.

우리는 적이 어디에 있는지 안다. 이 적들은 분별력, 활기, 마음의 평화, 건강을 빼앗아 몸과 마음을 망가뜨리기 때문에 분노, 증오, 적대, 감정적 스트레스를 견딜 수 없게 된다. 그러니 적을 사랑하는 것은 진정으로 우리에게 이로운 일이다.

정신의 지배

• • •

정신은 신체의 모든 부분을 지배하며, 그렇기에 지능이 관련된 자발적 행위에 영향을 받지 않는 곳은 없다. 심지어 인도에는 원하는 대로 심장 박동을 늦추는 능력을 지닌 사람도 있다. 현재 여러 학회 사이에서도 이와 같은 능력들이 잘 알려져 있다.

자유자재로 땀을 흘릴 수 있는 요가 수행자들도 있었고, 마음대로 동공을 확장하고 수축할 수 있는 사람들도 있었다. 동공을 제어하던 사람들은 그저 아주 어두운 곳을 생각하다 보면 동공이 확장된다고 말했다. 반대로 아주 밝은 곳을 생각하면 동공이 수축했다. 마치 레몬처럼 아주 신맛이 나는 무언가를 생각하면 침샘에 영향을 미쳐 입에 침이 고이는 원리와 같다. 그러므로 어떤 개념, 생각, 상상은 치료제가 될 수도, 독이 될 수도 있다.

> 대저 그 마음의 생각이 어떠하면 그 위인도 그러한즉……. (잠언 23장 7절)

이는 솔로몬의 말 중 가장 지혜로운 구절이다. 우리의 잠재의식은 모든 활동적인 힘을 품고 있다. 특정한 정신 상태를 만들면 인과법칙의 틀림없는 명확함에 따라 그에 맞는 신체 상태도 갖춰진다. 많은 사람이 깨닫지 못하지만, 사고에는 우리 몸의 모든 기관을 통제할 힘이 있다.

진실한 삶을 사는 것이란 진실하게 생각하며 진실을 구별해내는 것이다. 상상력은 사고의 한 방식이며, 사고 안에 있는 모든 개념에는 신체에 발현되려는 본성이 있다는 사실을 기억해야 한다. 신체를 살아 숨 쉬게 하는 유일한 힘은 정신이다.

진짜 적은 우리의 사고, 우리가 스스로 만들어낸 것이라는 단순한 진실을 잊지 말자. 마음속에 있는 이 적들을 정확히 바라보고 물리치자. 하나님의 사랑이라는 화염으로 이들을 사로잡고 불태워 없애자. 적을 사랑하라는 구절이 흉악범들을 집으로 초대해 함께 어울리며 팔을 두른 채 사랑을 말하라는 의미라고 생각하는 것은 터무니없고 어리석은 일이다.

우리는 적들이 왜 그렇게 행동하는지를 이해해야 한다. 그들은 부정적이고, 파괴적이고, 비이성적인 감정의 충동에 사로잡혀 있다. 그러니 이들이 자기혐오에 가득 차 있고, 그 감정을 타인에게 투영하고 있다는 사실을 알며 이해와 관용의 마음으로 바라보자. 그 어떤 상황에서도 그들이 저지른 범죄는 용납하지 않되, 그들을 움직이는 악한 힘은 이해해 보자. 덧붙여 정의와 처벌은 항상 승리한다는 사실도 잊지 말아야 한다.

살인과 강간 등 끔찍한 범죄를 저지른 사람들은 반드시 격리되어야 사회를 보호할 수 있다. 지혜라고는 없는 공상적 박애주의자들이나 가석방 심의위원회는 종종 이런 흉악범들을 사회로 돌려보내 다시 사냥을 시작하게 만든다. 어느 범죄자는 자신이 진실한 종교인이 되었고, 완전히 다시 태어난 것처럼 연기하자 자신을 풀어 주었다고 내게 털어놓기도 했다. 이것은 사랑이 아니다. 지혜 없이는 사랑도 없고, 사랑이 없으면 지혜도 없다.

정신과 마음의 법칙 배우기

• • •

적을 사랑하라는 말에 숨은 더 중요한 의미는 우리가 만들어낸 진정한 적인 두려움, 증오, 질투, 분노를 마음에서 몰아내는 것이다. 이렇게 부정적인 감정들이 우리를 지배하고 통제하면 분명 그 결과는 신체, 가정, 일, 인간관계에 나타나게 된다. 이것은 종교와 신념을 넘어 전 세계 모든 이에게 적용되는 정신과 마음의 법칙이다. 동물들이 두려움의 냄새를 맡고 인간을 공격한다는 사냥꾼들의 말을 기억하자.

이 장을 쓰고 있을 때 나와 상담을 진행했던 한 여성은 늘 집에 강도가 들지 않을까 끊임없이 두려워한다고 털어놓았다. 그리고 그녀가 교회에 있던 어느 일요일, 트럭을 탄 도둑들이 그녀의 집에 들어와 값비싼 가구들을 모두 훔쳐가 버렸다.

아침저녁을 가리지 않고 이어지던 강도에 대한 그녀의 두려움이 잠재의식에 새겨져 결국 그 두려움을 현실로 나타나게 만든 것이었다. 정신과 마음의 법칙에는 인간성이 없으며, 특별 대우도 없다. 현재 그녀는 '시편 91편'을 활용해 닥쳐오는 모든 해로움에 대한 면역력을 키우고 있다.

우리 마음속 모든 것이 조화롭고, 평화롭고, 사랑이 넘치며, 하나님을 향한 믿음과 생명의 땅에 뿌려진 하나님의 선의로 가득하게 하자. 모든 축복의 원천인 하나님을 믿으며 의지하자. 우리의 생각과 하나님의 생각이 하나가 될 때 우리의 선한 사고에 하나님의 힘이 깃들 것이다.

"육체는 영혼의 형태를 취하니, 영혼은 형체이고 육체는 행하기 때문이다."

암시의 힘

• • •

1850년대 큄비 박사의 제자였던 워런 에반스 박사가 쓴 흥미로운 기사가 있다. 박사는 역사의 한 사건을 인용했다. '부다페스트 공성전'이 벌어지던 1625년, 괴혈병이 공격적으로 퍼지며 주둔군은 항복의 위기에 처했다. 그러자 오라녜 가문의 왕자는 괴혈병을 치료할 특효약이라는 명목으로 가짜 약 몇 병을 들여왔다. 그리고 이 가짜 약 몇 방울은 엄청난 효과를 냈다.

몇 달 동안 팔다리를 움직이지 못했던 많은 이가 멀쩡하게 거리를 걷게 되었고, 이전의 치료제들이 상태를 더 악화시키기만 했다고 말하는 이들도 많았다. 당연히 이들을 치유한 것은 효과 없는 이전의 약이 아니었다. 약 몇 방울을 향한 이들의 믿음과 확신이 놀라운 치료 효과를 만들어낸 것이다.

모든 사람이 자신 안에 있는 무한한 치유의 존재를 깨달으며 이 존재가 자신의 삶에 놀라운 일들을 불러올 것이라는 믿음을 얻는다면 더없이 좋을 것이다. 그렇게 된다면 상상력을 분명하게 이해하며 지혜롭게 사용할 수 있고, 자신의 온전함과 함께할 수 있는 모든 일을 상상하면 잠재의식이 응답한다는 사실을 알게 될 것이니 말이다.

이와 같은 깨달음과 믿음은 하나님을 향한 진실한 믿음의 행동, 즉 우리를 창조해낸 무한한 치유의 존재로 향하는 정신과 마음의 움직임을 나타내며, 그러므로 우리 모두의 내면에 자리 잡은 신성한 존재

와의 생생한 결합을 일으킨다. 이렇듯 분명한 이해와 사랑으로 기도
하면 경이로운 일들이 눈앞에 펼쳐진다.

성장과 확장

• • •

시편 1편을 읽어보자. 시편 1편에는 내면에 있는 신성함을 해방하
며 가장 높은 자아를 표출하는 인간의 아름다운 이야기가 쓰여 있다.

> 그는 시냇가에 심은 나무가 철을 따라 열매를 맺으며, 그 잎사귀
> 가 마르지 아니함 같으니 그가 하는 모든 일이 다 형통하리로다.
> (시편 1편 3절)

이 구절에 나온 비유의 뜻을 명확히 이해할 수 있다. 나무는 땅속
에 뿌리를 내리며, 그 내면에는 뿌리가 흙으로부터 성장을 위해 필요
한 양분을 빨아들여 적절히 배분하게 하는 지혜가 있다. 나무의 뿌리
들은 이 지혜에 따라 더 깊은 땅속으로 내려가며 나무를 위한 생명의
물을 얻어낸다.

이와 마찬가지로 우리는 생명의 법칙에 뿌리를 두고 있으며, 우리
가 내면에 있는 무한한 영혼에 의지하고 정신과 마음으로 성령과 하
나 된다면 우리는 저 높은 곳으로부터 생기와 활기를, 번영과 영감을

얻게 될 것이다. 생명의 나무는 바로 우리 안에 있으며, 그 나무가 맺는 열매는 사랑, 기쁨, 평화, 조화, 지침, 옳은 행동, 깨달음이다. 우리는 삶을 더욱 풍족하고 행복하게 할 모든 것을 내면 깊은 곳에서 끌어낼 수 있다.

살이 되는 말

• • •

태초에 말씀이 계시니라 이 말씀이 하나님과 함께 계셨으니 이 말씀은 곧 하나님이시니라. (요한복음 1장 1절)

말이란 사고의 표현이고, 창조적이다. 우리가 아는 중 유일하게 실체가 없는 힘이기도 하다. 사고는 우리 자신에게 창조적인 힘을 발휘할 수 있다는 점에서 하나님과 같다. 이는 전능한 힘과 무한한 정신이라는 의미에서의 하나님과는 다르다.

사람들이 말하는 하나님의 말씀은 하나님의 진실을 나타내며 어제도, 오늘도, 영원히 변하지 않는다.

말씀만 하사 내 하인을 낫게 하소서. (누가복음 7장 7절)

다른 사람을 위해 기도할 때는 하나님의 진실이 아픈 자의 진실이 될 것을 주장해야 한다. 내면에 있는 존재와 힘(하나님)에 집중하며 절대적인 평화, 조화, 아름다움, 끝없는 사랑과 힘을 상기하자. 증상, 기관, 신체에 집중하는 것은 멈춰야 한다. 오직 치유적 존재와 힘만이 실재한다는 사실을 이해하고 느끼자. 고양감, 치유, 강력함을 주는 치유적 존재의 힘이 기도의 대상이 되는 그 사람에게 흐르며 그 사람을 완전하고 완벽하게 해 줄 것을 사랑을 담아 가만히 단언하자. 하나님의 조화, 아름다움, 온전함, 사랑이 그 사람에게 발현됨을 이해하고 느끼자. 이를 분명하게 깨닫는다면, 우리는 치유의 힘을 담은 말을 전할 수 있게 된다.

정신적 방해물 제거하기

• • •

지금까지 수많은 청년과 이야기를 나누어왔다. 모두 매력적이고, 영리하고, 뛰어난 교육을 받고, 유머 감각도 넘쳤지만, 자기 자신을 믿지 못했다. 다시 말해 자기 자신을 사랑하지 못하고 있었다. 대부분은 어린 시절 자신이 명청하고, 어리석고, 이상하고, 볼품없다는 말을 들은 것이 원인이 되어 열등감과 나약함에 관한 선입견에 사로잡히게 되었다. 실제가 아닌 환상 속에 사는 것이었다.

나는 이중 젊은 남성들에게 매일 아침 5~10분씩 거울 앞에서 진심을 담아 큰소리로 이렇게 단언하라고 말했다.

"나는 살아 있는 하나님의 아들이다. 나는 내 중심에 계신 하나님을 찬양한다. 나는 나를 강하게 하는 하나님의 힘으로 모든 일을 해낼 수 있다."

나는 이것을 습관으로 만들며, 자기 자신에게 비판적이거나 단점이 보일 때는 그 즉시 "나는 내 중심에 계신 하나님을 찬양한다."라는 문장을 소리 내 말하라고 조언해 주었다. 이러한 습관은 부정적인 생각을 중화시키고, 두려움을 건설적인 에너지로 바꾸어 준다.

젊은 여성들에게는 거울을 보며 "나는 무한한 존재이신 하나님의 딸이다. 나는 영원의 아이다. 하나님은 내 아버지이시며, 하나님께서는 나를 사랑하고 보살피신다."라고 소리 내 말하라고 조언했다. 또, 자신을 비하하는 마음이 생길 때는 그 즉시 "하나님께서는 나를 사랑하시고 보살피신다."라고 단언하라고 말해 주었다.

이렇게 어린 시절부터 뿌리내린 청년들의 부정적인 사고방식은 점차 없어지다가 이내 완전히 사라지게 되었다. 이들의 정신은 외부의 영향에 취약했던 어린 시절에 받아들인 부정적인 암시들의 희생자였다. 그때 이들에게는 부정적인 암시들을 거부할 지혜와 지식이 없었기 때문이었다. 많은 부모가 생각 없이 부주의하게 아이들을 거짓말쟁이 혹은 멍청한 아이라고 부르는데, 이를 반복하면 아이는 정말로 그렇게 자라게 된다. 아이는 잠재의식에 암시를 받아들이기 시작하고, 이것이 습관과 강박으로 바뀌어 신념으로 굳어진다.

오랜 격언

* * *

'개를 죽이려면 우선 미친개라는 누명을 씌워라.'

이 오랜 격언에는 어느 정도 진실이 담겨 있다. 한 회사의 회장 비서로 일하는 어느 여성은 내게 사무실에서 일하는 다른 여성들이 그녀에 관한 온갖 성적인 헛소문을 퍼트려 그녀를 사회적으로 매장하며 적개심과 악의를 불러일으켰다고 말했다.

나는 그녀에게 사무실의 동료들이 만들어낸 헛소문과 암시에는 그것을 실제로 발현할 힘이 없으니 주의를 기울이지 말아야 하며, 그녀에게는 그들을 거부하고 무시할 힘이 있다고 조언해 주었다. 그녀는 시편 91편의 의미를 깊이 생각하며 그 위대한 진실을 매일 실천하기 시작했고, 그렇게 자신 안에 있는 무한한 존재에 의존할 용기를 지니게 되었다. 사무실의 동료들은 자신들이 만들어낸 누명과 부정적인 속삭임이 그녀에게 닿지 않는다는 사실을 금세 알아챘다.

그다음부터는 흥미로운 일들이 벌어졌다. 헛소문을 만들어 퍼뜨린 사람들은 다른 곳으로 옮겨야 했고, 그녀는 남은 사람들 앞에서 당당하게 회장과의 결혼을 발표했다.

그녀는 다음과 같은 기도를 자주 반복했다.

"하나님이 곧 만물이다. 하나님과 함께하는 자가 곧 다수이니, 만일 하나님이 우리를 위하시면 누가 우리를 대적하리오. (로마서 8장 31절) 나는 하나님이 살아계신 성령이요 영생이며 전지전능하신 이이며,

하나님께 대적할 자가 없다는 것을 알고 믿는다. 내 생각과 하나님의 생각이 하나 될 때 하나님의 힘이 내 정신으로 들어옴을 완전히 받아들인다. 내가 줄 수 없는 것은 받을 수 없다는 것을 알며 나는 사랑, 평화, 깨달음, 선의를 내 주변인과 세계 모든 이들에게 전한다. 나는 하나님의 힘으로 모든 악한 것에 면역이 있으며, 늘 하나님의 사랑이 만드는 성스러운 힘으로 둘러싸여 있다. 하나님의 갑옷이 나를 감싸고 번성하게 한다. 나는 신성한 힘의 지침을 받으며, 삶의 기쁨을 향해 나아간다. 주의 앞에는 충만한 기쁨이 있고 주의 오른쪽에는 영원한 즐거움이 있나이다. (시편 16편 11절)"

제8장

열망을
충족하라

하나님은 우리를 통해 영원히 자신을 표현하신다. 하나님은 열망을 통해 우리에게 말씀하신다. 몸이 아프면 우리는 건강을 열망하고, 가난하면 부를 열망한다. 감옥에 갇혀 있으면 자유를 열망하고, 정글에서 길을 잃으면 탈출과 안전을 열망한다.

자신의 열망을 깨닫는 것이 곧 구세주다. 모든 이는 자기 자신의 구세주이며, 모든 이는 자신의 기도에 응답한다. 우리가 진심으로 믿는 모든 것은 현실로 이루어지기 때문이다. 그러니 성장, 확장, 번성이라는 열망을 지니며 우리가 진정으로 열망하는 것을 깨닫자. 우리의 열망은 오늘보다 더 훌륭한 내일을 위한 것이어야 한다.

가장 깊은 곳에 있는 열망

* * *

아마 우리 내면 가장 깊은 곳에 있는 열망은 신성한 행복과 번영이 가득한 곳에서 좋아하는 일을 하며 진정한 자아를 발현시키는 것이다. 많은 일을 잘할 수도 있겠지만, 그 많은 일보다 더 잘할 수 있는 한 가지 일을 하는 것이 바로 우리가 있어야 할 진정한 곳, 혹은 진정한 자아의 발현이다.

우리의 더 높은 자아는 우리가 지닌 모든 재능을 알고 있으며, 정답을 보여 준다. "내 안에 있는 무한한 지능이 내가 있어야 할 진정한 곳을 알려 주며, 나는 내 의식에 분명히 떠오르고 마음과 공명하는 그 가르침을 따른다."라고 단언하자. 가르침이 우리에게 올 것이니, 그것을 따르자. 가장 높은 수준의 자아를 발현하고 가장 뛰어난 능력을 발휘하는 것을 열망하고, 성실함과 정직함에 부합하는 놀라운 수입을 열망하자.

열망이란 자연스러운 것

* * *

몇 년 전, 나는 백화점에서 일하는 한 스페인 소녀를 만났다. 그녀는 나와 상담을 진행하며 자신의 꿈은 가수가 되는 것이라고 말했다. 그녀는 레슨도 받았고, 목소리도 훌륭했다. 하지만 TV, 라디오, 클럽에서 노래할 기회를 잡기 위해 아무리 노력해도 계속해서 거절당하기만 했다. 그녀는 실망한 나머지 매일을 술로 보냈다.

그녀는 노래하고자 하는 열망과 더 나은 삶의 터전으로 가고자 하는 열망을 억압하면 건강에 문제가 생기고 말 것이라는 사실을 이해했다. 그래서 그녀는 삶을 대하는 태도를 바꾸었고, 이 변화는 모든 것을 바꿔 놓았다. 그녀는 자신의 더 높은 자아에 집중했고, "무한한 정신이 내게 노래하고자 하는 열망을 주셨으며, 신성한 법칙과 질서에 따라 나를 완벽하게 표현할 길을 열어 주신다."라고 단언했다. 그리고 자신이 단언한 것을 절대 부정하지 않았다.

이러한 기도를 반복하기 시작한 지 얼마 지나지 않아 그녀는 어느 스페인 클럽에 가수로 초대받았고, 이 기회로 대중에게 알려지면서 엄청난 수입과 명성을 얻었으며, 무엇보다 자신이 지닌 재능을 세상에 보여 주게 되었다.

자기 보호

• • •

자기 보호는 생명의 제1법칙, 즉 자기 자신을 지키고 뻗어 나가게 하려는 생명의 가장 큰 열망이다. 훌륭한 자아를 지니고 그 자아를 훌륭하게 표현하고자 하며, 충만한 삶을 살아가려는 열망은 우리 안의 강력한 욕구이다.

우리 안에는 종을 이어가기 위한 성욕도 있다. 성관계란 애정이 담긴 행위이며, 절대 누군가를 해치거나 수치심을 주는 방향으로 악용되어서는 안 된다. 반드시 서로의 사랑, 자유, 존중을 바탕으로 해야 한다. 우리는 모든 열망을 건강하게 표현할 수 있다.

열망은 하나님의 선물
• • •

열망은 삶의 기반이다. 그렇기에 열망을 없애는 것은 불가능하다. 배가 고프면 음식을 찾는다. 목이 마르면 물을 찾는다. 누군가 전기의 마술사 토머스 에디슨에게 "전기란 무엇입니까?"라고 물었고, 에디슨은 이렇게 답했다. "전기는 전기입니다. 그냥 사용하면 돼요."

인류의 축복인 전기를 사용할 수 있는 방법은 수없이 많다. 전기가 사람을 죽이는 도구가 될 수 있듯이 세상 모든 힘은 두 가지 방향으로 나뉜다. 우리는 그 어떤 경우라도 다른 사람의 직업, 배우자, 집 등 다른 사람의 것을 열망해서는 안 된다. 남의 것을 탐하거나 남을 질투하는 것은 부족함과 한계만 느끼게 할 뿐이다. 자기 자신의 가치를 떨어뜨리는 것이다. 또, 이러한 감정을 지니면 자신에게 "저 사람은 저런 것들을 가졌지만, 나는 그럴 수 없다."라고 말하며 우리만의 신성함을 부정하게 된다. 마음속에서라도 다른 사람의 것을 훔치는 것은 자기 자신의 정신도 훔쳐가는 행동이다.

이와 관련된 상실은 건강, 명성, 승진, 사랑, 돈 등 여러 방면에서 나타날 수 있다. 이러한 상실이 어떻게 찾아오는지는 미리 알 수 없다. 우리가 원하는 것은 다른 이의 자리가 아니다. 우리가 진정으로 원하는 것은 그와 비슷한 자리, 비슷한 명성과 수입과 특권이다.

우리가 부르기만 하면 무한한 지성이 새로운 문을 열어줄 것이며, 그로 인해 응답받게 될 것이다.

열망의 억압
• • •

인도 동부의 어느 지역에서는 학생들이 열망을 억압하는 법을 배운다. 이는 매우 어리석은 일이며, 좋지 않은 결과로 이어진다. 한 여성은 내게 아무것도 바라지 않는 자유로운 경지에 다다르고 싶다고 말했다. 하지만 그녀는 힌두교도들의 수행지인 아시람에서 내가 본 중 가장 좌절감이 크고 신경질적인 사람이었다. 나는 그녀에게 물었다.

"아침에 일어나면 커피 한 잔을 마시고 싶지 않나요? 만약 당신이 음악가라면, 음악으로 사람들에게 감동을 주고 싶지 않을까요? 당신이 의사라면 사람들의 고통을 낫게 해주고 싶지 않을까요? 농부라면 작물을 심고 거두어 아이들을 먹이고 싶지 않을까요?"

166

대학에 가고자 하는 열망

• • •

회사의 돈을 횡령해 구속되었다가 풀려난 어느 젊은 청년이 있었다. 이후 청년은 내게 돈을 훔친 이유는 대학에 가고 싶어서였다고 변명했다. 자신의 열망을 잘못된 방향으로 따라간 것이다. 대학에 가고자 하는 열망에는 아무 잘못도 없다. 나는 그에게 그 열망을 주신 하나님께서는 거짓된 것을 주지 않으시니, 그에게는 내면에 있는 하나님의 존재로부터 전폭적인 지지를 받으며 자신이 원하는 것을 요청할 능력이 있다고 설명해 주었다. 또한, 만물의 근원이신 하나님께서 어떤 식으로든 대학을 무사히 졸업할 수 있는 길을 열어 주실 것이라고 덧붙였다.

나는 그에게 다음과 같은 간단한 기도를 알려 주었다.

"하나님께서는 내게 오는 모든 것의 원천이시고, 하나님의 부가 내 삶 속에 순환한다. 내게는 신성이 늘 흘러넘친다. 하나님께서는 신성한 질서에 따라 대학으로 갈 수 있는 길을 열어 주신다."

나는 그에게 대학에 가고자 하는 열망은 좋지만, 방향이 잘못되었으며 마음의 법칙을 잘못 활용했다는 사실을 설명해 주었다. 앞서기 위해 남의 것을 훔치거나 남을 해쳐서는 안 된다. 이는 자기 자신에게 상실과 한계를 불러일으킬 뿐이다. 무언가를 훔쳤다는 것은 부족함 속에 있다는 것이고, 이후에는 죄책감까지 따라오며 파괴적인 결과를 낳게 된다.

그래서 청년은 위의 기도를 기반으로 마음의 법칙을 건설적으로 활용했고, 마침내 길이 열렸다. 그는 장학금을 받게 되었고, 모든 축복의 원천을 찾아냈다.

열망을 받아들이기

• • •

열망하지 않는다면 어떤 선택도 하지 않을 것이다. 하지만 우리는 무언가를 선택하고, 의지가 있는 존재이다. 어떤 선택도 하지 않으면 성장할 수 없으며, 아무것도 하지 않게 될 것이다. 다시 말해, 존재하지 않게 된다. 열망하지 않는다면 어떤 것도 흥미를 일으키지 못한다. 그러므로 사랑, 평화, 웃음, 원동력에 아무 반응도 하지 않게 되며 영적으로, 감정적으로, 육체적으로 시들어 버린다. 결국, 보잘것없는 사람이 되는 것이다.

열망을 억압하거나 제거하려는 노력은 정신적 자살에 가깝다. 건강, 행복, 평화, 기쁨, 진정한 자아실현에 관한 열망을 기꺼이 받아들이자. 우리는 하나님의 모든 자질, 속성, 능력을 표현하기 위해 이곳에 왔다. 우리의 신성함을 하루하루 더 많이 발현하기 위해 이곳에 왔다. 인류에 기여하고, 열심히 노력해 더 나은 세상을 만들기 위해 이곳에 왔다. 우리는 하나님께 영광을 바치고 기쁨을 드리기 위해 이곳에 왔다.

정답이 있는 곳

• • •

과학, 예술, 산업 등 삶의 모든 양상에 일어나는 진보의 원동력이 열망이라는 사실을 깨달아야 한다. 열망은 우리의 모든 성취를 가능하게 하는 운동 법칙과 같다. 마음에 있는 모든 진정한 욕망에는 답이 깃들어 있으며, 우리의 영혼이 진실로 원하는 열망을 채울 올바른 방법이 있다. 열망을 위한 답이 존재하지 않는다면 열망할 수 없을 것이다. 우리에게 열망을 주신 무한한 정신은 신성한 법칙과 질서에 따라 그 열망을 펼칠 완벽한 계획도 함께 보여 준다는 것을 깨닫자. 바울은 이렇게 말했다.

> 너희 안에서 행하시는 이는 하나님이시니 자기의 기쁘신 뜻을 위하여 너희에게 소원을 두고 행하게 하시나니. (빌립보서 2장 13절)

우리 안에서 우리를 통해 행해지는 하나님의 열망, 즉 생명의 원칙은 우리에게 삶의 사다리에 올라 더 높은 자아를 표출하게 한다. 열망을 억압하지 말자. 열망을 억압하는 것은 생명의 원칙을 억압하는 것이다. 마치 공기나 물을 거부해 죽음을 자초하는 행동이 어리석은 것과 마찬가지다.

황금률

• • •

수없는 시간을 지나 현재까지 이어져 온 모든 훌륭한 종교에서는 황금률을 가르치는데, 이는 단순히 말해 건강, 행복, 평화, 번영과 함께 만인을 위한 축복을 기원한다는 것을 의미한다. 우리는 재능과 능력으로 세상에 도움이 되기 위해 이곳에 왔다. 우리는 봉사에서 기쁨을 찾을 수 있다. 고귀하고, 너그럽고, 사랑이 넘치는 태도로 타인에게 봉사할 때 그 선의는 백 배, 천 배로 우리에게 돌아오며 이에 더해 명예, 인정과 더불어 훌륭한 금전적 보상도 받게 된다.

자신이 있는 지역에서 도움이 필요한 곳을 찾아 봉사하자. 세상이 풍족하게 보상할 것이다. 어디에 있든, 어떤 일을 하든 우리는 다른 이들이 자신을 스스로 돕도록 도울 수 있다. 항상 주변 사람들에게 믿음과 자신감을 불어넣을 수 있다. 동료들과 더불어 세상 모든 이에게 기쁨과 즐거움을 주며 그들 안에 있는 신성을 고양할 수 있다. 이와 같은 마음가짐은 엄청난 보상으로 우리에게 돌아올 것이다.

부족한 것

• • •

최근 세인트루이스 종교 과학 교회에서 강연을 진행했을 때, 3년 전 이곳에 와 번역가로 일하고 있는 한 페루 소녀를 만났다. 그녀는 주변에 있는 많은 사람이 근처에 괜찮은 스페인 식당이 있으면 좋겠다고 말하는 것을 종종 들어왔다. 그녀는 페루 리마에서 요리사로 일했던 경력이 있었기에 사람들에게 자신이 근처에 식당을 열어 그 요구를 채워 주겠다고 말했다. 그러자 두 남자가 경제적인 후원을 해주겠다고 나섰고, 오늘날 그녀는 눈부신 성공을 거두었다.

정신과 마음의 양식도 신체에 필요한 양식만큼이나 중요하다. 음식은 신체에 필수적이기에 배고픈 이에게는 위대한 진실을 전할 수 없다. 우리 마음속 왕좌에 앉은 하나님의 생각과 신성한 영감은 빵과 고기만큼이나 우리에게 매우 중요하다. 그뿐만 아니라 고귀한 삶을 살기 위해서는 사랑을 전하고, 또 사랑받아야 한다.

당신은 필요한 사람

• • •

모든 사람은 필요한 존재가 되기를 원하고, 자신이 있어야 할 진정한 곳을 찾기를 열망한다. 다시 말해, 모든 이는 자신이 원할 때 원하는 것을 할 수 있을 만큼 풍족한 돈을 벌기를 원한다. 돈은 자유, 화려함, 교양, 풍족함, 안전함의 상징이다.

모든 축복의 원천에 의지하며 무한함의 관점으로 다음과 같이 단언하자. "하나님의 부, 정신, 물질, 재화가 내 삶에 가득하며, 항상 신성함이 넘친다." 이렇게 단언하면 우리 안에 있는 무한한 지성은 작용과 반작용이라는 보편의 법칙에 따라 이에 응답할 것이다.

　모든 사람은 고유하며, 가장 수준 높은 자아를 발현하고자 한다. 이렇게 성공적인 삶을 살아가기 위해서는 다른 사람의 행복과 더불어 열망과 희망을 채우는 일에 기여해야 한다. 이를 통해 우리는 번영할 수 있다. '형제의 배가 바다를 건널 수 있게 도와라. 보라, 너의 배 역시 이미 해안에 닿게 될지니.'라는 오랜 힌두 격언을 생각해 보자. 가장 가치 있고 진실한 성공을 거둔 사람이란 다른 이들이 진심으로 원하는 열망을 채울 수 있도록 끊임없이 돕는 사람이다.

두 형제

· · ·

　몇 년간 자신들의 사업을 성공적으로 이끈 두 형제가 있었다. 그러나 최근 이 둘은 선물시장과 상품시장에 손을 대며 사업과 저축해둔 돈까지 모든 것을 잃고 말았다. 결국, 5만 달러라는 감당할 수 없는 빚을 지고 파산할 수밖에 없었다.

　나와 이야기를 나눈 형제 중 한 명은 훌륭한 태도를 지닌 사람이었다. 그는 "제가 돈을 잃은 것은 사실입니다. 하지만 다시 돈을 모아 사업을 일으킬 겁니다. 이번 일로 큰 교훈을 얻었으니 이를 통해 다시 일어날 수 있습니다. 저는 다시 시작할 수 있다는 믿음, 자기 자신의 능력에 대한 믿음과 확신을 잃지 않았습니다. 아직 할 수 있는 일이 많고, 다시 엄청난 성공을 거둘 겁니다."

그렇게 그는 새롭게 증권회사를 설립하는 데 몰두했고, 그간 쌓았던 많은 인맥 덕에 어렵지 않게 새로운 거래들을 성공시킬 수 있었다.

또한, 그는 다른 한 형제의 태도를 변화시키기 위해 노력했다고 내게 말했다. 그의 형제는 모든 것을 잃었다는 사실에 수치와 불명예를 느끼고 있었다. 그는 만나는 모든 사람에게 이렇게 모든 것을 잃게 된 이유는 자신이 아닌 브로커의 잘못이라는 점을 끊임없이 한탄하며 자신이 내린 잘못된 결정과 실수들을 정당화했다. 그의 친구들은 그를 피하기 시작했고, 깊은 우울과 허탈감은 그의 건강까지 좀먹었다. 그는 나와의 상담도 거절했고, 결국 생활 보호를 받는 신세가 되었다.

이 두 형제는 똑같은 상실을 경험했다. 한 명은 건설적으로 위기를 헤쳐 나갔고, 다른 한 명은 무력감에 빠져 부정적으로 반응했다. 이렇듯 정말 중요한 것은 우리 개인에게 일어나는 일들이 아니라, 그 일에 관한 우리의 생각과 반응이 건설적인가 부정적인가이다. 형제 중 한 명은 자신의 상상력을 지혜롭게 활용해 미래의 가능성을 보며 마음속에 새로운 패턴을 만들어냈고, 믿음과 상상력이라는 날개로 더 나은 삶을 건설해냈다. 성공과 부가 자신의 마음 안에 있다는 사실을 찾아낸 것이다.

창조적인 상상력

• • •

창조적인 상상력은 우리 정신의 경이로운 특성이다. 과학, 예술, 산업에서 이루어진 모든 위대한 발견과 발명은 상상력을 잘 훈련한 사람들에게서 탄생했다. 세상 모두가 '불가능하다'라고 말할 때, 상상력이 풍부한 사람들은 '가능하다'라고 말한다.

동굴에 살던 원시 인류는 야생 동물들 앞에서 속수무책이었지만, 상상력이 피어남에 따라 나무 막대기, 돌조각으로 도구를 만들어 자신들을 공격하는 동물들을 죽일 수 있게 되었다. 원시 인류는 엄청난 불리함을 마주하며 상상력을 피워내 자신들을 지킬 온갖 도구와 무기를 만들어낸 것이다. 이들은 몸을 덥히고 음식을 익힐 불을 만들어 냈고, 마침내 수많은 방면에서 인류에게 축복이 된 바퀴를 만들어냈다. 이렇듯 상상력의 가능성은 끊임없고, 제약 없이 무한하다.

집이 필요했던 사람

• • •

열 살 아들이 있던 한 미망인은 자신의 직장과 가까운 뉴포트 지역에 집을 얻기를 원했다. 그래서 그녀는 집안 가구를 배치하며 아이에게 마당을 보여 주는 자신의 모습을 상상했다. 상상 속에서 그녀는 자신이 원하는 방의 모습과 벽난로를 보기도 했고, 친구들에게 집을 구경시켜 주는 모습을 보기도 했다. 그녀는 때가 되면 상상 속의 집을 가질 수 있다는 것을 믿으며 자신이 집을 가지고 있는 것처럼 행동했다. 이 모든 것은 다음의 성경 구절과 같은 그녀의 믿음에 기반을 두고 있었다.

> 무엇이든지 기도하고 구하는 것은 받은 줄로 믿으라. 그리하면 너희에게 그대로 되리라. (마가복음 11장 24절)

몇 달 뒤, 같은 직장에서 일하던 청년이 그녀에게 청혼을 했다. 그렇게 둘은 결혼했고, 그녀는 자신이 두 달 전에 상상하던 그 집과 똑같은 곳에 살게 되었다.

쉬운 길
• • •

많은 사람이 앞서 나가려면 다른 사람을 밀어내고, 그들을 밟고 일어서며 남보다 더 뛰어나고 훌륭해야 한다고 생각한다. 이는 완전히 틀린 생각이다. 물질적인 관점에서는 앞서나갈 수도 있겠지만 이에 따른 긴장감, 충돌, 죄책감, 질병 등 반작용은 다양한 방식으로 나타날 수 있다.

다른 사람을 해치는 것은 곧 자신을 해치는 것이며 스스로 상실,

부족함, 제한, 가난을 불러온다. 또 다른 사람을 질투하거나 남을 깎아내릴 일을 찾는다면, 그 끝에서 찾는 것은 금이 아닌 찌꺼기뿐일 것이다.

하나님을 향한 믿음으로 생생한 상상력을 기르자. 그렇게 되면 더 앞으로, 더 위로 나아가며 훌륭한 일을 해낼 수 있게 된다. 무솔리니, 스탈린, 히틀러는 다른 사람들을 파괴하는 데 이런 창조적인 상상력을 사용했다. 그리고 마침내 자기 자신도 파괴하게 되었다.

몇 년 전 나는 영국 조지 왕의 말을 엮은 책을 읽었다. 그는 한 시인의 말을 인용했다. "나는 시간의 문 앞에 서 있는 한 남자에게 말했습니다. '내가 알지 못하는 곳을 안전하게 걸어갈 수 있게 빛을 주시오.' 그러자 남자는 대답했습니다. '어둠 속으로 나아가시오. 그리고 당신의 손을 하나님의 손에 맡기시오. 그것이 당신의 빛보다 더 낫고, 당신이 알고 있는 길보다 안전할 것이오.'"

여기에서 빛이란 모든 것을 알고 모든 것을 보는 우리 안의 하나님을 의미한다. 이렇게 우리 안에 있는 빛에 의지한다면, 그 빛도 우리를 의지하며 푸른 초원과 잔잔한 물가로 우리를 이끌 것이다.

마음속 딸의 이미지
• • •

한 의사의 딸이 큰 병에 걸려 병원에 입원하게 되었다. 의사의 딸은 최고의 치료를 받았지만 차도를 보이지 않았다.

나는 그 의사에게 하루에 몇 번씩 마음을 가라앉히고 딸과 대화할 때 딸의 눈에 비치는 사랑의 빛을 떠올리라고 말해 주었다. 그의 상상 속에서 딸은 애정이 가득 담긴 눈빛으로 "아빠, 저 다 나았어요. 이제 같이 집에 가요."라고 말했다. 그는 머릿속으로 계속 그 장면을 상상했고, 어느 날 딸을 돌보던 동료 한 명으로부터 이런 전화를 받았다. "따님이 열도 많이 떨어지고 상태가 놀라울 정도로 좋아졌어요. 이제 완전히 회복했습니다. 퇴원하셔도 되겠어요."

의사는 상상 속에서 듣고 경험했던 모든 것을 실제로 마주하게 되었다. 이것이 상상력의 건설적인 활용이자 자연스러운 생명의 반응이다.

늘 상상하라

• • •

모든 사람에게는 상상하는 능력이 있다. 이는 우리 안에 있는 원초적인 능력이다. 사랑스럽고 좋은 것들을 상상하자. 만약 어머니께서 병원에 계신다면, 건강한 모습으로 집에 돌아와 아프기 전 일상을 누리는 모습을 상상하자. 자신이 겪은 기적 같은 치유를 우리에게 말씀하시는 어머니의 목소리를 듣자. 그렇게 하면 당신의 확신에 맞는 어머니의 모습을 보게 될 것이다.

상상력의 잘못된 활용

· · ·

많은 사람이 끊임없이 살인과 관련된 이야기들에 시간을 소비한다. 끔찍한 영화를 보고, 살인자, 강간 범죄자, 포르노물 제작자의 폭력성, 악함, 타락에 빠져든다. 이런 사람들은 종종 악몽을 꾸기도 한다.

성품은 조용하고 온화하지만 살인사건이나 부정직한 주제를 다루는 영화에 심취하는 사람들은 대개 이러한 행위를 통해 자신 안에 있는 적대감과 억압된 분노를 방출한다. 하지만 이들의 마음속에서 벌어지는 이 끔찍한 살육 행위는 엄청난 내면의 충돌과 함께 신체적 질병까지 유발하며, 이 감정들은 매우 파괴적이다.

그러므로 이러한 비전을 떠올리는 대신 우리를 기쁘게 하는 사랑스러운 상상을 한다면, 우리 마음에는 병적이고, 섬뜩하고, 끔찍한 영화들이 주는 경험이 들어올 자리 따위는 없어질 것이다.

그 연사가 실패한 이유

· · ·

이제 갓 신학교를 졸업한 어느 젊은 청년은 언젠가 이른바 '무대 공포증'을 경험했다. 이로 인해 그는 어느 일요일 예배에서 다른 목사에게 자리를 양보해 달라는 부탁을 받기까지 했다. 그는 머릿속에 패배, 실패, 수치스러움이 가득하다고 내게 말했다. 무대에 올랐을 때

178

그는 말을 더듬으며 때때로 멈춰야 했고, 땀까지 흘리며 심지어 생각했던 말을 전부 잊어버리기도 했다. 이러한 이미지들은 모두 그 스스로 만들어낸 것이다. 하지만 그런데도 신자들은 전혀 적대적이지 않고 그에게 친절했다.

그는 경험을 되짚어보며 그 자리에 있던 모든 신자의 정신에 이야기하고 있던 것은 자신 안에 있는 정신이라는 사실을 깨닫기 시작했다. 그래서 그는 청중들을 감싸는 빛과 사랑을 상상했고, 이렇게 단언했다. "하나님께서 나를 통해 생각하고, 말씀하시고, 행동하시며, 나는 그 사랑과 평화와 선의를 신자들에게 전한다." 그리고 그는 미소 짓는 신자들의 모습을 상상했다. 상상 속에서 그는 "훌륭한 설교였습니다."라는 칭찬을 들었고, 그를 축하하는 위원회의 모습을 떠올렸다.

그렇게 젊은 목사는 이러한 상상을 한 주 동안 이어갔다. 돌아오는 일요일 그는 신자들에게 따뜻하게 환영받았고, 눈부신 설교를 전했다. 자신의 상상력을 지혜롭게 활용한 것이다.

신비한 전설

• • •

성경의 작가는 우화, 신화, 소설을 이용해 위대한 정신의 진실을 그려냈다. 그중 몇 년 전에 읽었던 이야기를 쉬운 말로 풀어 보았다.

옛 전설에 따르면 천국에 있는 신들은 비밀회의를 통해 인간에게 그 시대에 맞는 숨겨진 지혜를 주어 만물을 창조하신 강력하고 지혜로운 하나님이 자신 안에 있고, 그 존재가 바로 그 자신임을 알게 해야 한다고 결정내렸다. 한 젊은 신은 이 훌륭한 메시지를 인류에게 전달하는 역할을 자신에게 맡겨 달라고 다른 신들에게 간청했다. 또한, 그 과정에서 그 어떤 어려움과 역경을 만난다 해도 기꺼이 마주하며 이겨낼 것이라고 덧붙였다. 신들은 이 제안을 투표에 부쳤고, 젊은 신에게 그 귀중한 '진실의 보석'을 인류에게 전달하는 역할을 맡겼다.

젊은 신은 자신에게 기회가 찾아온 것을 매우 기뻐했다. 하지만 기쁨이 과했던 나머지 신은 그만 발을 헛디뎠고, 진실의 보석은 수천수만 조각으로 부서져 지구 전체에 흩어지고 말았다. 이 때문에 지구는 혼란에 빠지고 마는데, 보석 조각을 찾은 사람들이 오직 자신만이 진실을 발견했다는 착각에 빠져 버렸기 때문이다.

위의 이야기는 그 오랜 전설의 줄거리를 추린 것이다. 오늘날 전 세계에는 자신들이 진실이라고 주장하는 수많은 교리, 의식, 종파가 있다. 그러나 그 누구도 진실을 독점할 수는 없다. 하나님께서는 어제도, 오늘도, 영원히 진실이며 그 진실에 이름표를 붙일 수는 없다고 말씀하셨다. 고대 사람들은 말했다.

"이름을 붙이면 찾을 수 없고, 찾아낸다 해도 이름 붙일 수 없다."

종교religion라는 단어의 어원은 '결합하다'라는 뜻이다. 우리를 결합하고 붙들어 놓는 것이 우리의 진정한 종교다. 하나님에 관한 우리의 지배적인 개념이 우리의 종교다. 전 세계 수많은 사람이 두려움에 지배되고 있으며, 비열한 미신에 지배당하는 이들도 수없이 많다.

　우리를 지배하는 개념과 확신이 더 작은 생각과 의견들을 통제한다. 진정한 종교란 다시 하나님과 하나가 되는 것이다. 마음속 왕좌에 하나님의 사랑을 앉히고 그 사랑이 모든 생각, 감정, 행동을 다스리게 하자. 하나님께서 우리를 이끌고, 지침을 주시고, 문제를 해결하시고, 길을 열어 주실 수 있게 하자. 우리 안에 있는 신성함을 통해 생각하고, 말하고, 행동한다면 하나님의 이름이 '훌륭함'이라는 사실을 알게 될 것이다. 또, 하나님을 섬기고 따르면 모든 길이 기쁨과 평화로 가득 찬다는 사실을 알게 될 것이다.

HOW to USE THE LAWS of MIND

제9장
———

설명이 곧
치료제

　1847년 메인주에서 가르침과 치유를 시작했던 피니어스 큄비 박사는 "설명이 곧 치료제다."라는 말을 자주 하곤 했다. 이 말의 의미는 환자가 왜 그 질병을 앓게 되었는지에 관한 설명 자체가 그 환자의 마음과 태도를 바꿀 수 있게 도와주는 진실이 된다는 것이다.

　이 치료제는 병에 대한 환자 자신의 이해로 만들어진다. 환자가 그의 설명을 이해한다면, 내면의 문제에 관한 한 그 치료 효과는 즉각적이었다.

　지난해 영국의 한 수녀원에 방문했을 때, 갑작스럽게 목소리를 잃은 한 소녀와 상담하게 되었다.

　"너는 죄책감을 느끼고 있는 거란다. 네 감정에 대해 소리 내 말하고 싶지만, 그래서는 안 된다고 생각하고, 너의 잠재의식은 그에 따라 행동하고 있는 거야."

소녀는 고개를 끄덕이며 나의 말이 진실임을 인정했다. 소녀는 그 즉시 상급 수녀에게 이를 털어놓기로 했고, 목소리는 곧바로 돌아왔다. 설명이 곧 치료제가 되었던 예시다.

퀸비 박사는 확신에 찬 태도로 이해를 도와주는 분명한 말들은 건강, 종교, 삶의 특정한 부분에 엄청난 영향을 미친다고 자신의 환자들에게 말해 주었다. 퀸비는 예지자였다. 그는 예지력을 시험할 방법은 다른 사람의 주머니 속 그 사람이 아직 읽지 못한 편지를 읽을 수 있는 능력이라고 말했다.

병을 만드는 생각
• • •

얼마 전, 나와 상담했던 한 남자는 자신이 우유 다이어트를 하며 궤양 치료제를 먹는다고 말했다. 나는 그에게 궤양은 보통 걱정, 두려움, 불안, 깊은 곳에 억압된 분노, 스트레스로 인해 발생한다고 말해 주었고, 그는 나의 말에 전적으로 동의했다.

다음 단계는 만약 그의 현재 사고방식이 궤양을 만들어냈다면, 생각을 정반대로 바꾸어 평화, 화합, 올바른 행동, 사랑, 선의, 온전함, 활기를 떠올리는 습관을 들일 수도 있다는 것을 그에게 가르쳐 주는 것이었다. 이렇게 건설적인 사고방식을 습관으로 만들기만 하면 되었던 것이다. 하지만 그동안 그는 병을 앓는 이유가 유전이나 다이어트 등 다른 요소 때문인 줄로만 알고 있었다. 나는 다음과 같은 기도를 그에게 알려주며 아침, 오후, 자기 전에 세 번씩 크게 소리 내 말하라고 권해 주었다.

"여호와는 나의 빛이요 나의 구원이시니 내가 누구를 두려워하리오 여호와는 내 생명의 능력이시니 내가 누구를 무서워하리오. (시편 27편 1절) 나에게는 새롭고 강력한 하나님의 존재라는 확신이 있으며, 하나님의 존재는 나를 매료해 움직이지 못하게 하니 나는 고요하고, 자신감이 넘치며, 두려움이 없다. 나는 모든 곳에 하나님이 계심을 알고 있으니 그 어떤 것도 두려워하지 않는다. 나는 하나님 안에서 살아가고 움직이니 무엇도 두렵지 않다. 하나님의 사랑이 나를 감싸고 하나님의 평화라는 황금의 강이 내 안에 흐르니 모든 것이 잘될 것이다. 하나님이 나와 함께하시니 나는 사람도, 환경도, 그 어떤 사건도 무섭지 않다. 하나님을 향한 믿음이 나를 채우니 두려움이 없다. 나는 지금, 그리고 영원히 하나님의 존재에 의지하니 그 어떤 두려움도 내게 닿을 수 없다. 하나님께서 나와 함께하시니 미래도 두렵지 않다. 하나님이 내가 의지할 존재이며, 나는 하나님의 갑옷에 둘러싸여 있다. 하나님께서 나를 창조하시고 살아가게 하신다. 하나님의 지혜가 나를 이끄니 나는 실수하지 않는다. 나는 '하나님께서는 숨보다 가깝고, 내 손과 발보다 가까이 계신다.'라는 위대한 진실을 마음 깊이 이해한다."

그는 이 기도를 규칙적으로 반복했고, 상당한 시간이 지난 뒤 그는 의사로부터 자신이 완치되었다는 소식을 들었다. 설명 그 자체가 치료제였던 것이다. 이렇게 아프거나 혼란스러운 사람이 진실을 담은 분명한 말들을 받아들이면 놀라운 일들이 벌어질 수 있다.

자신의 잘못 받아들이기

* * *

최근 만난 한 사업가는 자신이 길 건너편에 있는 경쟁자의 실패를 바랐다고 내게 솔직히 털어놓았다. 그가 경쟁자의 실패를 바란 이유는 경쟁자가 그와 가격 경쟁을 하고 있었기 때문이었다. 그래서 그는 같은 물건을 경쟁자보다 훨씬 싸게 판매했다.

나는 그에게 타인의 실패를 바라는 것은 자신의 실패를 바라는 것이기에 매우 어리석은 일이라고 말해 주었다. 그의 세상을 만드는 것은 그의 생각이기에 그의 사고방식은 창조적이고, 그러므로 손실과 한계를 생각하는 것은 자신의 실패를 불러오는 것과 같은 일이었다.

그는 내 말을 곧바로 이해했다. 그의 경쟁자는 성공과 번영과 확장을 분명히 믿고 있었기에 그의 부정적인 생각에 영향을 받지 않았다. 그는 자신의 잘못을 이해하고 사업이 부진했던 이유를 빠르게 깨달았다. 그래서 그는 즉시 부정적인 생각을 버리고 경쟁자의 번영과 성공을 위해 기도했다. 그러자 그 자신도 함께 번성하게 되었다.

187

다른 사람을 축복하는 것은 나 자신을 축복하는 것이다. 기도하는 자에게는 늘 번영이 따른다. "네 형제에게 돌아오는 배는 너에게도 돌아온다."라는 오랜 격언을 생각하자. 설명은 곧 치료제가 된다.

순식간에 끝난 부적절한 관계
• • •

비서로 일하는 한 젊은 여성은 자신이 일하는 사무실의 엔지니어와 사랑에 빠졌다고 털어놓으며 "그 사람을 미칠 듯이 사랑한다."라고 말했다. 그녀는 밤낮으로 '시편 91편'을 참고해 자신이 겪고 있는 일에 관한 올바른 행동과 지침을 구하며 기도했다.

그러던 어느 날, 그녀의 머릿속에 캐비닛에 있는 그 남자의 파일을 읽어 봐야 한다는 한 줄기 빛이 스쳤고, 이내 그녀는 그가 이미 결혼해 두 아이를 두고 있다는 사실을 알게 되었다. 그동안 자신이 결혼과 새로운 집과 같은 기약 없는 약속에 현혹되어 있었다는 사실을 깨달은 것이다. 그녀는 그렇게 자신이 처했던 곤경을 알게 되었고, 그 '부적절한' 감정은 순식간에 사라졌다. 진실만큼 빠른 효과를 발휘하는 것은 없다. 이렇게 그녀는 자신의 더 높은 자아를 통해 옳은 답을 얻었다.

자연스러운 치유

• • •

몇 달 전 오스트리아 빈에서 강연하며 한 사업가와 흥미로운 대화를 나누었다. 십 년 전 그녀는 병에 걸려 침대에서 일어나지 못했었는데, 어느 날 집에 불이 나 도와줄 사람도 없이 불 속에 갇혀 버렸다. 그녀는 침대에서 겨우 일어나 몸을 끌며 계단으로 네 층을 내려가 안전한 곳에 도착했고, 그 후로 병은 재발하지 않았다.

화재가 났을 때 그녀는 오직 "하나님, 저를 도우소서."라고 기도했다. 그러자 하나님의 힘이 그녀에게 응답으로 돌아왔다. 무한한 치유의 힘은 늘 그녀 안에 있었지만, 그 신성한 존재를 불러내게 만든 화재가 있기 전까지는 그 힘을 활용하지 못했다. 하나님, 곧 우리의 정신은 절대 그녀의 다리가 그랬듯 굳어지지 않는다.

화재나 응급 상황 속에서 충격을 받아 걷거나 뛰게 되는 불구 환자의 예시는 의학 저널에도 많이 소개되었다. 이렇듯 치유에는 내면에 있는 치유적 존재를 깨닫는 것이 꼭 필요하다. 한 번 깨달은 뒤에는 그 힘을 발현하기 위해 또 다시 충격을 주지 않아도 된다.

16년 동안 걷지 못했던 사람들

• • •

의사 에블린 플리트는 제2차 세계 대전 시기에 런던의 한 병원에 근무하고 있었다. 그러다 어느 날 건물의 한 부분에 폭탄이 떨어졌고, 더는 걸을 수 없다는 진단을 받았던 환자 15명이 폭탄에 놀라 계단을 뛰어 내려가 거리로 도망치는 모습을 목격했다. 그중 한 명은 "맙소사, 난 걸을 수 없어. 난 마비 환자야!"라고 말했고, 그 순간 증상이 재발했지만, 다른 14명은 폭격을 계기로 완전히 치유되었다. 즉각적인 치유가 이루어진 것이다.

이와 마찬가지로 전 세계 많은 환자도 스스로 마음을 다해 치유되기를 원한다면 건강을 되찾을 수 있다. 하지만 그중 많은 이가 노력을 회피하며 동기와 목표를 감춘다. 우리 모두의 내면에 있는 믿음과 무한한 치유의 힘을 향한 자신감과 믿음만 있다면, 무한한 원천과 기적적인 힘의 도움은 모든 이에게 열려 있다.

자가 치유

• • •

자가 치유란 우리를 자유롭게 할 내면의 진실을 깨우는 일이자 우리 안에 태동하며 부름에 응답해 치유의 힘을 보여줄 하나님의 치유적 힘이다. 이 힘과 결속하려면 다음과 같이 분명하게 선언하자.

"나 자신이 곧 치유의 정신이며, 의지할 수 있는 무한한 생명을 지니고 있다."

이러한 선언으로 우리는 흐름을 바꿀 수 있게 된다. 또한, 의사를 포함해 그 어떤 이의 도움 없이도 건강을 되찾은 환자들이 수없이 많다는 사실을 기억하자. 삶은 치유와 회복으로 향하는 경향이 있다. 우리가 느끼는 두려움 대부분은 외부에서 옮겨온 것이며, 사실적 근거도 거의 없다.

믿음과 기대
• • •

치유자의 암시가 효과를 발휘하려면 암시를 받는 사람의 마음에 믿음이나 기대와 같이 그 암시를 발현하는 데 필요한 환경이 조성되어 있어야 한다는 사실은 잘 알려져 있다. 이렇게 암시를 받는 사람의 호의적이고 수용적인 태도는 자기 암시로 기능하게 된다. 이러한 암시는 이른바 기적의 치유라고 불리는 놀라운 결과들을 설명해 준다.

웃음의 가치
• • •

다음은 워싱턴 포스트 소속 샌디 로브너 기자가 쓴 1979년 10월 7일 일요일자 〈산 호세 머큐리〉 지의 한 기사이다.

웃음으로 건강을 되찾은 남자

노먼 커즌스가 UCLA 의과 대학에서 웃음을 가르치다.

웃음학 개론이라고 불러도 좋다. 사실 그렇게 틀린 말도 아니다.

웃음이 오늘날의 그를 만들었기에 그는 누구보다 먼저 그 사실을 전하고자 한다.

몇 년 전까지만 해도 노먼 커즌스는 미국 문학계의 거장이자 새터데이 리뷰(SRL)를 40년 동안 책임진 편집자이고 비평가, 철학자, 국제기구의 대변인이었다.

물론 만우절(에 국한되지 않는)에 등장하는 SRL의 패러디 페이지들을 만든 범인(그는 이렇게 말하기를 좋아한다.)이었다는 것도 빼놓을 수 없다. 마치 〈월리를 찾아라〉의 월리처럼 의식하지 않으면 찾을 수 없이 눈에 띄지 않는 사람이기도 했다.

그러다가 어느 날 그는 병을 얻게 되었다. 병이 너무 심해 의사들도 모두 포기할 정도였다. 의사들이 찾아낸 것은 그가 몸속의 콜라겐이 퇴행하는 질병에 걸렸다는 사실 뿐이었다. 콜라겐은 풀처럼 몸속 세포를 붙잡는 역할을 한다. 커즌스는 그의 말 그대로 '조각조각 떨어지고' 있었다.

의학은 그의 상태가 악화되는 것을 막지 못했다. 직접 수많은 책을 읽어 보고 최신 연구도 찾아본 결과, 커즌스는 자신이 의지하고 있던 의학(아스피린을 포함해)을 버리고 비타민C와 웃음으로 병과 고통을 치유해 보기로 했다.

커즌스는 '캔디드 카메라(미국판 몰래카메라 프로그램)'와 옛날 막스 형제의 영화들(미국의 유명한 희극 영화배우들)을 보며 웃음 치료를 시작했고, 배려심 넘치는 의사가 그에게 비타민C 정맥 주사를 놓아 주었다.

가장 놀라운 일은 커즌스가 꼭 그 방법이 아니었더라도 회복할 수 있었을 거라 말하는 사람은 상당히 낙천적인 사람들뿐이었다는 것이다. 커즌스는 놀라지 않았다. 그 유명한 〈뉴잉글랜드 저널 오브 메디신New England Journal of Medicine〉이라는 의학 저널이 그의 경험을 실었을 때도, 같은 해 여름 권위 높은 미국 의학 협회 저널에 두 편의 기사를 실어 무려 14개 출판사가 책 《환자가 인지하는 질병의 해부학적 구조》의 판권을 놓고 경쟁했을 때도 그는 그저 '만족스럽다'라고 말했다. 그렇게 미국 의학 협회를 비롯한 여러 의학 총회에서 연설하게 되었을 때도, 의과 대학의 교수가 되었을 때도 그랬다.

그는 자신이 무언가 큰일을 하고 있다고 믿고 있으며, 의학계 내에도 최소한 그가 실제로 큰일을 하는 것이 아닐까 하는 의심 정도는 공유되고 있을 것이라고 생각한다. 커즌스는 이렇게 말했다.

"의학을 배우는 학생은 모두 두려움, 증오, 분노, 좌절과 같은 부정적인 감정이 신체에 얼마나 끔찍한 영향을 미칠 수 있는지에 관련된 아주 참혹한 예시들을 우리에게 알려줄 수 있습니다. 아마 우리는 혈관 수축, 혈압 상승, 염산의 과잉 분비, 부신 감소, 소화 불량, 두통과 같은 증상들에 대해 듣게 될 것입니다. 하지만 우리는 우리 몸이 단 하나의 파장만 사용하지 않는다는 사실을 아직 충분히 인지하지 못했습니다. 우리 몸은 부정적인 감정에 반응하지만, 긍정적인 감정에도 반응합니다. 다른 하나가 없이는 존재할 수 없습니다. 그러나 긍정적인 감정이 줄 수 있는 유익한 효과는 아직 잘 알려지지 않았습니다."

커즌스는 이 유익한 효과는 반드시 내면으로부터 나와야 한다는 사실을 알고 있었고, 그것이 바로 그가 강연을 통해 학생들에게 전달하고자 하는 개념이었다.

"저는 보통 의과 대학에서 배우지 않는 좋은 의술에 대해 수업을 합니다. 그리고 그 내용은 환자에 대한 책임감, 사람들의 이야기를 듣는 방법, 생명에 대한 존중, 연민의 중요성, 치유 메커니즘에 환자 자신이 관여해야 할 필요성, 자신이 지닌 치유 메커니즘을 환자들이 이해할 수 있도록 해 주는 것의 필요성과 같은 것들입니다."

커즌스는 이어 이렇게 말했다.

"의사는 환자가 자신의 목적을 더욱 수월하게 달성하게 해줄 때 자신의 역할을 더욱 잘합니다. 이것은 단순히 환자의 말에 따르라는 이야기가 아닙니다. 오랫동안 의학의 중심은 개인 외부에 존재했고, '저에게 오시면 치유될 것입니다.'라는 의사의 말이나 '이 약을 먹으면 나아질 것입니다.'라는 처방과 같은 상징적인 모습으로 표현되었습니다.

여러분은 사람들이 아픈 것이 단지 벌레에게 공격받아서가 아니라 자신의 삶이 통제를 벗어났기 때문이라는 사실을 알아야 합니다. 그리고 그 사람들이 긴장감과 싸울 수 있도록 돕고 싶다면, 여러분은 즐길 수 있는 삶의 한 부분을 그 사람들에게 주어야 합니다.

그러므로 효과만 다루려고 하는 의술은 완전하지 않습니다. 하지만 다행히도 의학계 동향은 면역학을 조금씩 받아들이는 쪽으로 흘러가고 있습니다. 그리고 신체의 면역 강화에 관해 이야기할 때 물리적인 요소만 다뤄서는 안 되며 반드시 감정적, 정신적 요소를 고려해야 합니다."

UCLA에서 커즌스는 '감정 지원 자산'이라고 불린다. 커즌스는 이렇게 말했다.

"현재 웃음은 아주 경시되고 있습니다. 단지 아주 흔하고 쉽다는 이유로 말입니다. 하지만 웃음은 삶에 보탬이 되는 것들의 어떠한 상징입니다. 웃음은 기쁨과 관련되어 있고, 낙관주의와 삶을 향한 의지와도 관련됩니다. 웃음은 수없이 많은 것을 구체화하는데, 최소한 웃음이 우리 내면에서, 혹은 외부에서 벌어지는 좋은 일들을 가장 가시적으로 보여 준다는 사실만 봐도 알 수 있습니다. 그러므로 질병은 웃을 일이 아니지만, 어쩌면 그래야 할지도 모릅니다."

생명의 법칙

• • •

고혈압을 앓고 있는 한 남자와 대화를 나누며, 나는 고혈압 환자들의 주된 공통점 중 하나가 바로 분노라는 여러 의사의 주장을 전해주었다. 나와 대화를 나누었던 남자는 만성 고혈압뿐만 아니라 이따금 심장에 일어나는 경련 증상으로도 고통받고 있었다.

남자는 사람에게 배신당하고 큰돈까지 빼앗기며 늘 복수를 생각한다고 말했다. 나는 그에게 완전한 치유를 얻으려면 '원수 갚는 것이 내게 있으니 내가 갚으리라고 주께서 말씀하시니라 (로마서 12장 19절)'라는 성경 구절을 따라야 한다고 설명했다. 성경에 등장하는 복수의 진정한 의미는 무언가를 정당화하는 것, 권리를 주장하는 것이며 그 어떤 오류나 부정적인 상태에 대한 진실의 승리를 의미한다. 우리가 하나님께 의지하며 신성한 사랑이 우리 존재에 스며들 수 있도록 할 때 이러한 존재의 진실과 하나님의 선의가 우리의 삶을 지탱한다.

나는 그에게 자신을 배신한 사람을 하나님께 인도하며 그의 화합과 평화를 기원하고, 스스로 "하나님의 평화가 내 정신과 마음을 채우며, 하나님의 사랑이 내 영혼에 스며든다."라는 말을 자주 되뇌라고 조언해 주었다.

이러한 진실들을 마음에 새기며 습관으로 만들자 그는 곧 내면의 평화와 평정을 얻게 되었다. 자신을 배신한 사람이 떠오를 때마다 그는 '하나님의 평화가 네 영혼을 채우기를'이라고 기도하며 그를 축복했다. 사고방식이 바뀌자 신체의 상태도 바뀌었고, 그는 마침내 완전히 치유되었다.

하나님이 곧 생명의 법칙이다. 이 법칙을 잘못 활용하는 사람에게 생명의 법칙은 마치 작용과 반작용이 평행을 유지하듯 늘 일을 바로잡는다. 모든 생명의 본능은 치유와 회복이지만, 우리는 반드시 생명의 법칙이 방해물 없이 치유의 힘을 활용할 수 있도록 해야 한다.

이 남자는 자신을 배신한 남자를 해치고자 누군가를 고용해 복수하려 했던 자신의 행동이 얼마나 어리석었는지를 깨달았다. 그리고 그 모든 원한이 자신에게 해가 되어 돌아왔다는 사실도 알게 되었다. 이러한 행동을 함으로써 그는 자기 자신의 건강, 생기, 분별, 마음의 평화를 없애며 자신을 궁핍하게 만들고 있었다.

남자가 그 어떤 것도 우연히 일어나지 않는다는 것을 알게 되며 나의 설명은 곧 치료제가 되었다. 우리에게 벌어지는 모든 일은 마음 때문이다. 다시 말해, 현실로 일어나는 일들과 동등한 것이 우리 마음 안에 있다는 것이다. 마음에 상실과 절망을 품으면 상실이 이끌려오게 된다. 배신과 강도 등에 관한 두려움을 품고 살면 반드시 두려운 일이 벌어지게 된다. 이는 매우 중요하고 근본적인 진실이다. 그러므로 우리는 우리 자신에게 벌어지는 일에 책임감을 느껴야 한다. 남을 탓하는 것을 멈추자. 그러한 감정은 오직 고통만 이끌어 낼 뿐이다.

치유된 질투

• • •

최근 강연을 진행했던 스위스 취리히에서 만난 어느 젊은 의사는 내게 이렇게 말했다.

"저는 병원 동료 중 한 명에게 분노와 질투를 느끼고 있습니다. 그래서 당신의 책《잠재의식의 힘The Power of Your Subconscious Mind》을 읽고 나서 자문했습니다. '지금 나 자신에게 무슨 짓을 하고 있는 거지? 내 생각은 창조적이야. 나는 스스로 상실과 제한을 불러오고 있는 거야. 스스로 내 동료만 승진하고 나는 그럴 수 없다고 말하고 있잖아. 나 자신을 비하하고 있는 거야. 그런 짓은 그만둬야 해.'"

이렇게 그녀는 자신을 분석했고, 이는 우리 모두에게 필요한 일이다. 자기 자신이 정신적 독극물을 만들어내고 있다는 사실을 깨닫게 되었다면 그 대신 평화, 화합, 사랑, 선의라는 천국의 양식을 받아들이자.

"내 형제의 배를 해안까지 옮기는 것을 도왔더니 아, 내 배도 해안에 와 있더라."

자기 착취

• • •

어느 비서는 자신이 승진에서 빠졌다는 사실에 계속해서 원한을 품고 있었다. 자신보다 경험이 훨씬 적은 사람이 봉급도, 권위도 훨씬 높은 자리로 승진되었기 때문이었다. 그녀는 이 분노가 자신을 착취하고 있는지 알지 못했다.

그녀에게 건넨 내 설명은 치료제가 되었다. 그녀는 자신의 상실에 원한을 품고, 타인의 성취에 분노하고, 자신의 문제를 다른 사람의 탓으로 돌리는 것이 자신으로부터 승진과 발전과 건강을 빼앗는 일임을 깨닫기 시작했다. 그리고 이러한 상실감은 더 많은 상실과 한계를 끌어들일 것이었다.

또한, 나는 그녀가 생각과 감정으로 자기 착취를 하다 보면 이러한 정신적 태도가 굳어지며 상실이나 좌천이 언젠가 타인의 손으로, 혹은 어떠한 사건이나 부정적인 사건으로 발현될 것이라고 설명했다.

그녀는 마침내 마음의 평화를 찾고 자기 자신을 도우며 더는 다른 이에게 승진이나 발전을 의지하지 않게 되었다. 현재 그녀는 고향에 자신의 사무실을 열어 성공적인 경력을 쌓아가고 있다. 그녀는 자신의 가치관을 바로잡아 삶에서 승리를 거두었다. 그녀의 경험이 잠자고 있던 그녀 내면의 힘을 깨워 주었기 때문이었다.

문제는 마음속에
• • •

고등학교에 다니는 한 소년이 부모님의 권유로 나와 상담하게 되었다. 나는 이야기를 나누며 이 소년이 부모님을 향한 깊은 분노를 품고 있다는 사실을 알게 되었다. 늘 최상위 성적을 유지하며 선생님들께 칭찬만 받는 소년의 형제 때문인 것 같았다. 소년의 부모님은 항상 형제를 칭찬했지만, 소년에게는 칭찬도, 관심도 보여 주지 않았다.

그래서 소년은 엇나갔다. 부모님을 화나게 하겠다는 이유 하나로 사이비 집단에 가입했다. 심지어 마리화나에 손을 대며 부모님을 분노하게 했다. 수업을 빠지며 도박장에 나갔고, 용돈을 받는데도 어머니의 돈을 훔치기까지 했다. 사실 소년은 사랑을 훔치고자 했던 것이었다.

여기에서도 마찬가지로, 설명이 치료제가 되었다. 소년은 잠재의식에 있는 부모님을 향한 분노와 적대감이 자신의 몸을 태우며 감정과 정신에 영향을 준다는 사실을 처음으로 깨닫기 시작했다. 그리고 마리화나가 몸에 미치는 파괴적인 영향에 대해 알아보며 저명한 의학 전문가들의 연구를 통해 마리화나는 대뇌 피질과 생식기를 포함에 온몸의 장기를 악화시킨다는 사실을 알게 되었다.

나는 소년의 부모와도 이야기를 나누었고, 부모 역시 태도를 바꾸었다. 소년의 부모는 다른 한 명의 질투와 증오를 유발하는 차별을 그만두었고, 이에 따라 소년도 비행을 멈추며 자신의 정신과 신체를 괴롭히지 않게 되었다.

현재 소년은 아침에 일어나 5분 동안 거울을 보며 "나는 살아계신 하나님의 아들이다. 하나님께서는 나를 사랑하고 보살피신다. 나는 내 안에 있는 하나님을 찬양한다."라고 단언하는 거울 치료를 실천하고 있다. 이러한 기도가 습관이 되자 더는 한 번에 두 가지를 생각할 수 없게 되었다. 화가 날 때면 소년은 "나는 내 안에 있는 하나님을 찬양한다."라고 단언했고, 분노나 증오는 건설적인 에너지로 바뀌었다. 그렇게 소년은 훌륭한 결과로 닿는 길에 들어섰다.

원인은 항상 내면에
• • •

남편의 인종, 종교, 생활환경은 다르지만 오로지 자신들의 부모님을 화나게 하고 가정의 명예에 먹칠하겠다는 이유로 결혼을 결심한 여성들과 이야기를 나눈 적이 있었다. 이들의 문제는 자신들의 내면에 있는 진정한 자아인 하나님을 알지 못했다는 것이었다.

자신의 진실한 자아이자 신성한 존재인 하나님을 찬양하는 방법을 알게 되면 자연스럽게 다른 사람의 신성함도 존중하게 된다. 범죄자들은 자신을 혐오하기에 그 혐오를 다른 사람에게 투영한다. 자신 안에 있는 진정한 자아인 하나님을 찾지 못한 것이다.

가정에서 학대당하고, 방임되고, 사랑받지 못한 아이들은 학교에서도 비뚤어진 행동으로 문제를 일으키며 싸우고, 도둑질하고, 거짓말을 일삼는다. 모두 주목과 관심을 받으려는 행동이지만, 아이들은 잘못된 방식으로 관심을 얻으려 한다. 아이들은 자신의 마음이 자신을 파괴한다는 사실을 알지 못한다.

사실 우리가 바꿀 수 있는 것은 자신뿐이다. 삶과 사람들에 대해 잘못된 태도를 지니면 모든 일이 잘못된다. 하나님의 신성함이 우리를 이끌게 하면 우리의 모든 일에 기쁨이 함께하며 모든 길에 평화와 화합이 있을 것이라는 사실을 깨달아야 한다. 우리의 성공, 행복, 평화를 만드는 것은 우리 자신임을 기억하자.

성공과 번영이 타인의 말에 달려 있지 않다는 사실을 아는 것은 매우 현명한 일이다. 우리는 이기고, 성공하고, 모든 장애물을 넘기 위해 태어났다는 사실 역시 잊지 말자. 성공은 우리의 사고방식과 더불어 하나님, 삶, 우주를 향한 확신에 달려 있다. 하나님께서는 늘 성공을 주시며, 항상 우리 안에 계신다.

우리를 강하게 하는 하나님의 힘을 통해 모든 것을 할 수 있다는 사실을 알고, 느끼고, 믿는다면 다른 사람의 말에 휘둘리지 않고 자신만의 사다리를 묵묵히 올라갈 수 있게 된다. 또한, 하나님께서 모든 축복의 원천이라는 사실을 알면 모든 질투, 혐오, 분노, 적대감으로부터 자유로워질 수 있다. 내면의 무한한 힘에 우리를 의지하면 절대 실망하지 않는다.

비축된 힘 불러내기
· · ·

우리 마음 깊은 곳에는 마르지 않는 힘과 지혜와 에너지가 있다.

진군하는 모든 군대는 언제든지 활용할 수 있도록 비축 물자를 항상 준비하고 확인한다. 이러한 준비는 확신과 자신감이 된다.

우리 안에는 하나님이 계시고, 하나님의 모든 힘과 특성과 자질도 우리 각각의 내면에 있다. 모든 이는 만물을 창조한 힘이자 우리의 삶 그 자체인 하나님의 무한한 존재 안에서 살아가고, 움직이고, 존재한다. 에머슨은 이렇게 말했다.

"모든 사람 각각을 위한 지침이 존재하며, 낮은 자세로 경청한다면 자신을 위한 그 말들을 듣게 될 것이다."

소매치기에게 공격당하던 한 소녀는 "하나님께서 나를 굽어보신다. 하나님께서 나를 보살피신다."라고 외쳤다. 그 도둑은 그대로 도망쳤다. 소녀는 원래 자신의 것이었던 힘을 불러냈고, 적절하게 응답받았다. 이것이 우주의 상호성이며, 작용과 반작용은 언제 어디서든 균등하다. 위급한 상황에 소녀는 전능한 존재에게 도움을 요청했고, 그 응답으로 소녀는 도둑이라는 위험에서 벗어날 수 있었다.

하나님과 우리를 향한 하나님의 사랑을 생각하며 하루를 시작하자. 또, 다음과 같은 단순한 진실도 잊지 말자. 이 물리적인 우주에서 일어나는 모든 현상과 발현은 곧 어떠한 생각 혹은 단어이며, 단어는 생각의 표현이다. 우리의 생각이 현상의 첫 번째 원인이다. 하나님은 우리 안의 창조적인 힘이며, 우리가 아는 중 유일하게 형태가 없는 힘은 우리의 생각뿐이다. 우리의 생각은 창조적이며, 늘 생각하는 것들이 곧 우리 자신이다.

사고를 자주 당하는 사람

• • •

점성술에 심취했던 한 여성은 어느 날 자신의 사고를 암시하는 별자리를 보게 되었다. 그녀는 겁에 질렸고, 그 후 하루 만에 무려 세 번의 차 사고를 당했다. 다음날에는 넘어지며 큰 상처가 났고, 요리하던 도중 화상을 입기도 했다.

나는 그녀에게 머릿속을 지배하는 개념이 모든 생각, 신념, 행동, 작용과 반작용을 통제한다고 설명했다. 그녀는 자신이 사고를 당할 것이라는 생각에 사로잡혀 있었고, 그 믿음이 현실로 나타난 것이다.

그녀는 사고방식을 바꾸어 하루에 몇 번씩 위대한 진실들을 단언하며 행운과 하나님의 보호를 느끼게 되었다. 하나님의 사랑이 언제나 함께한다는 생각과 하나님의 갑옷이 자신을 보호한다는 생각은 그녀의 미래를 열어 주며 행운을 가져다주었다. 그녀의 믿음이 그녀의 경험을 만들었다.

가라 네 믿은 대로 될지어다. (마태복음 8장 13절)

모든 일은 우리의 믿음에 따라 일어나니 별이나 행성의 배열, 어떤 특정한 상황이나 사건, 우리의 유전자 등 지구상에 있는 그 어떤 것과도 관련되어 있지 않다. 우리의 믿음은 곧 마음의 상태이다. 우리 마음 안에 있는 진실을 받아들이고 힘과 자신감을 얻자.

다음은 '사고를 자주 당하던' 이 여성이 자신의 마음을 바꾸고 영혼의 평화를 찾는 데 활용했던 기도다.

"하나님은 모든 곳에 계신다. 하나님과 함께하는 자가 곧 다수이다. 만일 하나님이 우리를 위하시면 누가 우리를 대적할 것인가? (로마서 8장 31절) 나는 하나님이 곧 살아계신 전능한 정신이자 영생의 존재이고 모든 지혜를 지니신 분이며, 하나님께 대적할 존재는 없다는 것을 알고 믿는다. 내 생각이 곧 하나님의 생각이고, 하나님의 힘이 나의 사고 안에 깃들어 있다는 사실을 완전하게 받아들인다. 내가 줄 수 없는 것은 받을 수도 없음을 알며, 나는 나의 사랑과 평화와 빛과 선의를 주변인과 모든 사람에게 전한다. 나는 하나님의 힘으로 모든 악한 것에서 보호되며, 늘 하나님의 사랑이 나를 감싼다. 하나님의 갑옷이 나를 지킨다. 하나님의 신성함이 나를 이끄시며, 나는 그것을 따라 삶의 기쁨으로 걸어 들어간다. 주의 앞에는 충만한 기쁨이 있고, 주의 오른쪽에는 영원한 즐거움이 있나이다. (시편 16편 11절)"

HOW to USE THE LAWS of MIND

제10장

생명의
책

　1847년, 미국의 위대한 치유자인 피니어스 파커스트 큄비는 아이들이란 무엇이든 쓸 수 있는 하얀 칠판과 같다고 말했다. 모든 사람은 그 어떤 종교적 신념, 두려움, 편견, 인종 편견도 없이 태어난다. 어렸을 때 우리는 외부의 영향을 매우 쉽게 받고 이에 취약하므로 우리의 삶을 지배하는 모든 사람의 가르침과 신념을 그대로 받아들인다. 그래서 아이들은 가정을 지배하는 정신 및 감정적 분위기 속에서 그 이미지와 닮은 모습으로 자라난다. 부모님이 사용하는 언어에 따라 우리의 모국어가 결정되는 것과 같다.

　우리의 잠재의식은 법전과 같고, 마음을 지배하는 인상과 확신들은 우리 삶을 지배하고 이끌어가는 힘이 된다. 지난 수년 동안 상담한 수많은 사람들이 발전과 번영을 이루지 못하거나 건강을 유지하지 못한 이유는 대부분 어린 시절 마음 깊은 곳(잠재의식)에 무능함, 자격이 없는 듯한 느낌, 열등감 등이 새겨졌기 때문이었고, 이러한 감정들은 삶에서 마주하는 선택과 반응들을 통제하며 성공과 번영으로부터 멀어지게 만들었다.

위대한 정신병리학자 지그문트 프로이트는 우리 모두를 지배하는 잠재의식의 충동은 대부분 비이성적이며, 다시 말해 우리가 아주 어렸을 때 주어진 종교적 신념, 금기, 제약들은 대체로 비논리적이고, 비합리적이고, 과학적이지 않고, 상식에 완전히 반대된다고 지적했다. 예를 들어, 한 남자는 내게 "제가 이렇게 돈을 많이 버는 것은 옳지 않은 일이에요."라고 말했다. 그의 생각은 바뀌지 않았고 결국 사업에 실패했지만, 그는 이유를 알지 못했다. 하지만 그는 열심히 노력해 잠재의식은 자신의 말과 생각을 그대로 받아들인다는 사실과 더불어 잠재의식에 전달된 것들은 좋은 것이든 나쁜 것이든 현실로 나타난다는 것을 배웠다.

그의 가족들은 그가 번 돈을 사용할 수도, 좋은 일을 할 수도 있었지만, 잠재의식에 새겨진 그릇되고 비이성적인 충동과 신념은 어린 시절 그가 들었던 어머니의 특정한 말이 잊힌 뒤에도 오랫동안 그의 행동을 지배했다. 그는 끊임없이 스스로 "이렇게 많은 돈을 버는 것은 잘못된 일이야. 돈은 악한 거야."라고 말했기에 실패할 수밖에 없었다. 이는 그의 마음 깊은 곳에 심어진 기록이었으며, 계속해서 그의 머릿속에 재생되었다.

그는 선과 악이 따로 존재하는 것이 아니라 생각이 그것을 만든다는 사실을 알게 되었고, 살아 있는 정신이자 온전하고, 순수하고, 완벽한 하나의 존재, 즉 하나님과 연결된 자기 정신의 움직임이 곧 선과 악이기에 이 우주에 악은 존재하지 않는다는 것을 깨달았다. 선과 악을 결정하는 것은 용도다. 그렇다면 힘을 어떻게 사용해야 할까? 힘을 건설적으로 사용한다면 우리는 그 힘을 하나님, 알라, 브라흐마, 평화, 화합, 번영과 같은 이름으로 부를 수 있다. 반면 힘을 부정적으로, 무지하게, 악의적으로 사용하면 결핍과 한계와 질병을 경험하게 된다. 세상은 이를 사탄, 악마, 지옥과 같은 이름으로 부르는데 이 모든 것은 정신 상태이다. 사탄이라는 단어는 실수, 오류, 진실에서 벗어나는 것을 의미한다.

이번 장을 계속 읽다 보면 '생명의 책'에 관한 진실이 드러날 것이다. 사람이 두려움을 느끼거나 의심하거나 분노하면 그럴만한 상황이나 상태가 아닌데도 비정상적으로 행동하고 반응하게 된다. 누군가가 지닌 생명의 책에 쓰인 내용은 그 사람의 경험과 더불어 타인과의 관계를 지배하는 법이 된다.

정신은 어떻게 기능하는가
• • •

'생명의 책'은 곧 잠재의식이며, 우리는 습관적 사고와 상상의 본질에 기반을 두고 그 책을 써 내려간다. 셰익스피어는 말했다. "이름에는 무엇이 있는가?" 이름이란 우리의 성별, 국적, 주변 환경, 교육 수준, 재정 상태, 사회적 위치 등 우리와 관련된 모든 것을 가리킨다.

의식과 잠재의식이 조화롭고, 평화롭고, 즐겁게 움직이면 이 둘의 조합은 행복, 평화, 건강, 풍요, 안정을 낳는다. 반대로 의식과 잠재의식이 조화를 이루지 못하면 삶이 비참해지고 고통과 질병이 나타난다.

아브람은 칼데아 우르를 떠났다. '우르ur'란 마법, 흑마술, 별 및 우상 숭배 등을 의미한다. 우르를 떠난 뒤 아브람은 자신의 이름을 유일신이자 유일한 존재 및 힘이라는 의미인 아브라함으로 바꾸었다.

우리는 모두 하나님의 자식이다. 이는 모든 생명이 하나임을 의미한다. 세상 모든 남자와 여자는 형제자매이며, 같은 정신과 영혼과 본질을 공유한다. 그렇기에 남을 해치는 것은 곧 자신을 해치는 것이고, 다른 이를 축복하는 것이 곧 우리 자신을 축복하는 것이다.

우리는 새로운 이름을 지을 수도, 자기 자신을 새롭게 평가할 수도, 새로운 청사진을 그릴 수도 있다. 우리 자신에 대해 새로운 개념을 세워 보자. 지금의 개념이 우리 자신을 구원하고, 내면과 정신과 존재 자체를 변화시킬 수 있을 만큼 훌륭하고, 고귀하고, 원대한가? 오늘날 사람들은 수천 년 전 칼데아에서 그랬던 것처럼 수많은 우상을 섬기고 있다. 미신은 걷잡을 수 없을 정도로 무수히 많다. 이들은 아직도 "날씨가 이러니 분명 감기에 걸릴 거야." 혹은 "발이 젖으면 폐렴에 걸릴 거야."와 같이 거짓된 미신을 믿고 있다. 세균을 무서워하며 누군가 재채기를 하기만 해도 바이러스에 감염되었다고 생각하는 이들도 있다. 이런 사람들에게 "올해 바이러스에 감염된 적이 있습니까?"라고 물으면 "아직 아닙니다."라는 답이 돌아온다. 하지만 우리는 이들이 곧 감염될 것을 알 수 있다. 원하거나 기대하는 것은 항상 실제가 되기 때문이다.

어떤 사람들은 이렇게 말한다. "저는 아는 국회의원이 없어요. 연줄이 없습니다. 그래서 국회에 들어갈 수 없어요." 이들은 자신 안에 있는 창조적인 힘을 부정하는 것이다. 이 사람들은 그 힘이 전능하며 더없이 크다고 말하면서도 한편으로는 그 힘을 부정한다. 전능하며 더없이 큰 힘이라면 그 힘에 맞설 것은 아무것도 없다. 그러니 우리는 "무한한 정신이 나를 위해 문을 열어 숨겨진 나의 재능을 보여 주며, 내가 가야 할 길을 알려 준다."라고 말해야 한다. 이것이 바로 무한한 정신이 우리에게 해 주는 일이기 때문이다.

무언가 부정적인 것에 관해 이야기할 때 마치 어떤 특별한 힘이 있는 것처럼 나무를 만지며 연설하는 국회의원들이 있다. 우리가 다른 사람에게 힘을 줄 수 있을까? 공기에, 날씨에 힘을 부여할 수 있을까? 이들에게는 아무런 힘이 없다. 힘은 우리 안에 있다.

이름 바꾸기

· · ·

사울은 바울로 이름이 바뀌었다. 바울은 '어린 예수'라는 의미이며, 바울의 손으로 많은 기적이 쓰였다. 바울은 다마스쿠스로 가는 길에 빛에 휩싸이는데, 이는 부활을 의미한다. 이는 곧 우리의 마음 혹은 지성에 하나님의 빛이 넘치며 새로운 사람으로 거듭나게 하는 신비로운 빛이다. 테레사 성녀를 비롯한 많은 이가 경험했듯 이따금 이런 일은 눈 깜짝할 사이에 벌어지기도 한다.

바울은 다른 사람이 되었다. 그는 더는 사람들을 죽음으로 몰고 가는 살인자가 아니었다. 변화한 것이다. 그는 저 높은 곳으로부터 빛을 받았다. 원한다면 우리는 매년 법원에 가서 이름을 바꿀 수도 있다. 하지만 이런 행동은 아무 의미가 없다. 우리가 반드시 바꾸어야 할 것은 본질, 성향, 관점, 자기 자신에 대한 개념이다. 반드시 내면이 변화해야 한다. 그렇게 되면 우리는 진정으로 우리의 이름, 즉 본성을 바꿀 수 있게 된다.

언젠가 늘 뚱한 표정에 냉소적인 한 남자가 나를 찾아왔다. 그는 자기 비서에게 심술궂게 대하며 영업사원들에게도 날 선 말을 내뱉었다. 누군가 "좋은 아침입니다."라고 인사를 건네면 "뭐가 좋습니까?"라고 대답하는 사람이었다. 아침 식사를 할 때도 아내가 보이지 않게 일부러 신문을 활짝 펴 얼굴을 가린 채로 늘 베이컨과 달걀이 요리된 상태를 트집잡았다. 그야말로 못되고 형편없는 사람이었다.

나는 그에게 다음과 같은 지침을 주었다. "아침에 일어나면 아내에게 입을 맞추고 사랑스럽다고 말하며 음식도 아주 맛있다고 말해 주세요. 깜짝 놀라겠지만, 그래도 아주 기뻐할 겁니다." 그러자 남자는 "음, 그렇게 한다면 제가 위선자가 될 텐데요."라고 말했다. 나는 그에게 이렇게 말해 주었다. "그래도 해 보세요. 어떻게든 시작하세요. 마음에 있는 벽을 부수고 사무실에 들어가며 비서에게 오늘 머리 모양이 아주 잘 어울린다고 말해 주세요. 좋은 점을 찾아서 칭찬해 주는 겁니다. 그리고 영업사원들에게도 예의 있고 상냥하게 행동하세요."

그 남자는 몇 달 동안 이 지침을 실행에 옮겼고, 이것들이 잠재의식으로 들어가며 그는 점차 다정하고, 쾌활하고, 현명한 사람으로 변해갔다. 사람들은 말했다. "저 사람한테 대체 무슨 일이 생긴 거야?" 누군가 이렇게 답했다. "분명 사랑에 빠진 거야." 그는 더 높은 자아와 사랑에 빠진 것이다.

"나를 여기까지 이끌어준 존재가 앞으로 남은 길 또한 열어줄 것이다." 이것은 매우 훌륭하고 아름다운 진실이다. 앨라배마에 계신 한 스승님이 내게 보낸 편지에 이 글귀가 있었고, 나는 나를 찾아온 한 남자에게 이 진실을 전해 주었다. 그는 자신이 소유한 건물이 3분의 2 정도 완공되었는데, 별안간 파업이 발생했다고 말했다. 그는 돈도 없었고, 어떻게 해야 할지 갈피를 잡지 못하고 있었다. 그에게 나는 "당신을 여기까지 이끌어 준 존재가 남은 길 또한 열어 줄 겁니다."라고 말해 주었다.

그는 대답했다. "그 말은 잘못된 것 같아요. '나를 여기까지 이끌어준 분'이라고 말해야 하는 거 아닌가요?' 나는 말했다. "아닙니다. 저는 제대로 말씀드렸어요." 그것은 실수가 아니었다. 내가 말한 것은 하나의 원칙이며, 인간의 성질을 가지고 있지 않은 비인간적 존재, 우주적 존재이자 모든 인간이 활용할 수 있는 힘을 말한 것이기 때문이다. 흉악한 살인자, 걸인, 강도, 성인, 무신론자, 불가지론자 등 그 어떤 사람도 언제든지 사용할 수 있는 힘이다.

하나님은 인간이 아니기에 인간성이 없는 존재이자 무한한 생명의 힘, 무한한 지능을 지칭한다. 나와 남자의 대화로 알 수 있듯이 이 남자는 하나님께서 하늘 어딘가에 사람의 형상으로 존재한다는 개념을 지니고 있었다. 하지만 그는 나와 대화를 나눈 뒤 생각을 바꾸게 되었고, 이를 통해 자신이 건물 완공에 필요한 자금을 끌어당겼다는 사실을 깨달았다.

무엇을 믿는가?

• • •

이 우주적 존재는 특정한 무엇이 되는 방법으로 자신을 창조해낸다. 다시 말해, 하나님께서는 자신이 인간이라는 믿음을 통해 인간이 된다. 하나님께서는 자신에게 영광과 빛과 사랑을 돌려줄 수 있는 존재를 창조하신다. 아브라함은 이러한 창조적인 힘을 알고 있었다. 그리고 그것을 자신의 삶에서 입증했다. 아브라함은 그 정신이 자신을 이끌 것이라는 사실을 믿었고, 당연하게도 그렇게 되었다.

플라톤, 아리스토텔레스, 플로티노스와 같은 철학자들은 하나님을 무한한 정신과 무한한 지능으로 표현했지만, 이들은 이 존재와 힘을 이용해 어떻게 지침, 조화, 번영, 성공, 치유를 얻는지는 언급하지 않았다. 이 철학자들의 말은 매우 흥미롭고 만족스러운 지적 결론이지만, 이들은 일상생활에서 어떠한 실천을 통해 그 정신과 지능을 활용할 수 있는지는 알려 주지 않는다.

만약 우리가 자기 자신을 벌레처럼 생각한다면, 사람들은 우리를 밟고 서며 자기가 자신을 대하는 그대로 우리를 대할 것이다. 자기 자신을 잔인하게 대한다면, 세상도 우리를 잔인하게 대할 것이다. 안에서 일어나는 일은 밖에서도 일어난다. 우리가 살아 있는 하나님의 자식이라는 사실을 깨닫자. 우리는 하나님이 지닌 모든 부를 상속받는 존재다. 전능한 치유의 힘을 지닌 하나님을 우리 중심에서 찬양해야 함을 인지하자. 우리가 무한함의 아이이자 하나님의 총애를 받는 자식이며 하나님께서 늘 우리를 사랑하고 보호한다는 사실을 안다면 열등감을 느낄 이유가 어디에 있겠는가? 하나님께서는 우리 안에 있는 생명의 원칙이자 살아 있는 정신이며, 우리를 창조해낸 힘이자 깊은 잠이 들어 있을 때도 우리를 굽어보는 정신이다. 우리를 보호하는 하나님의 정신은 절대 잠들지 않기 때문이다.

승리를 위해 태어난 존재

• • •

매우 열심히 노력하는 데도 실패를 겪는 사람이 많다. 그 이유는 이들의 잠재의식에 실패라는 패턴이 있거나 자신들이 실패할 것이라고 믿기 때문이다. 이따금 이들은 특정한 징크스가 자신을 따라다닌다고 생각한다. 열등감을 느끼기도 한다. 어쩌면 어린 시절에 "너는 아무것도 이룰 수 없어. 너는 어리석어. 너는 멍청해."라는 말을 들었을 수도 있다. 이러한 생각들은 이들의 감수성에 들어왔다가 잠재의식으로 새겨졌고, 이로 인해 현실로 나타나게 된다.

하지만 우리는 삶을 바꿀 수 있다. 이러한 잠재의식적 혹은 비이성적 충동들은 그 이유가 된 사건들이 잊힌 뒤에도 오랫동안 없어지지 않는다. 인간은 새로운 것으로 잠재의식을 채울 수 있다. "나는 성공하기 위해 태어났다. 무한한 정신은 절대 실패하지 않는다."라고 말할 수도 있고, "신성한 법칙과 질서가 내 삶을 지배하며 신성한 평화가 내 영혼을 채우고, 신성한 사랑이 내 정신에 스며들며, 신성하고 올바른 행동이 최고로 군림하고, 무한한 정신이 내 모든 길을 안내하며 발밑을 환하게 비춘다."와 같이 생명을 불어넣는 말들을 잠재의식에 채울 수도 있다.

분노, 의심, 두려움 같은 감정들은 부정적이고 파괴적이다. 이들은 잠재의식을 혼란스럽게 하고 올바르지 않은 말과 행동을 하게 만든다. 행복하고 싶을 때 슬퍼지고, 옳은 행동을 하고 싶을 때 그른 행

217

동을 하게 한다. 이는 우리가 부정적이고 파괴적인 감정에 휘둘릴 때 실제로 일어나는데, 이때 하는 행동은 올바르지 않을 가능성이 크기 때문이다.

일곱 개의 봉인

• • •

이렇게 우리는 생명의 책에 새로운 이름을 적을 수 있다. 앞에서 설명했듯, 생명의 책이란 잠재의식의 법칙이다. 성경은 이렇게 말한다.

> 내가 보매 보좌에 앉으신 이의 오른손에 두루마리가 있으니 안팎으로 썼고 일곱 인으로 봉하였더라. 또 보매 힘 있는 천사가 큰 음성으로 외치기를 '누가 그 두루마리를 펴며 그 인을 떼기에 합당하냐?' 하나 하늘 위에나 땅 위에나 땅 아래에 능히 그 두루마리를 펴거나 보거나 할 자가 없더라. 그 두루마리를 펴거나 보거나 하기에 합당한 자가 보이지 아니하기로 내가 크게 울었더니…… (요한계시록 5장 1~4절)

현재 '생명의 책' 안팎에 쓰인 것은 우리의 객관적이고 주관적인 정신이다. 우리에게는 의식과 잠재의식이 있다. 우리가 잠재의식에 적거나 새긴 모든 생각, 신념, 이론, 의견, 교리는 주변 상황, 상태,

사건이라는 객관적인 발현으로 경험하게 된다. '생명의 책' 안에 쓰인 내용을 바깥에서 경험하게 되는 것이다. 우리의 삶은 객관과 주관, 보이는 것과 보이지 않는 것, 사고와 그것의 발현이라는 양면으로 나뉜다.

일곱 개의 봉인이란 의식의 일곱 가지 단계를 의미한다. 관념은 의식의 일곱 단계를 통과하는데, 이를 통해 우리는 정신의 힘을 내면으로 향하게 하며 오감을 정신으로 승화한다. 이렇게 우리의 의식과 잠재의식은 하나가 된다. 의식과 잠재의식에 그 어떤 의심도 존재하지 않는 상태가 되면 기도는 늘 응답받는다. 오감을 길들이고 의식과 잠재의식을 하나로 만든다면 우리는 일곱 개의 봉인을 깨뜨릴 수 있다.

일곱 개의 봉인 중 첫 번째는 시각이다. 이는 그 어떤 상황에서도 진실을 꿰뚫어 보아야 함을 의미한다. 병이 있는 곳에서 완전한 건강함을 보고, 불화가 있는 곳에서 화합을 보고, 증오가 있는 곳에서 사랑을 보아야 한다. 이렇게 된다면 우리는 진실을 보는 것이고, 곧 시각을 길들이는 것이다.

두 번째는 청각이다. 우리는 기쁜 소식, 하나님의 진실을 들어야 한다. 하나님의 기적이 일어나 완전한 치유를 얻었다는 어머니의 목소리를, 우리가 오래도록 듣고자 했던 말을 듣자. 다시 말해, 몸이 아파 병원에 계신 어머니의 모습을 상상하지 말자. 우리는 그 반대를 들어야 한다. 완벽하게 건강을 되찾았다는 어머니의 말씀을 들어야 한다. 그렇게 우리는 진실을 듣게 된다.

세 번째는 후각이다. 우리는 하나님께서 우리 몸을 만드셨으니 몸을 치유할 수도 있다는 사실을 깨닫고 확실한 결정을 내리며 진실의 향기를 맡아야 한다. 그리고 정신적 소모에 불필요한 모든 음식은 거부해야 한다. 강아지도 음식의 냄새를 맡고, 냄새가 좋지 않으면 음식을 거부한다. 마찬가지로 우리는 영혼을 기쁨으로 채우지 못할 모든 사고, 개념, 의견을 거부해야 한다.

네 번째는 미각이다. 하나님이 주시는 달콤함을 맛보자. 우리는 명상, 독서와 더불어 원하는 완벽한 결과를 마음속에 자주 떠올리며 하나님의 진실과 생각을 적용하는 방법으로 진리를 맛볼 수 있다.

다섯 번째는 기도의 응답을 정신과 감정으로 마주하며 그 현실성을 느낄 때 오는 기쁨이다.

남은 봉인 두 개는 우리의 의식과 잠재의식이다. 오감을 길들이는 데 성공하면, 우리 마음속 남성과 여성의 원칙은 서로 조화롭게 통합되기 시작한다. 열망과 감정이 신성하게 결합하고, 이 통합으로부터 탄생한 아이는 곧 기도에 응답받는 기쁨이 된다.

이것이 바로 사람들의 입에 오르내리는 '생명의 책'이다. 누군가 우리의 잠재의식을 사진으로 찍는다면, 그 사진에는 우리의 미래와 과거와 현재의 생각이 보일 것이다. 미래는 현재의 생각이 자라 만들어진다. 하지만 우리는 언제든 현재를 바꿔 미래를 변화시킬 수 있다. 그러니 진실하고, 사랑이 넘치고, 고귀하고, 하나님과 같은 것들을 받아들이자. 확신을 갖고 이러한 사고를 이어가자. 낡은 생각들은 숨이 다해 사라지게 될 것이다. 낮은 것은 높은 것에 복종하기에, 이들은 우리 마음 깊은 곳에서 지워지고 사라질 것이다.

사랑스럽고 좋은 것들을 생각하자. 생명의 원칙들과 불변의 법칙에 관련된 새로운 사고와 개념을 받아들이자. 그리고 기억하자. 잠재의식은 뚜렷하지 않은 희망과 꿈은 받아들이지 않는다. 잠재의식이 받아들이는 것은 마음을 다해 원하는 확신이다.

우리는 무엇을 믿는가? 생명의 땅에 계신 하나님의 선과 하나님의 지침, 하나님의 조화와 사랑과 풍족함을 믿는가? 만약 그렇다면 이 모든 것은 현실로 나타난다. 믿는다는 것은 곧 그 믿음대로 사는 것이며, 무언가를 진실로 받아들이는 것이기 때문이다.

당신은 누구인가?

• • •

우리가 물려받은 정신적 유산을 생각해 보자. 우리는 모두 모세의 말대로 '스스로 있는 자'의 자식이다. 우리의 내면에 있는 것이 진정한 본성 혹은 진정한 이름인데, 이는 우리가 온종일 이를 분명히 드러내기 때문이다. 인도에서는 이를 '옴om'이라고 부른다. 성경은 '나는 스스로 있는 자이니라 (출애굽기 3장 14절)'라고 말했고, 모세는 '스스로 있는 자가 나를 너희에게 보내셨다 하라 (출애굽기 3장 14절)'라고 말했다.

우리의 일을 해결하고 어려운 문제들을 극복하려면 이 '스스로 있는 자'가 우리에게 보내졌다는 것을 깨달아야 한다. 성경에 나오는 기술자는 긴급한 문제를 마주했을 때 스스로 있는 자가 자신과 함께 문제를 해결해 줄 것이라는 사실을 깨닫는다. 그렇게 기술자는 용기를 얻어 문제와 씨름해 해결책을 찾아냈다.

우리는 모두 '스스로 있는 자(하나님)'의 자녀다. 우리는 우리가 하나님께 부여하는 모든 것이 될 수 있다. 만약 "나는 쓸모없어. 나는 실패작이야. 나는 눈과 귀가 멀어 버릴 거야. 나는 아무것도 아니야."라고 말하면 그런 사람이 된다. 그러니 이렇게 말하자. "나는 행복하고, 기쁘고, 자유롭다. 나는 빛과 영감을 받는 삶을 산다. 나는 강하고 용기 있다. 약한 자는 스스로 강한 사람이라고 말하라. 과부는 스스로 괜찮다고 말하라. 나는 살아계신 하나님의 아들 혹은 딸이다. 나는 하나님이 지니신 모든 부의 상속자다. 무한한 힘에는 실패가 없으니, 나는 이기고 성공하기 위해 태어났다. 나는 엄청난 성공을 거둔다. 나는 압도적으로 뛰어난 존재다. 나는 고유한 존재이며, 이 세상에 나와 같은 사람은 없다."

이러한 내용을 선언하며 이 진실들을 우리의 마음과 내면에 새기자.

귀 있는 자는 성령께서 교회들에게 말씀하시는 것을 들을지어다.

(요한계시록 2장 29절)

이기는 그에게는 내가 감추었던 만나를 주고 또 흰 돌을 줄 터인데 그 돌 위에 새 이름을 기록한 것이 있나니 받는 자 밖에는 그 이름을 알 사람이 없느니라. (요한계시록 2장 17절)

만나란 천국의 빵을 상징하는 것이다. 나는 하늘에서 내려온 살아 있는 빵이니……. (요한복음 6장 51절) 이는 평화와 화합의 빵이며, 하나님의 축복을 받은 빵이다. 정신의 양식 없이 살 수 있는 이는 없으니 이 영감과 지침의 빵을 받아들이자. 우리는 저녁 식탁에 앉아 가장 좋은 음식을 먹더라도 늘 평화, 화합, 사랑, 영감, 지침을 갈망한다.

만나는 영감, 힘, 지혜의 상징이며, 외로움과 불행이라는 사막에 비를 내려 준다. 세상에서 가장 거대한 사막은 사하라가 아닌 사람의 모자 아래에 있기 때문이다. 이곳에는 생명이 드물며 무지, 두려움, 미신이라는 잡초만 무성하다. 부처는 모든 비참함, 고통, 범죄, 질병의 원인을 자문했다. 그가 찾은 답은 '무지'였는데, 무지야말로 인간의 유일한 죄이고, 모든 벌은 그 결과이기 때문이다.

무한한 존재와 힘에 기도하자. 우리에게 응답이 올 것이다. 어려움이 닥쳤을 때 우리와 함께할 것이다. 우리가 그 이름과 본성을 알기에 우리를 저 높은 곳으로 인도할 것이다. 이 무한한 존재와 힘의 본성은 우리를 향한 응답이다. 이 생명의 원천으로 돌아가 진실의 관점으로 생기를 되찾자. 우리는 그곳에서 다시 채워질 수 있다.

> 너희 모든 목마른 자들아 물로 나아오라 돈 없는 자도 오라 너희
> 는 와서 사 먹되 돈 없이, 값 없이 와서 포도주와 젖을 사라. (이사
> 야 55장 1절)

값은 하나님을 향한 존경과 믿음이다. 이것이 우리가 치러야 할 유일한 대가다.

하나님을 인지하고 존경하지 않는다면 하나님의 존재는 없는 것과 같다. 우리는 세상에 존재하는 이 유일한 권능 속에서 평화, 기쁨, 믿음, 자신감이라는 빵을 먹을 수 있다. 자신감과 믿음이 교리와 신조와 전통에 있어서는 안 된다. 잠재의식에 새겨진 것은 무엇이든 형태와 기능과 경험과 사건으로 나타난다는 사실을 믿자. 그렇게 되면 우리는 자신에 관해 조금 더 잘 알 수 있을 것이다.

새로운 이름은 곧 새로운 성격, 새로운 관점, 새로운 시야다. 우리는 "하나님께서 나를 사랑하시고 보살피신다. 나는 저 높은 곳으로부터 빛을 받는다."라고 단언할 수 있다. 우리는 올바른 행동을 요청할 수 있으며, "하나님의 지혜가 나의 지성에 성유를 바르며, 나는 의식이라는 펜으로 이를 잠재의식에 새긴다. 잠재의식에 새긴 것은 무엇이든 효과와 기능을 갖게 된다."라고 요청할 수 있다.

자기 자신 발견하기

• • •

우리는 문제를 해결하기 위해 이곳에 왔다. 문제와 도전을 마주하게 되는 이유는 우리가 내면의 신성함을 찾아 정신과 영혼이라는 무기를 날카롭게 갈기 위해 이곳에 왔기 때문이다. 그렇지 않으면 절대 자기 자신을 찾아낼 수 없을 것이다.

물론 삶에는 실패도 있다. 이는 연필 뒤에 지우개가 달린 이유이기도 하다. 우리는 우리가 실수할 것이라는 사실을 알고 있다. 하지만 우리는 실수를 통해 덧셈과 뺄셈을 배우고, 그 외에 많은 것을 배워 나간다.

건설적으로 생각하려면 반드시 생각의 기반이 있어야 한다. 사고가 곧 물질이고, 감정이 곧 그것을 이끌며, 상상이 곧 자기 자신이 된다는 것을 알 때 우리는 건설적으로 생각하게 되는데 "내 생각은 그것이 나의 생각이기 때문이 아니라 그저 생각이기 때문에 창조적이다."라는 사실을 깨닫기 때문이다.

"원칙의 승리가 아닌 그 어떤 것도 우리에게 평화를 줄 수 없다." 큄비는 아이들이란 작고 하얀 칠판과 같아서 삼촌, 고모, 성직자 등 모든 사람이 무엇이든 쓸 수 있다고 말했다. 이것이 손쉬운 이유는 어린아이들의 마음은 영향을 받기 쉬운 데다 모든 신념, 의견, 교리, 미신, 무지, 부모님의 두려움을 열린 마음으로 대하기 때문이다. 아이들은 그 가정을 지배하는 정신적, 감정적, 영적 분위기와 이미지

225

속에서 그것을 닮으며 자라난다.

오늘 당신의 마음속에 글씨를 써 넣은 사람은 누구인가? 당신의 친척 중 누군가가 마음속에 무언가를 불어넣었는가? 그것이 당신을 불편하게 하는가? 누군가 당신에게 당신이 실패할 것이라고 말하고 있는가? 그렇다면 당신은 그것을 거부하고 "당신은 자신이 무슨 말을 하는지 모릅니다. 저는 실패하지 않습니다. 무한한 힘이 제 안에 있는데 어떻게 실패할 수 있겠습니까? 저는 이기기 위해 태어났습니다. 저는 기도 생활에서도, 인간관계에서도, 직업에서도 성공을 거둘 사람입니다."라고 말할 수 있는가? 이와 같은 말을 단언한다면, 그 순간 무한한 힘이 당신에게 응답할 것이다.

무한한 힘은 실패할 수 없다. 그렇다면 무한함은 어디에 있을까? 바로 우리 안에 있다. 그리고 우리는 이기고, 극복하고, 승리하기 위해 태어났다. 우리는 영광에서 영광으로, 정점에서 다른 정점으로 가기 위해 이곳에 왔다. 인간의 영광에는 끝이 없기 때문이다.

어떤 칼럼니스트가 마음속에 무언가를 불어 넣고 있는가? 아니면 당신은 어제도, 오늘도, 영원히 변하지 않는 하나님의 진실을 써 넣고 있는가? 당신이 매일 마음에 써넣는 이야기는 무엇인가? 어떤 사람들은 후회, 절망, 우울함, 외로움을 적어 넣는다. 우리는 가치 있고, 풍족하며, 세상에 존재하는 '유일한 힘'을 완전히 믿고, 저 높은 곳으로부터 영감 받음을 알며, 하나님께서 우리를 이끄시고 모든 길을 밝혀 준다는 믿음을 새겨 넣자.

우리의 잠재의식, 즉 '생명의 책'은 이러한 인상, 관점, 의견, 확신을 받아들이는데, 이는 마음을 다해 전적으로 진심을 담았기 때문이다. 우리가 진실이라고 생각하고, 느끼고, 믿는 모든 것은 좋고 나쁨과 관계없이 잠재의식을 통해 현실로 나타난다.

마음에 화합, 건강, 온전함, 아름다움, 평화, 완벽함, 올바른 행동을 새기자. 이들이 곧 원칙이다. 우리는 이러한 진실들을 창조하는 것이 아니라 원할 때 이들을 활성화하고, 효과를 발휘하고 기능할 수 있도록 한다. 우리 안에 있는 하나님의 선물들을 휘저어 꺼내는 것이다.

믿음, 자신감, 기쁨, 열정과 함께 우리를 채우는 모든 것에는 우리를 지배하는 힘이 있고, 우리의 행동을 통제한다. 열정은 우리의 모든 행동을 관리하는데, 열정이란 '하나님이 지배하는'이라는 뜻이기 때문이다. 이 아름답고, 선하고, 유일한 존재에게 지배되는 한 우리는 절대 극단으로 치닫지 않는다.

우리가 '나는'이라고 말하는 것은 곧 살아 계신 하나님의 존재를 말하는 것이기에 우리는 정신적이고 영적인 존재이다. 우리는 지금까지 계속해서 생명을 이어왔으며, 앞으로 수십억 년 후에도 살아 있을 것이다. 생명은 절대 태어나지도 죽지도 않고, 물도 그것을 젖게 할 수 없으며, 불도 그것을 태울 수 없고, 바람도 그것을 날려 보낼 수 없기 때문이다. 우리는 살아 있고, 이 삶은 하나님의 삶이다. 하나님이 곧 삶이기에 우리는 영원히 살아 있다.

우리는 5년 전, 10년 전, 25년 전과 같은 사람인가? 아니, 그렇지 않다. 태어난 지 3개월이 되었을 때, 한 살이 되었을 때와 지금의 우리는 같은 사람인가? 절대 그렇지 않다. 우리는 태어난 이후로 수백 번이 넘는 환생을 경험했다. 환생이란 정신이 더 높은 수준으로 자신을 발현하는 것이다. 그러므로 다섯 살 때, 열 살 때, 스무 살, 서른 살 때의 당신은 지금과 다른 사람이다. 만약 매달 찍은 우리의 모습을 전부 보여 준다면, 그중 몇몇은 거의 알아보기 힘들 정도일 것이다.

우리는 불과 6개월 전과도 다른 사람이다. 하나님, 생명, 우주에 관해 새로운 개념을 가지게 되었고 새로운 예상, 새로운 청사진, 새로운 시야를 지니고 있기 때문이다. 예전과 똑같이 말하지도, 걷지도, 생각하지도 않는다. 우리의 삶은 영광에서 영광으로 계속해서 나아가고 있다. 다른 차원으로 넘어갈 때도 우리는 계속해서 다음 단계로 나아가고 있다. 우리는 절대 오늘보다 덜한 내일을 맞을 수 없다. 생명은 뒷걸음질 치지 않으며, 어제와 함께 과거에 머무르지도 않기 때문이다.

"나는 영광에서 영광으로 나아간다. 나는 정점에서 다음 정점으로 나아간다."라고 쓰자. 이러한 진실을 우리의 삶에 써 내려가자. 우리는 살아 있으며, 항상 새로운 무언가를 마음 깊은 곳에 새겨 나가기 때문이다.

불의 연못

· · ·

나에게는 편지가 많이 오는데, 그중에는 다음과 같은 내용도 있다. "당신은 불의 연못에 떨어질 겁니다. 라디오 프로그램에 출연해 늘 사람들에게 모든 이의 안에는 하나님이 계시니 만인은 만인의 구원자이며, 우리가 해야 할 일은 오직 내면의 하나님과 연결되는 것이고, 그렇게 된다면 하나님의 존재가 우리를 이끌고 문제를 해결해 주실 것이라고 말하기 때문입니다. 또한, 당신은 모든 사람이 자기 자신의 기도에 응답할 수 있다고 말하기도 했습니다. 그러니 언젠가 당신은 불의 연못에서 영원히 불탈 겁니다." 그러면서 이들은 "하나님이 세상을 이처럼 사랑하사 독생자를 주셨으니 이는 그를 믿는 자마다 멸망하지 않고 영생을 얻게 하려 하심이라. (요한복음 3장 16절)"이라는 성경 구절을 인용한다.

하지만 이들의 생각은 모두 이해가 부족해서 발생한 것이다. 모든 이는 유일한 자식이다. 우리는 모두 유일한 존재인 하나님의 하나뿐인 자식이다. 그리고 정신적인 측면에서 우리의 하나뿐인 아이는 바로 열망이다. 몸이 아프면 건강이 곧 구원자다. 건강이 없으면 건강을 향한 열망을 지니게 된다. 우리의 열망이 곧 우리의 구원자임을 깨닫자. 만약 숲에서 길을 잃으면 지도가 우리의 구원자다. 감옥에 갇혀 있으면 자유가 곧 구원자이고, 갈증으로 죽어갈 때는 물이 곧 구원자다. 그러니 당연하게도 하나님의 존재에 닿을 수 있는 사람은 모두 자기 자신의 구원자다.

성경에 등장하는 불의 연못은 물론 진짜 불을 의미하지 않는다. 성경은 영적인 책이므로 영적, 정신적, 우화적, 비유적, 관용적, 신비주의적인 언어들이 사용되었다. 정신병동이나 정신 관련 기관에 가면 그곳에 있는 사람들이 불의 연못에서 불타고 있는 모습을 보게 될 것이다. 물론 그 연못은 바로 잠재의식이다. 불은 이들이 질투, 혐오, 증오, 적대감, 분노로 불타고 있음을 의미한다. 이들은 부정적인 감정으로 자신의 몸과 마음을 불태워 버리고 있다.

정신병 환자는 마치 고문을 당하는 것과 같다. 고통이라는 불에 타고 있는 것이다. 어떤 이들은 자신 안에 있는 증오, 분노, 적대감 등에 타오른다. 당연하게도 이들은 자신들이 만들어낸 불의 연못에 살고 있는데, 모든 이는 자신만의 지옥과 천국을 만들어내기 때문이다. 오마르는 이렇게 말했다.

'나는 내 영혼을 보이지 않는 곳 사후세계라고 하는 곳에 편지로 보냈네. 그리고 내 영혼은 내게 돌아와 말했네.

"나, 나 자신이 천국이자 지옥이라네."'

분노, 절망, 두려움, 불길한 예감은 내면에서 활활 타오르는 불이다. 그 어떤 의사라도 이러한 감정들은 궤양, 고혈압, 암, 관절염을 일으킬 수 있다고 경고할 것이다. 증오가 계속되면 관절염이 생길 수 있다. 증오라는 감정이 물리적 변화를 만들어내고, 신체 조직에 석회를 쌓이게 하며 큰 피해를 만들어낼 것이기 때문이다. 또 질투는 이따금 한 사람을 완전히 미쳐 버리게도 하는데, 질투보다 더 파괴적인 독은 없기 때문이다. 그렇기에 질투는 녹색 눈의 괴물로 불리기도 하며, 모든 정신적 독약 중 가장 위험하다.

그러니 나방과 녹의 해가 없고, 도둑들이 들어와 훔쳐갈 수 없는 천국에 우리의 보물들을 경작하자. 화합, 건강, 평화, 아름다움의 씨를 뿌리자. 마음에 하나님의 진실을 써 내려가자. 그렇다면 무엇을 써야 할까? 그것은 다음과 같다.

> 형제들아 무엇에든지 참되며 무엇에든지 경건하며 무엇에든지 옳으며 무엇에든지 정결하며 무엇에든지 사랑받을 만하며 무엇에든지 칭찬받을 만하며 무슨 덕이 있든지 무슨 기림이 있든지 이것들을 생각하라. (빌립보서 4장 8절)

HOW to USE THE LAWS of MIND

제11장

우리가
이곳에 온 이유

　모든 이의 삶은 태어나면서 죽음에 이르기까지 모두 하나님의 계획이다. 예수님은 이렇게 말씀하셨다. "나는 이들이 생명을 더욱 풍성히 얻게 하려고 이곳에 왔다." 우리는 풍족하고, 행복하고, 영광스러운 삶을 살기 위해 이곳에 왔다. 우리의 숨겨진 재능을 세상에 보여 주려 이곳에 왔으며, 있어야 할 진정한 장소를 찾고 가장 높은 자아를 표현하기 위해 이곳에 왔다.

　몇 달 전 한 젊은 여성이 찾아와 이렇게 말했다.

　"저는 부적응자예요. 아무도 저를 원하지 않아요. 저는 둥근 틀에 들어가려는 네모예요."

　나는 그녀에게 모든 이는 고유하며 그 어떤 사람도 서로 같지 않고, 수많은 눈 결정과 나뭇잎 중에도 똑같은 것은 아무것도 없다고 설명해 주었다. 하나님은 절대 같은 것을 반복하지 않으며, 차별화가 무한하게 이어지는 것은 생명의 법칙이다. 불필요한 사람은 없다. 나는 그녀에게 에머슨의 말을 들려주었다.

"나는 하나님을 이루는 하나의 기관이며, 하나님께서는 내가 있는 곳에서 나를 필요로 하신다. 그렇지 않으면 나는 이곳에 있지 않았을 것이다."

그러자 그녀는 물었다.

"하나님이 제가 무엇을 하기를 원하실까요?"

답은 간단했다. 그리고 그녀가 하나님의 의지를 따르기 위해 사용했던 기도 역시 단순하고 단도직입적이었다.

그녀의 기도

• • •

"하나님께서 내게 숨겨진 재능을 드러내게 하시며 내가 하기를 원하시는 일을 마음속에 불어넣으신다. 나는 하나님이 곧 무한한 지능이시며 나를 통해 발현되기 원하심을 안다. 나는 전구의 초점이 전기의 발현이듯 무한한 생명의 초점이 나임을 안다. 하나님께서는 모든 일에서 화합, 건강, 평화, 기쁨, 성장, 확장으로 내게 흘러들어 오신다. 나는 하나님의 이끎이 내 의식과 이성에 들어옴을 알며, 그 응답에 감사한다."

며칠 후 어떠한 전문 교과 과정을 배워야 한다는 깊은 열망이 그녀에게 생겨났고, 현재 그녀는 열심히 과정을 따라가고 있으며, 의심의 여지없이 큰 성공을 거두게 될 것이다.

요청하기

· · ·

지금은 은혜 받을 때이며, 구원의 시간이다. 많은 사람이 항상 더 나은 미래를 꿈꾼다. 이들은 하나님이 곧 영원한 현재라는 사실을 받아들이는 대신 언젠가는 자신이 행복과 성공을 얻을 것이라고 끊임없이 말한다.

진실은 하나님의 모든 힘이 우리 안에 있다는 것이다. 평화는 지금 이뤄지며, 우리는 하나님의 평화가 흐르는 강이 우리 안에도 흐를 것을 요청할 수 있다. 치유 또한 지금 이뤄지니, 우리를 만들어낸 무한한 치유의 존재가 우리를 이루는 모든 원자를 회복시키고 있음을 알고 느끼자. 우리를 만들어낸 이 창조적인 지성이 우리를 치유하는 방법을 알며 이 신성한 법칙이 우리의 몸과 마음을 지배할 것을 요청하자.

부 또한 우리의 마음속에 있는 생각이자 이미지이다. 그러니 이제 대담하게 요청하자. 그리고 "하나님의 부가 내 삶을 순환한다."라고 단언하자. 무엇을 망설이는가?

힘 또한 지금 받게 된다. 우리 안에 있는 하나님의 힘을 부르면 이 힘이 응답할 것이고, 우리를 새롭게 하며 힘을 불어넣을 것이다.

사랑 또한 지금 받게 된다. 하나님의 사랑이 몸과 마음에 스며듦을 알고 믿으면, 이 신성한 사랑은 우리 삶의 모든 부분에서 발현될 것이다.

지침 또한 지금 받게 된다. 우리 안에 있는 무한한 지능은 모든 답을 알고 있으며, 우리의 모든 부름과 요청에 응답할 것이다.

그러니 우리에게 도움이 될 것들을 요청하자. 우리는 무언가를 창조하는 것이 아니라 이전에도, 현재에도, 미래에도 그대로인 무언가에 형태를 부여하고 표현한다. 모세 또한 큰 스피커나 TV를 사용할 수도 있었을 것이다. 이러한 것들이 만들어지기 위한 개념이나 원칙은 늘 무한한 정신 속에 존재했기 때문이다. 플라톤은 '신성한 정신의 원형'을 언급했는데, 이는 우주에 창조된 모든 것의 뒤에는 신성한 정신에 속한 개념과 패턴이 있다는 것을 뜻한다.

지금 이 순간
• • •

우리가 미래에 있을 어떤 일의 계획을 생각할 때, 그 계획이 지금 이 순간에 이루어지고 있다는 생각을 해본 적이 있는가? 만약 우리가 미래에 다가올 무언가를 두려워한다면, 우리는 지금 그것을 두려워하고 있는 것이다. 과거를 생각하고 있다면, 지금 이 순간 과거를 생각하고 있는 것이다. 우리가 바꿀 수 있는 유일한 것은 현재의 생각이다. 우리는 현재의 생각을 인지하며, 외부로 나타나는 현재의 사고 습관만을 깨달을 수 있다. 이를 훔치는 두 도둑은 과거와 미래다. 과거의 실수 혹은 상처에 대한 후회나 자기비판에 집착하고 있다면, 그때 경험하는 정신적 고통의 원인은 현재의 생각이다. 만약 미래를 걱정한다면, 자기 자신의 기쁨, 건강, 행복을 훔치고 있는 것이다. 현재에 주어진 축복에 집중하고 과거와 미래라는 두 도둑은 쫓아 버리자.

과거에 경험했던 행복과 기쁨을 생각하는 것은 현재의 기쁨이 된다. 과거에 일어났던 일의 결과는 그것이 좋든 나쁘든 현재의 생각을 대표한다는 사실을 기억하자. 과거의 생각을 올바른 방향으로 이끌자. 우리 마음의 왕좌에 평화, 화합, 기쁨, 사랑, 번영, 선의를 머물게 하자. 계속해서 이러한 개념에 몰두하며 다른 모든 것은 잊어 버리자.

끝으로 형제들아 무엇에든지 참되며 무엇에든지 경건하며 무엇에든지 옳으며 무엇에든지 정결하며 무엇에든지 사랑받을 만하며 무엇에든지 칭찬받을 만하며 무슨 덕이 있든지 무슨 기림이 있든지 이것들을 생각하라. (빌립보서 4장 8절)

신의 섭리를 탓하지 않게 된 남자
• • •

최근 한 남자는 자신이 여러 문제를 겪고 있다면서 이러한 불운들은 전부 하나님의 탓이라고 내게 말했다. 나는 그에게 이 우주는 법과 질서 중 하나이며, 하나님 또한 원칙 혹은 법칙이기에 만약 법칙을 지키지 않으면 그에 따라 고통을 받게 된다고 설명했다. 이는 분노한 신이 내리는 벌이 아니다. 오히려 개인과 관계없는 원인과 결과의 문제이다. 그가 마음의 법칙을 잘못 사용하면 결과는 부정적이겠지만, 반대로 올바르게 사용한다면 법칙은 그를 돕고, 치유하고, 그의 영혼을 회복시켜 줄 것이다.

나는 그에게 어떻게 하면 신성한 생명이 자유롭게 흐르는 통로가 될 수 있는지를 알려 주었고, 다음과 같은 기도를 자주 반복하라고 조언했다.

"나는 신성함이 통과하는 투명하고 열려 있는 통로이니, 무한한 생명은 막힘없이 내 안을 흐르며 건강, 평화, 번영, 올바른 행동이 된다. 나는 끊임없이 새롭고 창조적인 생각을 만들어내며, 내 안에 갇혀 있던 장엄한 빛을 해방한다."

그렇게 이 남자는 새로운 삶을 맞으며 이제야 삶이 시작된 것 같다고 내게 말했다. 그는 지난 시간을 후회하며 "저는 이제 제게 오는 좋은 것들을 막지 않기로 했습니다. 호스를 밟고 있던 발을 떼고 제게 흘러들어와 삶을 풍요롭게 하는 생명의 물을 받아들이게 되었습니다."라고 덧붙였다. 그는 긴장을 푸는 법을 배웠고, 삶의 무한한 '파이 프라인'을 누르던 부정적인 생각이라는 무거운 짐을 내려놓았다.

하나의 법칙

• • •

이 우주 전체를 생동하게 하는 생명의 법칙은 단 하나뿐이다. 하나님은 곧 생명이고 우리의 삶이지만, 선택은 우리에게 달려 있기에 이 법칙은 건설적으로 활용될 수도, 파괴적으로 사용될 수도 있다.

두려움, 후회 등 부정적인 생각을 할 때 우리는 생명의 법칙을 파괴적으로 사용하게 된다. 분노, 적대감, 오만, 아집, 자기비판, 자기비하는 특히 생명의 법칙을 잘못 적용하게 하는 비참한 방법들이다. 게다가 잠재의식에 쌓인 이 부정적인 감정들은 정신과 신체에 온갖 질병으로 나타난다.

이 무한한 힘에 의지하며 우리 안에 이 힘이 화합과 기쁨 속에 흐를 수 있게 하고, 올바르게 생각하며, 느끼며, 행동한다면 우리의 삶은 바로 지금 이곳에서 더할 나위 없는 행복과 성공을 얻게 될 것이다.

번영하지 못한 이유

• • •

한 젊은 교사가 매일 꾸준히 번영과 성공을 위해 기도하는데도 아무런 결과를 얻지 못했다며 내게 불평했다. 그녀와 이야기를 나누던 중, 나는 그녀가 무의식적으로 계속해서 자신이 마주한 문제를 반복해서 말하며 제자들, 부모님, 학교 관계자들을 비판하고 그들을 탓한다는 사실을 알아차렸다. 나는 그녀가 파괴적이고 부정적인 생각을 되풀이하며 그녀 안에 있는 보물들을 낭비하고 있다고 지적했다. 그녀는 내 조언을 받아들여 사고방식을 바꾸었고, 깊은 이해와 함께 다음과 같이 기도했다.

"하나님께서는 내게 두려움을 주지 않으셨으며, 오직 힘과 사랑과 단단한 정신만을 주셨다. 나는 하나님이 곧 늘 풍족하고 마르지 않는 샘임을 굳게 믿는다. 나는 삶의 모든 방면에서 활기와 번영을 얻는다. 승진도 내게 있으며, 평화도 내게 있다. 나는 내 모든 제자, 동료, 주변 사람에게 사랑과 선의를 전한다. 하나님의 지성과 지혜가 나의 교실에 매 순간 함께하며, 나는 그 힘을 통해 빛과 영감을 받는다. 부정적인 생각이 밀려올 때면, 나는 그 즉시 하나님의 치유와 사랑을 떠올릴 것이다."

한 달도 지나지 않아 이 교사는 모든 인간관계에서 화합을 찾았고, 더불어 승진도 하게 되었다.

241

신성한 불만

• • •

우리는 하나님의 모든 특성과 자질을 재현하기 위해 이곳에 왔다. 이것이 우리가 존재하는 진정한 이유이기 때문에 이에 따라 우리는 완전한 화합, 건강, 마음의 평화가 아니라면 만족하지 못하는 건전한 불만을 느낀다. 절망, 부족함, 한계에 대한 불안이 강력한 원동력이 되어야 하며, 이를 통해 우리 내면에 있는 무한한 힘으로 모든 어려움을 극복할 수 있도록 도움을 받아야 한다. 우리의 기쁨은 문제를 극복하는 데에 있다. 삶에서 마주하는 문제, 어려움, 도전들은 우리의 정신과 영적 도구를 더욱 날카롭게 만들 수 있게 하며, 무한한 부가 있는 마음속 창고의 보물들을 찾아낼 수 있게 한다.

무한한 정신은 시간의 제한도, 공간의 제한도 받지 않는다. 우리 자신을 제한하지 말자. 마음속에 있는 장애물들을 모두 제거하고 기도의 응답이라는 기쁨으로 들어가자.

눈을 들어서 밭을 보아라. 이미 곡식이 익어서 거둘 때가 되었다.

(요한복음 4장 35절)

242

제12장

악한 것들의
의미

세상에 존재하는 힘은 오직 하나뿐이다.

이스라엘아, 들으라 우리 하나님 여호와는 오직 유일한 여호와시
니. (신명기 6장 4절)

이렇듯 오직 하나님만이 유일하기에, 악마는 그렇지 않다. 오직 하
나님만이 존재하기에, 악마는 그렇지 않다. 다시 말해, 악마란 존재
하지 않는다. 트로워드 판사가 자신의 책《성경의 신비로움과 의미
Bible Mystery and Bible Meaning》에서 분명히 밝혔듯, "악마를 이루는 것
은 그것이 존재하지 않는다는 분명한 사실이며, 겉보기에는 존재하

는 듯 하지만 그렇지 않은 힘이다. 한 마디로, 부정의 힘이다.”

악마라고 불린 눈

• • •

고대 타로의 가르침에서 히브리 신비주의자들은 악마를 히브리어 알파벳의 16번째 글자인 ‘아인Ayin’이라고 불렀고, 철자는 ‘오인Oin’으로 사용했다. 이는 시각의 도구로서의 눈을 의미한다. 또한, 웃음이나 즐거움을 상징하기도 한다. 이 눈은 오직 사물의 표면이나 외모에만 관련된다. 사람들은 “태양은 동쪽에서 뜨고 서쪽으로 진다.”, “지구는 평평하고, 움직이지 않는다.”라고 말하곤 했다. 하지만 과학은 이러한 시각이 얼마나 잘못되었는지를 밝혀냈다.

태양은 뜨고 지지 않으며, 지구 역시 평평하지도, 가만히 그 자리에 멈춰 있지도 않다. 예를 들어, 오늘날의 과학은 우리가 사물의 있는 그대로를 보지 못한다는 사실을 분명히 밝혀냈다. 이 우주는 여러 밀도, 주파수, 강도를 지닌 존재들로 이루어져 있다. 우리의 몸은 형태가 쉽게 바뀌고, 다공성이며, 유연하다. 이들은 단순히 빛의 파동과 엄청난 속도로 소용돌이치며 돌아가는 원자와 분자로 구성된다. 그리고 우리의 눈은 삼차원을 인지할 수 있도록 설계되어 있다.

히브리의 비밀스러운 지혜는 사물이 환상에 지나지 않는다는 현대 과학의 발견과 더불어 우리 눈의 한계까지 알고 있었다. 그렇기에 눈을 의미하는 글자인 아인에 웃음과 즐거움이라는 속성을 부여했던 것이다. 아인이란 사물의 실제보다 보여지는 것을 의미하며, 현실보다는 환상을 의미한다. 웃음과 즐거움이 악마와 연결되는 이유가 바로 이것이다. 히브리의 신비주의에서 악마라는 단어의 진짜 의미는 비방하는 자, 즉 하나님에 관한 거짓말을 늘어놓는 자이다. 눈은 사실을 왜곡하는데, 눈은 오직 사실의 외면만을 다루기 때문이다.

거꾸로 뒤집힌 신
• • •

성경을 쓴 고대 히브리의 신비주의자들은 악마가 거꾸로 뒤집힌 신이라고 말했다. 다시 말해, 무지하고 원시적인 사람들이 잘못 이해한 신이 곧 악마라는 의미다. 신학자들이 말하는 악마는 존재하지 않는다. 그것은 세상의 악을 설명하려는 그들의 의지로부터 만들어진 것이다. 그러나 악은 '하나의 힘'에 관한 우리의 오해와 오용으로부터 나온다.

우리는 늘 선택하는 의지를 지닌 존재이며, 발전을 거듭하고 생명의 법칙을 익혀 이를 올바르게 적용하기 위해 이곳에 왔다. 이를 오해하거나 오용하면 그것이 곧 악이 된다. 선을 선택하지 않는다면, 그 잘못된 선택으로 인해 우리는 잠재의식에서 발현되는 부정적인 반응을 경험하게 될 것이다.

인간이 만들어낸 것

• • •

신학자들은 악의 존재를 대중에게 설명하기 위해 악마를 만들어냈다. 초기 복음서들(서기 300년경)에도 악마라는 단어는 발견되지 않는다. 이러한 복음서에는 악령이라는 형태로 등장한다. 예수의 가르침에도 신학에서의 악마는 언급되지 않는데, 이는 이후에 교회에 의해 만들어진 것이다. 게다가 악마라는 단어로 번역된 말은 단순한 악령이었지, 특정한 악령이 아니었다.

신학에서 악마는 증오, 질투, 적대감, 분노, 복수, 자기비하, 자기연민 등의 부정적인 감정이다. 이들이 곧 우리를 괴롭히는 악마들이며, 우리 자신의 사고와 감정으로 만들어낸 것들이다. 이 부정적인 감정들이 틀림없는 악령들이다.

스웨덴의 철학자이자 종교가인 스베덴보리Swedenborg는 "지옥의 본질은 남을 통제하고자 하는 열망이다."라고 말했다. 악마는 부정적이고 파괴적인 사고방식이며, 부정적이고 파괴적인 감정을 유발해 그러한 행동을 하게 만든다. 잠재의식에 숨어 있는 이러한 감정들은 반드시 현실이 되고, 이것이 모든 혼돈과 고통을 만들어낸다.

고통의 의미와 장애물 극복하기

· · ·

세상의 모든 고통과 어려움은 '하나의 힘'에 대한 우리의 생각이나 오용의 결과이며, 우리가 만들어낸 것이다. 분노한 신이 내리는 벌 같은 것은 없다. 하나님은 우리의 고통이나 아픔과 아무 관련이 없다. 하나님께서 사랑과 연민이 아닌 분노로 우리를 대하신다는 말은 아주 큰 신성 모독이다.

우리는 모두 우리 안의 신성함을 발견해 목표를 이룰 수 있게 하는 장애물, 도전, 어려움, 문제를 극복하기 위해 이곳에 왔다. 그리스어로 악마를 의미하는 디아볼로스diabolos는 '(문제나 장애물을)던지는 자'라는 의미이며, 우리는 이 장애물들을 승리와 성공을 위한 디딤돌로 활용해야 한다. 이것이 성장을 향한 길이자 삶의 사다리를 올라갈 수 있는 길이다.

루시퍼의 몰락

· · ·

오, 아침의 아들 루시퍼야, 네가 어찌 하늘에서 떨어졌느냐! 민족들을 연약하게 하였던 네가 어찌하여 땅으로 끊어져 내렸느냐!

(이사야 14장 12절)

루시퍼는 빛 혹은 스스로 있는 자, 곧 하나님을 의미한다. 하나님께서는 인간이 되실 때 스스로 제한을 두셨다. 천국에서 몰락하는 루시퍼는 그저 하나님, 곧 스스로 있는 이가 형태가 있는 물질이 되는 것이며, 우리의 한계는 이를 이른바 악마라는 존재로 생각한다는 것이다. 루시퍼의 몰락, 즉 하나님의 몰락 또는 정신의 물질화는 진정으로 우리를 성장하게 하고 내면에 있는 영적인 힘을 해방할 수 있게 해 준다. 삶에서 마주하는 도전과 어려움은 정신과 영적인 도구를 더 강하게 하고 하나님과 같은 힘을 발견할 수 있게 도와주어 우리가 더 성장하고 위로 올라가 내면에 있는 하나님의 자질을 더욱더 발현할 수 있게 한다.

하나의 창조적인 힘

• • •

성경은 이 세상에 존재하는 힘이 둘도, 셋도, 백 개도 아닌 단 하나라는 사실을 여러 번 거듭해서 강조한다. 다음과 같은 구절을 생각해 보자.

> 이제는 나 곧 내가 그인 줄 알라 나 외에는 신이 없도다. 나는 죽이기도 하며 살리기도 하며 상하게도 하며 낫게도 하나니. (신명기 32장 39절)

이는 우리가 이 힘을 두 가지 방향으로 사용할 수 있음을 의미한다. 그리고 이는 세상에 있는 모든 힘에 적용되는 사실이다. 전기를 활용해 청소기를 돌리거나 집 안에 불을 밝힐 수도 있지만, 누군가의 목숨을 빼앗을 수도 있다. 비슷한 관점으로, 물은 한 아이를 익사시킬 수도 있고, 갈증을 해결해 줄 수도 있다. 과거 캘리포니아에는 수없이 많은 집과 도로와 다리를 파괴했던 거대한 홍수가 자주 발생했다. 하지만 이 물은 댐에 가둬져 통제되었고, 그 뒤에는 마른 땅을 적시고 도시의 불을 밝히는 전력이 되었으며, 수없이 많은 방식으로 인류의 축복이 되었다.

오늘날 과학자들은 물에서 수소를 분리하는 과정을 연구하고 있고, 이 에너지는 산업에 기적 같은 일을 일으킬 것이다. 자연의 힘은 악이 아니다. 우리가 그 힘을 어떻게 활용하는가에 달려 있다. 어떠한 힘을 활용하는 방식은 우리의 사고에 기반을 둔다. 그러므로 선과 악은 그 사람의 사고방식, 동기와 더불어 마음과 자연의 힘을 어떻게 사용할 것인가에 따라 결정된다.

이렇듯 선과 악은 곧 마음의 움직임이며, 이것은 그 자체로 완벽한 단 하나의 힘과 연결되어 있다. 선을 생각하면 선이 따라오고, 악을 생각하면 악이 따라온다.

이사야 14장에 언급된 루시퍼는 내면에 있는 하나님 혹은 스스로 있는 자에 대한 그릇된 개념을 의미하기도 한다. 많은 사람이 생명의 진실에 정신과 마음을 열기보다는 미신과 그릇된 신념에 기꺼이 목숨을 바치려 한다. 이런 사람들은 고집이 세고 융통성이 없으며, 오래되어 굳어진 하나님과 생명의 법칙에 대한 잘못된 이들의 믿음을 버리는 것은 거의 불가능한 일처럼 보이기도 한다. 성경은 이사야 14장에서 고집스럽고 다루기 힘든 이들의 태도에 대해 언급했다.

> 내게 네 마음에 이르기를 내가 하늘에 올라 하나님의 뭇 별 위에 내 자리를 높이리라. (이사야 14장 13절)

몇 개월 전, 한 여성이 내게 무려 14장의 편지를 보내 악마와 사탄이 실제로 존재하며, 이들이 사람들을 유혹에 빠트리고, 전쟁을 일으키고, 사람의 마음을 조종해 전쟁을 일으킨다고 말했다. 그녀는 이미 미신, 그릇된 신념과 교리에 빠져 있었기에 설득은 불가능했다. 세상에는 이 여성처럼 행동하는 사람이 많다. 이들은 흔히 말하는 악마, 즉 그릇된 신념을 높이고 찬양하며 마음속 왕좌에서 하나님을 몰아낸다. 이와 비슷하게 공산주의 국가들은 자신들의 이론을 하나님의 진실 위에 두면서 반항적인 태도로 하나님의 존재를 부정하고, 오직 레닌만이 존재한다고 주장한다.

진실이 우리를 자유롭게 하리라
• • •

'하나의 힘'이 아닌 다른 힘을 마음속에서 몰아내는 그 순간 하나님에 관한 우리의 잘못된 개념은 마음속 왕좌에서 멀어질 것이다. 그리고 이 힘을 건설적으로 사용하기 시작하면 그것이 곧 하나님이라는 사실을 깨닫게 될 것이며, 삶에 건강과 행복이 찾아올 것이다. 반대로 이 힘을 잘 알지 못하고 부정적으로 사용하면 이것은 비참함과 궁핍과 고통을 가져오는 악마가 된다. 무지 역시 악마라고 불리는데, 무지란 삶을 부정하는 것이기 때문이다.

루시퍼, 사탄, 악마, 뱀은 모두 같은 존재다. 하나님께 반기를 들어 지옥으로 떨어진 대천사 루시퍼의 이야기를 들어본 적이 있을 것이다. 물론 이 이야기는 그저 신화일 뿐이다. 성경에서 루시퍼는 샛별처럼 밝은 존재로 묘사되어 있다.

나는 다윗의 뿌리요 자손이니 곧 광명한 샛별이라 하시더라. (요한계시록 22장 16절)

세상에서 가장 거대한 별은 우리 안에 있는 '스스로 있는 자', 곧 하나님이며, 온 세상의 빛이다.

악마를 의미하는 히브리의 상징
• • •

성경을 쓴 히브리의 예언자들은 과거 심리학과 더불어 영혼의 이야기를 듣는 데 통달한 사람들이었고, 카발라 속 성경의 숨은 의미를 밝혀내기도 했다. '카발라Cabala'는 성경의 신비적 해석이며, 성경에 등장하는 우화, 숫자, 상징의 핵심을 품고 있다.

고대 타로는 인간의 왜곡되고 뒤틀린 상상에서 악마가 탄생한다는 것을 암시하는 상징적인 카드를 고안해냈다. 이 상상의 존재에는 염소의 뿔, 인간의 머리, 당나귀의 귀, 박쥐의 날개가 달려 있다. 비대한 인간의 상체에 허벅지는 짐승의 것이며, 다리는 인간의 것이고, 발에는 독수리의 발톱이 달려 있다.

박쥐의 날개는 어둠, 혹은 무지를 상징한다. 염소의 뿔이 달린 이유는 이들의 척추가 굽어 똑바로 서지 못한다는 것을 보여 주기 때문이다.(하나님의 법칙에서 인간은 똑바로 걸어야 한다.) 당나귀에게 귀가 달린 이유는 이 존재가 직감의 목소리를 듣지 않고 불변의 법칙을 듣는 것을 거부하기 때문이다. 다시 말해, 당나귀처럼 둔하고 고집이 세다는 의미다.

인간의 신체가 있는 부분은 비대한데, 이는 품격과 아름다움의 부재를 의미한다. 이 카드에 등장하는 존재는 손을 들어 남녀 한 쌍을 축복하며 우리의 삶이란 오직 감각을 향한 욕망뿐이고, 그 외에는 아무것도 존재하지 않는다는 듯 양옆으로 팔을 넓게 벌리고 있다. 인간이 아닌 짐승의 허벅지는 이 존재가 정신적 충동이 아닌 본능을 따른다는 것을, 다리는 이 존재를 지배하는 부정적인 감정과 열망을 나타낸다.

다리에는 독수리의 발톱이 달려 있는데, 이는 성적 학대와 성적 충동의 잘못된 표출을 의미한다. 높게 들어 올려진 발은 토성을 상징하며, 이들이 토성의 지배를 받음을 나타낸다.

악마의 머리 위에는 오각별이 있는데, 거꾸로 뒤집혀 있다. 이 별의 꼭짓점 다섯 개는 완벽한 인간을 상징한다. 이 오각별은 두 개의 점으로 지탱하며 서 있어야 하는데, 이 두 개의 점은 의식과 잠재의식의 균형이다. 하지만 이 카드의 오각별은 한 개의 중심으로 서 있다. 다시 말해, 그릇된 신념, 주장, 부정적인 감정에 잠재의식이 지배되고 있음을 의미한다. 또 손에 든 횃불은 자신의 열망과 욕구에 불타고 있음을 나타낸다.

게다가 이 악마의 옆에는 기형적인 여성의 모습이 있는데, 이는 의식이 잠재의식을 오염시켰음을 의미한다. 이 여성은 왼쪽 어깨가 없다. 어깨는 감정을 나타낸다. 카드 속 남성과 여성(우리 모두의 내면에 있는 남성과 여성적 원칙들)은 악마가 쪼그려 앉아 있는 반쪽짜리 정육면체에 쇠사슬로 묶여 있다. 완전한 정육면체는 물리적인 세상을 상징하지만, 반쪽짜리 정육면체는 불완전한 지식, 혹은 무지를 의미한다. 그래서 카드 속 반쪽짜리 정육면체가 검은색인 것이다.

카드 속 남자와 여자에게는 이들이 부정적인 감정에 완전히 잠식되었다는 것을 의미하는 뿔, 발굽, 꼬리가 달려 있다. 남자의 꼬리는 전갈 모양을 하고 있으며, 왜곡된 성에 대한 도착이 있음을 암시한다. 여자의 꼬리에는 포도 다발이 달려 있는데, 이는 잠재의식의 열망을 실현하게 하는 것이 잠재의식의 일이라는 것을 의미한다. 또,

포도는 상상력의 부정적인 사용을 나타낸다.

카드 속 악마에게는 옆의 남녀와 마찬가지로 배꼽이 있다. 이는 이 카드에서 가장 발견하기 힘든 미묘한 상징이다. 이것은 이 카드들이 얼마나 부정적이고 잘못 사용되어왔는지에 관계없이 하나님의 법칙이 이 우주와 인간 안에서 어떻게 움직이고 있는지를 보여 준다. 당연하게도, 배꼽은 이 악마가 인간이 만들어낸 존재임을 암시한다.

이 타로에 숨은 놀라운 상징들을 내게 알려준 이는 1943년 뉴욕에서 타로를 공부하던 뛰어난 학생 앤 무스만이었다. 나는 이를 통해 타로 상징들의 모든 부분에 성경과 공통점이 있다는 사실을 깨닫게 되었다.

사고는 창조적이다
• • •

모든 사고는 스스로 발현하려는 경향이 있다. 만약 우리의 사고에 부정적인 성질이 있다면, 성경은 이를 악마나 사탄, 혹은 에덴의 정원에서 이브를 함정에 빠트렸던 뱀이라고 부른다. 이 무한하고 우주적인 힘이 창조적이지 않다면 그 무엇도 존재할 수 없으므로, 무한하고 우주적인 악이 존재하는 것은 불가능하다는 사실을 반드시 기억해야 한다. 하나님은 우리 모두의 내면에 있는 생명의 원칙이며, 늘 자신을 표현하고자 한다. 이 생명의 원칙이 생명을 부여하는 행위에 반대되는 다른 무언가를 한다고 생각하는 것은 생기와 자비로움이라는 이 힘의 본질에 모순되는 것이다.

죽음은 없다

• • •

생명 혹은 하나님은 죽지 않으며, 이 생명은 곧 우리의 생명이다. 인간은 죽음이라고 불리는 것을 믿으며, 그렇기에 자신이 죽음이라고 부르는 것을 경험한다. 하지만 1847년 큄비 박사가 이야기했듯, 죽음은 우리 안에 있다. 사람은 그저 다른 차원으로 넘어가는 것이며, 우리와 마찬가지로 살아 있다. 성경은 죽음이 하나님의 뜻이라는 말을 가장 강력하게 부정한다. 성경은 '죽음의 세력을 잡은 자 곧 마귀를 멸하시며 (히브리서 2장 14절)'라고 말하며 악마, 혹은 대중의 그릇된 믿음을 멸하는 것이 하나님의 뜻임을 밝힌다.

인간은 죽음을 맞이하고 그 몸은 분해되어 다시 흙으로 돌아간다고 말할 수도 있다. 분해란 이전에 완전한 하나였던 것이 해체되는 것이며, 그것의 구성 요소들로 흩어지는 것이다. 인간은 이렇게 분해된 뒤에 새로운 4차원의 신체를 지니게 되는데, 이는 3차원에 사는 우리와는 동떨어져 있고, 다른 요소들과 희석되어 있으며, 다음 차원에서 기능한다. 무한한 신체를 갖게 되는 것이다. 우리는 영원히 신체와 함께한다. 신체가 없이는 우리 자신으로 존재할 수 없다. 이는 우리가 늘 신체를 지닐 것이라는 사실을 예고하며, 또 보여 준다. 에머슨은 모든 정신이 자신의 집을 짓는다고 말한다. 우리가 정신, 혹은 하나님의 자질을 표현하기 위해서는 신체가 있어야 한다.

생명은 표현하려 한다
• • •

트로워드 판사가 우리 안에 있는 전능한 정신 혹은 하나님을 지칭하는 데 사용한 용어 '만물의 근원인 생명의 법칙'의 유일한 원동력이자 본성은 생명의 표현, 사랑, 진실, 아름다움이다. 만약 누군가가 애정 어린 생각과 불변의 법칙에 몰두하며 자신의 생명이 곧 하나님의 생명이라는 것을 믿고 죽음에 대한 신념을 없앤다면, 그는 세상이 물리적인 죽음이라고 부르는 것을 경험하지 않을 것이다. 그의 묵상과 기도, 마음 깊은 곳에 있는 확신을 통해 그 신체의 분자가 엄청난 고주파로 진동하게 되면서 그 사람의 신체는 이곳에 있지만, 얼음이 녹을 때나 물이 끓을 때 나오는 증기처럼 우리의 눈으로 볼 수 없게 되기 때문이다. 증기는 분자주파수가 높아 눈에는 보이지 않지만 여전히 순수한 물이다.

바로 이것이 성경에서 예수가 군중 속에서 사라져 누구의 눈에도 보이지 않았던 이유이다. 예수께서는 자신의 몸을 비물질화해 보이지 않게 만들 수 있었기 때문이다. 성 아폴로니우스도 이와 같은 일을 할 수 있었다.

신체의 물리적 죽음

• • •

우리가 인지하는 이러한 분해 과정은 우주적 존재와 힘이 발현되는 것인데, 마치 세입자가 없는 아파트 즉 우주적 생명을 영원히 유지하게 하는 믿음과 지각이 없는 사람의 신체에서 원자와 분자를 가져와 새로운 건물을 짓는 것과 같다. 이 분해의 힘은 곧 개인의 신념에 따라 움직이는 통합의 힘이다. 둘은 다르지 않다.

또한, 성경은 이 세상에 존재하는 궁극적인 힘은 단 하나뿐이며, 그러므로 이 힘은 건설적이고 창조적일 수밖에 없다고 말한다. 이 '하나의 힘'을 긍정적이고 건설적으로 사용하는데 필수적인 긍정적 사고를 기르지 못해 부정적으로 발현될 수는 있지만, 본질적으로 부정적인 힘을 지니는 것은 불가능하다.

긍정과 부정

• • •

우리 안에 있는 이 존재와 힘은 마치 음전류와 양전류처럼 우리가 어떤 상태를 만드는가에 따라 긍정적으로, 혹은 부정적으로 발현된다. 그러니 살면서 부정적인 경험을 마주하는 이유는 우리가 이 '거대한 긍정'을 부정하거나 '하나님의 존재'에 대한 실천을 거부하기 때문이다.

더 수준 높은 지능이 낮은 수준을 통제한다. 그러므로 우리 마음속 왕좌에 앉은 하나님의 생각이 모든 부정적인 생각을 상쇄하고 제거한다. 우리 삶의 부정적인 힘은 진실이 아닌 것을 진실이라고 믿는 마음에서 탄생한다. 그래서 성경은 이를 모든 거짓의 아버지라고 부른다.

거짓을 퍼뜨리는 자

• • •

악마의 다른 의미는 거짓을 퍼뜨리고 단언하는 자이다. 이는 '하나의 힘'을 부정적으로 사용하는 것을 의미한다. 또한, 이는 우리가 잠재의식에 잘못된 지침을 새기며 잘못된 방향으로 나아가고 있음을 나타낸다.

악마는 죽음의 힘을 지니고 있다고 전해진다. 이는 간단한 인식이다. 증오는 사랑의 죽음, 악의는 선의의 죽음, 두려움은 하나님을 향한 믿음의 죽음, 슬픔은 기쁨의 죽음, 고통은 평화의 죽음, 분노는 분별과 올바른 판단의 죽음, 무지는 진실의 죽음, 질투는 상처받은 연인의 지옥, 빈곤은 하나님이 주시는 부의 죽음, 질병은 건강과 온전함의 죽음이기 때문이다. 성경은 말한다.

죽음의 세력을 잡은 자 곧 마귀를 멸하시며 또 죽기를 무서워하므로 한평생 매여 종노릇하는 모든 자를 놓아 주려 하심이니. (히브리서 2장 14~15절)

259

성경에 따르면, 내면에 있는 하나님의 존재와 힘을 깨닫지 못하고 이를 올바르게 활용할 수 있는 능력을 깨닫지 못해 화합, 건강, 평화, 기쁨, 풍족함을 삶으로 이끌지 못한 자는 죽음을 맞이하게 된다.

사탄

• • •

히브리어로 사탄은 '근거 없이 비난하다'라는 뜻이다. 마이모니데스의 위대한 저서인 《눈먼 자를 위한 안내서The Guide to the Perplexed》는 사탄의 어원이 '사타sata' 즉 실수, 진리를 벗어나는 것, 목표를 놓치거나 등을 돌리는 것을 의미함을 지적한다. 목표에서 등을 돌리거나 놓친다는 것은 죄를 의미하기도 한다. 우리는 행복하고 풍족한 삶을 살지 못할 때 죄를 짓게 되는데, 그러한 삶을 살면서 하나님의 신성한 존재에 대한 사색에서 멀어지며 진정으로 죄를 짓게 되기 때문이다.

우리의 행복을 해치고 선을 좌절시키는 상태, 상황, 사건, 타인에게 힘을 싣는 것은 '단 하나의 존재 및 힘'이자 최초의 원인인 하나님이 아닌 외부에 힘을 주는 것이다. 하지만 이렇게 외부에 힘을 실으면 부작용이 나타난다. 정신적이고 영적인 사람은 원인이 아니라 결과인 현상의 세계에 힘을 주지 않는다. 이러한 사람은 결과가 아닌 '창조자' 혹은 '창조적 힘'에 힘을 싣는다. 우리가 아는 중 형태가 없는 유일한 힘은 우리의 생각이다. 우리의 생각이 하나님의 생각과 하나가 될 때, 선을 향한 우리의 생각에 하나님이 함께하신다.

삶과 악

• • •

'삶(live)'이라는 단어를 거꾸로 쓰면 '악(evil)'이 된다. 악을 경험할 때 우리는 삶에서 뒷걸음질 치고 있다는 의미다. 다시 말해, 이때 우리는 허용되기만 하면 앞으로, 위로, 하나님이 있는 곳으로 우리를 이끌 삶의 흐름과 반대로 가고 있다는 것을 나타낸다.

중요한 것은 결과를 원인으로 만들지 말아야 한다는 것이다. 자기 자신의 사고를 제외하면 그 무엇도 우리를 방해할 수 없다. 생각이 없으면 고통도 없다. 높고 중요한 위치에 있을 때 살인이나 범죄 이야기를 듣게 되면 아무런 의견도 생기지 않는다. 만약 이러한 소식에 고민하고 동요한다면, 고통받는 사람은 누구인가? 바로 우리 자신이다. 우리는 분노와 적대감을 품기로 결정을 내린 것이다. 그 결과 우리는 신체의 장기에 파괴적인 영향을 미치는 정신적 독소를 만들어 내게 된다. 판단이 없으면 고통도 없다.

사람들을 판단하는 것을 그만두자. 우리의 판단은 마음에서 만들어진 결론 혹은 결정이다. 단순하게 말해서 우리의 생각이다. 그리고 생각에는 창조적인 힘이 있으므로 타인을 향한 감정이나 생각은 그

것이 무엇이든 우리의 정신, 신체, 경험으로 드러난다. 그렇기에 예수께서는 우리에게 남을 판단하지 말라고 말씀하신 것이다.

너희가 비판하는 그 비판으로 너희가 비판을 받을 것이요. (마태복음 7장 2절)

악마 몰아내기

• • •

이 세상과 다음 차원에는 증오, 질투, 적대감, 탐욕, 정욕과 같은 생각을 품은 사람들이 수없이 많다. 마음에 하나님의 진실을 채우면 우리는 그 모든 부정적인 패턴들을 상쇄할 수 있다. 이 과정은 마치 더러운 물이 담긴 병에 깨끗한 증류수를 붓는 것과 같다. 더러웠던 마지막 한 방울의 물이 사라지는 순간이 오기 때문이다.

그러므로 기도를 이어나가는 것이 매우 중요하다. 우리는 모두 40억 명이 넘는 사람들과 다른 차원에 있는 수십억 명까지 수많은 사람의 정신이 모인 거대한 바다에 속해 있다. 그렇기에 우리는 자기 자신을 무한한 존재, 무한한 힘과 나란히 맞추며 하나님의 진실이 우리 자신의 진실임을 끊임없이 단언해야 한다.

우리는 모두 텔레파시나 생각의 전달이라는 형태로 이 거대한 정신의 바다에 일부분을 이루고 있다. 그렇기에 주관적인 관점에서 우리는 모두 하나라고 할 수 있다. 만약 우리가 태만하고, 무관심하고, 게으르고, 기도를 거부한다면, 우리는 그 거대한 정신으로부터 부정적인 힘을 받을 것이고, "왜 나에게 이런 일이 생긴 거지?"라고 되뇌게 될 것이다.

이러한 일이 벌어지는 이유는 우리가 스스로 생각하기에 실패했을 때 이 거대한 정신이 그 자리를 채우기 때문이다. 이 상황이 포화 단계에 이르렀을 때, 이는 사고와 질병과 같은 부정적인 상황이나 비극으로 나타날 수도 있다. 질투와 시샘이 많은 사람은 다른 모든 이의 질투와 시샘에 열려 있는데, 이 사람의 안테나가 잠재의식 속 파괴적인 패턴을 증폭시키는 주파수에 맞춰져 있기 때문이다.

끌림의 법칙은 모든 부분에 적용된다. 비슷한 것들은 서로 끌어당긴다. 그러니 열두 사도들의 조언에 따르고 이러한 영적 명령을 따르자.

끝으로 형제들아 무엇에든지 참되며 무엇에든지 경건하며 무엇에든지 옳으며 무엇에든지 정결하며 무엇에든지 사랑받을 만하며 무엇에든지 칭찬받을 만하며 무슨 덕이 있든지 무슨 기림이 있든지 이것들을 생각하라. (빌립보서 4장 8절)

자동적인 암시

•••

악마나 사탄, 악의 원리에 관한 개념은 오직 우리 마음속에서 일어나는 자동적인 암시, 그리고 이에 대한 잠재의식의 순응성으로부터 힘을 얻는다. 우리는 우리가 두려워하는 무언가를 만들어낸다. 악한 정신의 힘은 이러한 암시를 받아들이는 정신적 태도와 이에 반응하는 잠재의식에서 생겨난다. 타인의 암시에는 그것을 창조해낼 힘이 없다.

그러한 창조적인 힘은 우리 자신의 사고에 있다. 이 모든 악의 해독제는 하나님에 관한 올바른 개념과 하나님의 사랑이다. 성경은 하나님이 곧 사랑이라고 말한다. 또 다음과 같이 설명하기도 한다.

> 만일 하나님이 우리를 위하시면 누가 우리를 대적하리오? (로마서 8장 31절)

그렇게 된다면 우리는 '온전한 사랑이 두려움을 내쫓음 (요한 1서 4장 18절)'을 깨닫게 되고, 우리의 정신과 마음은 악마가 아닌 하나님이 지배하게 될 것이다.

제13장

___

통제할 수 있는
두려움

두려움은 거대한 고통의 원인이며, 우리는 모두 말로 다 할 수 없는 어려움과 두려움을 경험한다. 많은 사람이 미래, 나이 듦, 불안전성, 질병, 불치병, 의사의 말을 두려워한다. 어떤 이들은 자신의 가족들과 관련된 두려움을 느끼거나 온갖 선전이 가득한 뉴스나 미디어를 보며 두려움에 휩싸이고, 또 어떤 이들은 핵전쟁, 인플레이션, 대중을 위협하는 범죄를 두려워하기도 한다.

아주 많은 사람이 나이든 뒤 느끼는 외로움과 죽음을 두려워한다. 하지만 수많은 이가 평온과 평정 속에 죽음을 마주하는데, 그 이유는 이들이 죽음이란 없고 오직 삶만이 존재하며, 다른 차원에 있는 하나님 아버지의 집에서 영원히 살 것을 알기 때문이다.

인간의 정신에 고통을 주는 두려움의 종류는 무수히 많다. 이 모든 두려움을 없앨 방법은 우리 내면의 하나님께 집중하는 것이다. 하나님을 향한 믿음은 두려움을 쫓아낸다.

> 두려움에는 형벌이 있음이라. 두려워하는 자는 사랑 안에서 온전히 이루지 못하였느니라. (요한1서 4장 18절)

내면에 있는 하나님의 존재에 의지하고 성경의 약속들에 집중하면 새롭게 생각하고, 새로운 언어로 이야기를 시작할 수 있게 된다. 이렇게 위대한 진실에 계속해서 몰입하면 평화와 안정감을 느끼게 될 것이다. 마음속에 있는 두려움들을 찬찬히 살펴보면, 그중 많은 부분은 근거 없는 두려움이었다는 사실을 깨달을 수 있다.

레저 월드에서 강연을 진행하던 중, 한 남자가 내게 자신은 삶의 대부분을 걱정으로 보냈다고 털어놓았다. 그의 가장 큰 걱정들은 현실이 되지 않았지만, 이 걱정들은 그의 활기를 갉아먹고 궤양과 고혈압을 남겼다. 어느 영적 지도자의 조언에 따라 그는 시편 23편과 27편의 가르침을 공부하며 삶에 적용하기 시작했고, 그때부터 놀라운 치유를 경험했다. 그는 자신의 사고를 통제하고 길들이기 시작했다. 걱정이 밀려오면 시편의 몇 구절을 암송했고, 걱정은 곧 사라졌다. 그렇게 그는 자신의 모든 걱정이 헛되고 근거 없다는 사실을 깨달았다.

두려움 마주하기

• • •

이따금 두려움을 느끼거나 겁에 질린다고 해서 부끄러워할 필요는
전혀 없다. 이때 우리가 해야 할 일은 두려움을 하나님과 같은 생각
들로 대체하는 것이다. 마음속 두려움과 싸우지 말고, 그것을 극복하
기 위해 단번에 나아가자. 당신은 충분히 할 수 있으며, 이를 위해 초
인적인 힘을 발휘하지 않아도 된다. 그저 사고방식을 다른 방향으로
바꾸는 것이면 충분하다.

비밀 장소

• • •

지존자의 은밀한 곳에 거주하며 전능자의 그늘 아래에 사는 자
여. (시편 91편 1절)

여기서 은밀한 비밀의 장소란 우리의 마음이다. 내면에 집중하며
우리 안에 있는 하나님의 존재를 깨닫자. 우리는 정신을 통해 이 신
성한 존재와 소통할 수 있고, 확실한 응답을 마주하게 될 것이다.

이 구절의 그늘은 보호를 의미하는데, 마치 내리쬐는 태양 볕을 가
리는 양산과 비슷하다고 볼 수 있다. 두려움이 몰려오면 시편 91편의
구절들을 몇 번이고 반복해 보자. 가만히 이해하고 느끼며 그 구절들

을·소리 내어 말하다 보면 정신과 마음에 평화와 안정이 고요히 스며드는 것을 알 수 있을 것이다. 우리가 이렇게 마음이 평화로울 때는 하나님의 '비밀 장소'에 있는 것이다. 하나님께서는 곧 완전한 평화와 화합이기 때문이다.

두려움은 습관처럼 우리에게 계속해서 밀려올 수 있다. 하지만 시편 91편의 첫 번째나 두 번째 구절 등으로 두려움을 끊임없이 대신하다 보면 서서히 두려움을 정복할 수 있게 된다. "하나님의 사랑이 내 정신과 마음을 채운다.", "하나님의 평화가 내 영혼을 채운다."와 같이 건설적인 생각을 마음속 왕좌에 앉힐 때마다 우리는 두려움을 몰아내고 하나님과 하나님의 사랑을 향한 믿음과 확신을 더욱 강화하게 된다. 그렇게 비정상적인 두려움은 점점 줄어들어 마침내 완전히 사라진다.

성경이 알려 주는 기술

• • •

성경에는 두려움을 극복하게 해 주는 경이로운 구절들이 있다. 시편 23편, 27편, 46편, 91편을 정독하는 습관을 들이면 이 불변의 법칙들이 점차 잠재의식에 스며들며 자유로워지는 것을 느낄 수 있다. 다음과 같은 구절은 우리의 삶에 놀라운 일들을 만들어낸다.

사랑 안에 두려움이 없고 온전한 사랑이 두려움을 내쫓나니 두
려움에는 형벌이 있음이라 두려워하는 자는 사랑 안에서 온전히
이루지 못하였느니라. (요한 1서 4장 18절)

사랑은 감정적 애착이며, 쏟아져 나오는 선의다. 영적인 관점에서
사랑이란 하나님의 모든 창조물의 내면에 있는 하나님의 존재를 깨
닫는 것이다. 개를 무서워하던 한 여성은(어린 시절 개에게 물리는 사고를
당했던 기억이 희미하게 남은 것으로 보아 그 사고가 두려움의 원인이었을 것이
다.) 이렇게 단언하기 시작했다.

"나는 이 세상 모든 개에게 사랑을 전한다. 그들은 자신의 주인을
사랑하고 생명을 구한다. 하나님의 모든 창조물에는 하나님의 존재
가 깃들어있다. 나는 개를 사랑한다. 개들은 애정이 넘치고, 상냥하
고, 협조적이다."

이 진실들을 계속해서 단언하기를 이어가던 어느 순간 그녀는 개
를 마주해도 평온을 유지할 수 있게 되었다. 더는 개가 두렵지 않았
다. 이렇듯 세상에는 오직 '하나의 힘'만 존재한다는 것을 깨닫는다
면, 두려움은 사라질 것이다. 다음과 같은 구절도 훌륭하다.

여호와는 나의 빛이요 나의 구원이시니 내가 누구를 두려워하리
오 여호와는 내 생명의 능력이시니 내가 누구를 무서워하리오.
(시편 27편 1절)

두려울 때 이와 같은 진실들을 계속해서 되뇌다 보면 마음속의 평화와 안정을 느낄 수 있게 된다. 성경에는 다음과 같은 구절들도 있다.

두려워 말라 내가 너와 함께 하여……. (이사야 43장 5절)
그는 흉한 소문을 두려워하지 아니함이여 여호와를 의뢰하고 그의 마음을 굳게 정하였도다. (시편 112편 7절)
두려워 말라 내가 너와 함께함이니라 놀라지 말라 나는 네 하나님이 됨이니라. 내가 너를 굳세게 하리라 참으로 너를 도와주리라 참으로 나의 의로운 오른손으로 너를 붙들리라. 이는 나 여호와 너의 하나님이 네 오른손을 붙들고 네게 이르기를 두려워 말라 내가 너를 도우리라 할 것임이니라. (이사야 41장 10절, 13절)

이중 몇 구절을 골라 천천히, 가만히, 경건하게 암송하며 이를 반복할수록 이 진실들이 잠재의식에 가라앉아 모든 두려움을 완화하고 없애줄 것을 확신하자. 그렇게 하면 힘과 깨달음을 얻을 수 있게 된다.

재산을 지켜 준 성경 구절

• • •

친척으로부터 자신의 재산을 상대로 무고한 소송을 겪고 있었던 한 여성은 다음과 같은 진실에 몰두했다.

내가 하나님을 의지하였은즉 두려워하지 아니하리니 혈육을 가진 사람이 내게 어찌하리이까. (시편 56편 4절)

그녀의 믿음은 흔들리지 않았고, 소송은 결국 취하되었다. 시편을 우리의 피난처로 삼자. 이 진실들을 마음속 왕좌에 앉게 하면 모든 두려움이 평화와 안정에 항복하며 길을 내어 주게 될 것이다.

당신의 왕은 누구인가?

• • •

여호와께서 환난 날에 나를 그의 초막 속에 비밀히 지키시고 그의 장막 은밀한 곳에 나를 숨기시며 높은 바위 위에 두시리로다 (시편 27편 5절).

지금 이 순간 당신이 섬기는 왕은 누구인가? 왕이란 우리를 지배하는 정신적 태도이며, 자기 자신과 사람과 사물을 대하는 확신 혹은 신념이다. 이 왕은 독재자일 수도 있다. 예를 들어, 우리가 분노에 차 있다면 그 순간 우리의 왕, 즉 폭군은 우리의 모든 행동과 삶의 모든 양상을 통제한다. 만약 이러한 태도로 돈을 투자하거나 새로운 집 혹은 땅을 사들인다면 잘못된 말과 행동을 하게 될 것이다. 우리를 지배하는 정서가 부정적이기 때문이다. '안에서 일어나는 일은 밖에서도 일어난다.'라는 법칙을 기억하자. 우리에게 좋은 것들을 두려워하면, 부정적으로 반응하게 된다. 두려움은 하나님을 향한 믿음의 부족이며, 그 전능함에 대한 부정이다.

여호와는 나의 빛이요 나의 구원이시니. (시편 27편 1절)

여기서 여호와는 하나님, 혹은 하나님이나 선의 법칙을 의미한다. 이러한 선의 법칙을 실행에 옮겨 단번에 두려움을 몰아내고 힘, 용기, 확신을 마음속 왕좌에 앉히자. 이러한 생각들이 그에 맞는 감정을 만들어내며 우리의 성공과 건강을 방해하는 적들을 제거할 것이다.

우리가 만들어낸 적인 두려움은 하나님이 우리를 빛내시기 전에 반드시 파괴되어야 한다. 두려움은 하나님의 빛을 가리는 구름이다. 인간은 과거, 현재, 미래의 두려움에서 자신만의 악마를 만들어냈다.

우리가 마주하는 경험을 만들어내는 것은 삶을 대하는 태도다. 불행을 예상하면 불행이 찾아온다. 하나님 혹은 선의 법칙을 아는 사람은 오직 행운만을 기대한다. 이 세상은 그렇게 혹독하지 않다. 세상이 냉혹하게 보이는 이유는 우리가 하나님의 존재를 단언하는 데 실패했기 때문이다. 인간은 비판을 지나치게 두려워한 나머지 자신이 지닌 가장 아름다운 생각들이 세상 빛을 보지 못하게 한다. 하나님만이 유일한 존재이고 유일한 힘이라는 사실을 아는 사람에게는 과거가 없다. 과거의 힘을 믿는 것이 곧 하나님을 믿지 않는 것임을 알기 때문이다. 하나님은 영원한 현재이며, 하나님 안에서는 미래도, 과거도 존재하지 않는다.

복음이 전하는 좋은 소식이 바로 이것이다. 과거의 업보란 존재하지 않으며, 오직 인간의 어리석음과 그릇된 신념만이 있을 뿐이다. 지금은 구원의 날이로다. (고린도후서 6장 2절) 천국은 가까운 곳에 있다. 우리에게 좋은 것, 건강, 성공은 바로 이곳에 있으니, 그 현실감을 느끼고 그에 전율하자. 지금의 모습이 오래도록 바라왔던 자신의 모습임을 확신하자.

죄책감과 그것의 의미
• • •

존재하는 유일한 죄책감은 죄책감에 관한 의식뿐이다.

너희의 죄가 주홍같을지라도 눈과 같이 희어질 것이요 진홍같이

붉을지라도 양털같이 희게 되리라. (이사야 1장 18절)

우리에게 중요한 유일한 순간은 바로 지금이다. 우리는 오직 현재만 살아갈 수 있고, 현재만 경험하며, 현재에서만 경험하고 생각할 수 있다. 우리가 무엇을 계획하거나 두려워하든, 그것은 현재에 이루어지고 있다. 모든 형태의 궁핍과 한계가 잘못된 생각과 감정에서 태

어난다는 사실을 깨달으면 우리는 자신을 자유롭게 할 진실을 알게 될 것이며, 두려움이라는 거대한 산은 무너질 것이다.

토착 부족들과 원시인들은 자연을 두려워했다. 현대를 살아가는 인간들은 같은 인간을 두려워한다. 현대 인류는 고대에 드리웠던 위험의 그늘에서 거의 벗어났다. 전염병과 싸워 이겼고, 곧 전염병을 구성하는 요소들을 통제할 수 있게 될 것이다. 인류는 현대에 만연한 선전에 취해 버렸다. 어떤 사람들은 삶과 대화를 두려워한다. 어머니는 자신의 아이들을 두려워한다. 이 모든 것은 이 세상에 하나님이 아닌 다른 힘이 존재한다는 미신적 신념 때문에 벌어진다.

악이 존재한다면, 그것은 오직 생명의 법칙을 제대로 알지 못했기 때문이다. 보호 장치가 없는 전선에 손을 대면 감전되겠지만, 제대로 차단되어 있다면 감전되지 않는다. 악이나 감전은 우리의 무지 때문에 발생한다. 하지만 전기가 악이 아니라는 사실에는 모두 동의할 것이다. 전기는 수많은 방면에서 인류의 축복이 되었다. 우리는 전기로 곡을 연주하고, 기차를 달리게 하고, 달걀을 요리하고, 청소기를 돌리고, 불을 밝힌다. 마찬가지로 악이나 두려움은 하나님의 전능함과 선에 대한 우리의 불완전한 이해와 오용에서 탄생한다. 오류는 이해와 공존할 수 없기에, 두려움이 있는 곳에는 사랑이 존재할 수 없다.

부유한 사람들은 잃을 것을 두려워하고, 가난한 사람들은 얻지 못할까 두려워한다. 부와 안정이 존재하는 유일한 곳은 우리의 의식이다. 의식에 부유함이 있다면 세상 그 무엇도 우리의 번영을 막을 수 없다. 우리가 두려움을 느끼는 것들에는 실체가 없다. 오직 단 하나인 하나님만이 실재하고, 하나님만이 법칙이며 하나님만이 진실이다.

미신을 믿는 수많은 이가 자신이 믿는 미신을 후대에 남겼고, 이에 따라 오늘날에도 많은 사이비 집단들이 사람들의 마음에 두려움을 불어넣고 있다. 이제는 사실을 직시하자. 우리가 느끼는 두려움의 원인은 대부분 주변 사람들의 두려움이다. 많은 사람이 일요일에는 함께 모여 기도했다가도 월요일에는 서로를 물어뜯는다.

두려움을 없애는 해결책은 이해하는 것이다. 모든 두려움은 무지에서 온다. 화합을 원한다면 반드시 화합을 생각하고 느껴야 한다. 성공, 자신감, 행복과 같은 감정을 느낄 때, 우리는 삶의 모든 부분에서 이 같은 감정과 닮은 결과를 마주할 수 있다. 모든 불화와 질병과 궁핍이 잘못된 생각에서 태어난다는 것을 깨달으면, 그 사람은 그를 자유롭게 할 진실을 알게 되는 것이다.

상상력 활용하기
• • •

원하는 것을 상상하고, 자신이 추구하는 것을 실제처럼 느끼는 법을 배우자. 이것이 그 결과를 얻는 가장 빠르고 쉬운 길이다. 어떤 이들은 하나님이 유일한 존재이며 유일한 힘이라는 진실을 확신하며 결과를 얻기도 한다. 이는 세상에서 가장 귀중한 깨달음 중 하나이다.

어떠한 두려움을 지니고 있던, 우리를 치유해줄 사람은 우리 자신 뿐이다. 우리는 스스로 생명과 사랑과 진실을 발현하고 있다는 사실을 확신해야 한다. 누구도, 그 무엇도 두려워하지 말고, 용기와 확신과 힘을 부지런히 발산하자. 이와 같은 방법으로 우리는 앞을 가로막는 모든 장애물을 부술 것이며, 그 거대한 산은 바닷속으로 가라앉을 것이다.

우리는 무한한 힘을 가진 존재다. 만약 자기 자신이 약하다고 말한다면, 그것은 하나님에 관해 거짓을 말하는 것이다. 가난으로 가득한 의식이 건강, 돈, 사업, 사랑의 가난을 이끄는 것처럼 두려움은 하나님의 사랑과 선을 우리에게서 멀어지게 한다. 우리 인간은 반드시 서로에게 두려움을 전하는 것을 멈추고 모든 진실을 가르치는 데 하나가 되어야 한다.

시간과 공간에 제약받지 않는 하나님
• • •

지옥, 사탄, 연옥, 림보, 천벌 같은 것은 존재하지 않는다. 덧붙여 이곳에서 반드시 속죄해야 할 과거의 업보 같은 것도, 미래의 악 같은 것도 없다. 하나님은 영원한 현재다. 이는 성경 전체를 통틀어 가장 극적이고 중요한 서술이다.

277

지금은 구원의 날이로다. (고린도후서 6장 2절) 지금 우리가 해야 할 유일한 일은 하나님께 의지하며 자신이 되고자 하는 것을 요청하는 것이다. 그렇게 받아들이고, 믿고, 기뻐하며 자신의 길을 걷자.

> 너희의 죄가 주홍같을지라도 눈과 같이 희어질 것이요 진홍같이 붉을지라도 양털같이 희게 되리라. (이사야 1장 18절)
> 일곱 번을 일흔 번까지라도 (용서)할지니라. 오늘 네가 나와 함께 낙원에 있으리라 하시니라. (누가복음 23장 43절)

젊은이들의 마음에 두려움을 불어넣는 것을 멈추고 진실을 가르치자. 종교적 관용을 실천하지 않는다면 그것을 설교해서는 안 된다. 우리는 진실을 가르쳐야 한다. 자리를 유지하기 위해서 혹은 사람들이 돌아오지 않을까 두려워 진실을 왜곡해서는 안 된다. 이러한 두려움은 정신적 침체와 절망을 일으킨다. 우리는 지상의 왕국이 아닌 하늘의 왕국을 주시해야 한다. 사람들이 진실을 알도록 가르쳐야 하며, 진실은 사람들을 자유롭게 할 것이다. 사람이란 신념의 표현이라는 것이 바로 그 진실이다.

하나님의 법칙에 대한 믿음이 있는 곳에는 두려움이 없다. 진실함과 온전함이 의식을 지배하는 사람은 사람을 두려워하지 않는다. 의식에 친절함이 깃든 사람은 비판을 두려워하지 않는다. 종교란 선의의 실천 혹은 황금률의 적용이다. 그러므로 우리는 두려움이 인간의 근본적인 약점이며, 이는 오직 무지에 기반을 두고 있다는 사실을 목격한 것이다.

> 여호와께서 환난 날에 나를 그의 초막 속에 비밀히 지키시고 그의 장막 은밀한 곳에 나를 숨기시며 높은 바위 위에 두시리로다.
> (시편 27편 5절)

초막이란 덮개인데 이 덮개는 하나님의 의복(선한 분위기)을 의미한다. 하나님을 생각하고 자기 자신에게 묻자. "하나님은 내게 어떤 의미인가?" 그리고 하나님인 '스스로 있는 자'가 내 안에 살아 계시고, 나의 의식이며, 전능하다는 사실을 깨닫자.

하나님과 선은 동의어이다
• • •

예를 들어, 어떤 남자가 감옥에 갇혔다면 그는 자연스럽게 자유를 열망하게 된다. 하나님과 선은 동의어이다. 그는 내면에 있는 무한한 힘과 지혜를 생각하기 시작한다. 그는 자유로워질 방법을 모르지만, 이 힘과 지혜가 자신을 자유롭게 해줄 방법을 안다는 사실을 안다. 그래서 그는 자신의 상황과 정반대인 자유를 상상한다. 지금은 감옥에 갇혀 있지만, 상상 속에서 그는 자신의 집에서 사랑하는 사람들과 이야기를 나눈다. 익숙한 목소리들을 듣고, 자신을 환영하는 아이들의 입맞춤을 받는다. 이것이 하나님의 덮개 아래 숨는 것이다. 감옥에 있는 이 남자는 집에 있는 기쁨을 느끼며 이 상태를 실제처럼 생각했다. 5분에서 10분이면 의식을 통해 주관적인 확신을 가질 수 있다. 바로 이것이 '그의 장막 은밀한 곳에 나를 숨기시며'라는 구절의 의미이다. 의식에 새겨진 것은 발현된다. 결과적으로, 감옥의 문은 그가 알지 못하는 방식으로 열리게 되었다.

그의 길은 찾지 못할 것이로다. (로마서 11장 33절)

성경에 다음과 같은 구절이 있다.

적은 무리여, 무서워 말라 너희 아버지께서 그 나라를 너희에게 주시기를 기뻐하시느니라. (누가복음 12장 32절)

예수께서는 우리 모두의 내면에 이 하늘의 왕국, 화합의 왕국이 존재한다고 말씀하셨다. 무한한 지혜, 신성한 지성, 무한한 힘은 모든 사람이 활용할 수 있는데, 이는 모두의 마음속에 하나님이 계시며 하나님이 곧 우리의 삶이기 때문이다. 모든 이는 천국이 가까이에 있음을 스스로 증명할 수 있다. 천국은 바로 지금, 여기에 있다. 예수께서는 그것을 보시고 그 안에서 살아가셨다. 지금 우리는 색맹과 같기 때문에 천국을 보지 못하는 것이다. 색맹은 무지와 두려움에서 생긴다. 우리는 수 세기에 걸친 그릇된 신념, 미신, 교리, 신조에 눈이 멀었다. 진실이 거짓된 교리에 가려진 나머지 우리는 하나님과 천국의 모습을 마음대로 만들어냈다. 하나님은 우리가 믿는 모습으로 나타나신다. 인간은 하늘에 있는 끔찍하고 두려운 존재를 만들어냈다. 변덕이 심하고 복수에 찬 모습 혹은 전쟁, 전염병 등을 보내는 불가해한 존재로 하나님을 그려냈다. 하나님에 관한 우리의 개념으로 우리만의 지옥과 천국을 만들어낸 것이다. 이렇듯 모든 이는 천국이 가까이에 있음을 스스로 증명할 수 있다.

두려움을 몰아내는 기도

• • •

기도로 두려움을 몰아낼 수 있음을 증명한 어느 소녀가 있었다. 소녀는 아버지와 살고 있었는데, 아버지는 매일 밤 술에 취해 집에 돌아오며 이따금 딸에게 난폭하게 굴기도 했다. 소녀는 아버지를 향한 끊임없는 두려움 속에 살아갔다. 소녀는 아버지를 대신해 집안일을 돌봤다. 소녀는 절망에 빠졌고, 그로 인해 얼굴에는 여드름이 가득했다.

우리가 함께 살아가고 있는 것은 사람들이 아니라 그들에 관한 우리의 개념이다. 이러한 진실을 깨달으며 소녀는 눈을 감고 명상하며 내면에 있는 하나님의 힘에 집중했다. 소녀는 아버지에게 더 이상 주

정뱅이의 옷을 입히지 않았다. 그 대신 완전한 균형과 침착함과 안정을 유지했던 자애롭고 애정 넘치는 아버지를 보았다. 소녀는 아버지에게 정의로운 사람의 옷을 입혔고, 소녀의 정의는 '겉옷과 모자와 같았다. (욥기 29장 14절)' 즉, 소녀는 아버지가 되어야 하는 바로 그 사람인 것처럼 아버지를 바라보았다. 실제로 소녀의 아버지가 그렇게 술을 많이 마셨던 이유는 마음속에 숨겨둔 열등감과 주관적인 상실감으로부터 도망치기 위해서였다. 다시 말해, 그는 자기 자신으로부터 달아나려 했던 것이다.

소녀의 말은 아버지를 치유했다. 소녀는 몸을 편안히 하고 눈을 감은 뒤 자기 자신에게 말했다.

"아버지께서 사랑이 넘치고, 자상하고, 평온하시다면 나는 어떤 기분일까?"

소녀는 해결책을 곰곰이 생각해 보았고, 그 과정에서 마음속에 평화와 자신감과 기쁨이 피어났다. 이로 인해 소녀의 아버지는 의로움을 입었고, 소녀의 정의는 겉옷과 모자가 되었다.

어떤 판결을 내릴 때, 우리는 결정을 내린 것이다. 이는 최종 판결이며, 우리는 판결을 내리는 판사다. 듣는 대로 심판하노니……. (요한복음 5장 30절) 소녀의 판결은 아버지의 미소와 행복과 기쁨을 보았던 내면의 소리와 느낌이었다. 소녀는 자신이 놀라운 기분을 경험했고, 평화와 균형과 평온을 얻었다고 말하는 아버지의 모습을 상상했다. 또, 그녀가 얼마나 훌륭한 사람인지 이야기하는 아버지의 목소리를 들었다. 소녀는 아버지가 치유와 온전함을 얻었다는 사실에 전율했다. 그는 솔기도, 구멍도 없는 완벽한 옷을 입었다. 이는 소녀가 사랑, 평화, 이상에 맞는 온전함을 지니고 명상했음을 의미한다. 의심과 두려움이 없었다는 것은 이와 같은 옷을 입힌 것이 곧 소녀의 판결이었음을 나타낸다. 판결이 모자와 같았다는 것은 소녀가 화관으로 재를 대신했으며, 아버지의 내면에 있는 아름다움을 보고 느꼈음을 의미한다.

그렇게 일주일이 지난 뒤, 소녀의 아버지는 완전히 치유되었다. 사실, 치유를 넘어 완전히 다른 사람이 되었다. 태도도 완전히 바뀌었으며, 이제 소녀와 소녀의 아버지는 서로에게 전념하며 살아가고 있다. 소녀는 천국(화합과 평화)이 '지금' 여기에 가까이 있음을 증명해냈다. 우리가 무엇을 두려워하겠는가?

만일 하나님이 우리를 위하시면 누가 우리를 대적하리오? (로마서 8장 31절)

우리가 두려워하는 그것은 존재하지 않는다. 예를 들어, 사업이 실패할 것이라는 두려움 속에 사는 한 남자가 있었다. 하지만 그의 사업은 실패하지 않았으며, 파산하고 있는 것도 아니었다. 사업은 그대로였고, 오히려 번성하고 있었다. 그의 상상 속을 제외하면 실패는 그 어디에도 존재하지 않았다. 욥은 이렇게 말했다. 내가 무서워하는 그것이 내 몸에 미쳤구나. (욥기 3장 25절) 욥은 곧 지구상에 있는 모든 사람이다. 그러므로 이 성공한 사업가가 계속해서 실패를 느낀다면 머지않아 그의 감정은 주관적인 확신이나 인상으로 굳어질 것이다.

잠재의식에 새겨진 감정은 영원히 변하지 않는 생명의 법칙에 따라 현실이 된다. 그렇게 인격이 없고 차별 없이 공평한 잠재의식은 "존은 사업에 실패하기를 원한다."라고 말하며 그(존)가 모르는 방법으로 실패를 발현하게 한다. 실패를 불러온 것은 바로 그 자신의 상상력과 감정이었다.

신성한 사랑이 앞서게 하라

• • •

내가 알던 한 여성이 비행기 추락 사고에 관한 기사를 읽게 되었다. 그녀는 LA 여행을 생각하고 있었지만, 자신도 비행기 사고를 당할까 두려워했다. 부정적인 생각은 두려움이라는 에너지를 얻지 않는 한 우리에게 아무런 해도 입힐 수 없다. 부정적 생각이 주관적으로 변하기 전에는 반드시 감정이라는 과정을 거친다. 이 여성은 자신이 하는 행동이 생명의 법칙에 대한 무지임을 알지 못했다. 이러한 무지는 모든 사건과 불행의 원인이다. 스스로 비행기 사고를 상상하며 두려움과 함께 이 부정적인 생각을 감정으로 느끼면 그 생각은 주관적인 상태가 된다. 그리고 두 달 뒤 계획했던 여행을 떠났을 때, 그녀는 '이미 벌어질 줄 알고 있었던' 사고를 당했다.

만약 어떤 여성이 남편이 떠날 것을 두려워한다면, 다음과 같이 기분을 다스리면 된다. 부정적인 감정인 이와 같은 두려움은 남편에게 전해진다. 만약 그가 생명의 법칙을 알지 못한다면, 남편을 향한 아내의 확신은 현실이 될 것이다. 다시 말해, 아내가 두려워했던 행동을 남편이 실제로 하게 된다. 바로 그것이 남편에 대한 아내의 확신이기 때문이다. 그러므로 아내는 두려움이 아닌 평화와 건강과 행복을 발산하는 남편의 모습을 보아야 한다. 아침과 저녁으로 명상하며 아내는 사랑과 평화의 감정을 내뿜었고, 그녀의 남편이 세상에서 가장 훌륭한 남자라고 생각한다. 그리고 남편이 사랑스럽고, 다정하고, 헌신적이라고 느낀다. 그녀는 그녀가 얼마나 훌륭한 사람인지, 그녀로 인해 자신이 얼마나 행복하고, 자유롭고, 균형을 유지할 수 있는지 말하는 남편의 목소리를 상상한다. 그렇게 그녀의 두려움은 사랑과 평화로 바뀐다. 하나님의 정신이 그녀를 위해 움직인 것이다. 이러한 생각을 계속해서 이어나가면, 이 긍정적인 기분은 그녀의 내면에서 더욱 분명해진다. 이렇게 그녀는 하나님께서 '공의를 비추심 (스바냐 3장 5절)'을, '온전한 사랑이 두려움을 내쫓음 (요한1서 4장 18절)'을 알게 된다.

우리의 일상적인 기도와 감정은 반드시 모든 선에 대한 기쁨과 확신이어야 한다. 그것이 가장 훌륭한 기도이다. 최상을 예상하면 최상이 우리에게 온다. 가장 중요한 것은 우리의 감정이다.

현대 형이상학자들은 신이란 인간의 내면에 있는 삶의 법칙이라고 말한다. 우리가 더없는 자신감과 믿음을 느낀다면, 이것은 우리 내면에 있는 하나님의 정신이 움직인 것이며, 이 정신은 전능하다.

> 그의 손을 금하든지 혹시 이르기를 네가 무엇을 하느냐고 할 자
> 가 아무도 없도다. (다니엘 4장 35절)

의식이란 존재, 생명, 인식을 의미한다. 이 책을 읽는 당신은 자기 자신이 존재함을 안다. 자기 자신의 존재를 아는 이 지식이 곧 하나님이다. 당신이 인식하는 것은 하나님에 관한 당신의 개념이다. 모든 이는 반드시 자기 자신에게 "나는 무엇을 인식하는가?"라는 질문을 던져야 한다. 이 질문에 대한 답이 하나님에 관한 그 사람의 믿음이다. 이것이 하나님에 대한 그 사람의 앎이다. 그 사람이 "나는 궁핍을 인식하고, 두렵고, 병에 걸렸다."라고 말할 때, 이 말들은 진실 없는 거짓이다. 누군가 "나는 두렵다."라고 말한다면 그것은 하나님이 두려움에 가득 차 있다는 뜻이니, 이것은 말이 되지 않는다. 누군가 "나는 궁핍하다."라고 말한다면, 그 사람은 하나님의 풍족함과 무한한 공급을 부정하는 거짓말을 하는 것이다. 이 사람은 실패를 믿으며, 결국 실패하는 데 성공한다. 또, 이 사람은 거짓을 믿지만, 그 거짓을 증명하지 못한다. 이러한 것들을 깊이 생각하는 한, 이 거짓된 상황들은 실제처럼 다가온다. 실패에 대한 믿음을 끊어낸다면, 비로소 자유와 치유를 얻을 수 있다.

제14장

암시의
힘

'네 믿음이 너를 구원하였으니.'라는 성경 구절을 들어본 적이 있을 것이다. 이 구절은 치유의 힘이 개인의 내면에 있으며, 그 어떤 외부적 형태도 아니라는 사실을 분명히 드러낸다. 예수께서는 치유의 과정에서 가장 중요한 길은 믿음이라고 선언했다. 믿음은 우리 모두의 내면에 있는 영적인 길들을 열어 주는 정신적인 태도이다. 오늘날 전 세계에는 수많은 치유 방법들이 만연하다. 치유 방법은 국가마다 매우 다양하다. 그 모든 방법을 활용할 때 유일하고 필수적인 전제 조건은 환자의 믿음이며, 이 믿음은 결과로 나타난다.

성경은 예수께서 자신이 태어난 마을에 기적을 행하지 못한 이유가 사람들의 불신 때문이었다고 말한다. 긍정적인 결과를 얻고자 한다면 그와 관련된 법칙들을 반드시 이해해야 한다.

정신은 흔히 객관적 정신과 주관적 정신, 혹은 의식과 잠재의식이라고 불리는 두 가지 양상으로 나뉜다. 이를 '의식의 역치 이상'과 '의식의 역치 이하'로 나누는 사람들도 있다. 의식, 즉 객관적 정신은 평상시에 깨어 있는 정신으로, 오감을 활용해 객관적으로 세상을 인지한다. 반면, 잠재의식은 신체를 만드는 의식이며, 의식이 잠들거나 부분 혹은 전체가 무언가의 지배를 받을 때 최면, 수면, 예지력, 초인적인 청력, 몽유병, 꿈과 같은 주관적인 상태로 발현된다. 우리의 잠재의식은 늘 깨어 있으며, 절대 잠들지 않는다.

암시는 어떻게 기능할까?

• • •

우리는 잠재의식이 암시의 힘에 끊임없이 통제될 수 있다는 사실을 반드시 기억해야 한다. 정신의 두 영역이 지닌 힘과 한계의 차이는 매우 분명하다. 암시의 법칙이 이끄는 필연적인 결과 중 하나는 우리의 잠재의식이 귀납적 추리를 하지 못한다는 것인데, 이는 잠재의식이 독립적으로 사실을 수집하고 이들을 분석해 상대적인 증거적 가치를 추정하는 일련의 과제를 수행할 수 없다는 의미이다.

우리의 잠재의식은 암시의 참과 거짓에 관계없이 모든 암시를 받아들인다. 잠재의식의 추론 방법은 완전히 연역적이며, 이 추론의 힘은 거의 완벽에 가깝다. 이 모든 것은 전제가 참이든 거짓이든 이루어진다는 사실을 기억하자. 다시 말해, 우리의 잠재의식이 거짓 전제로부터 수행하는 추론도 참인 전제에서 시작하는 것만큼이나 논리적으로 타당하다. 바로 이 때문에 잠재의식에 새기는 암시가 그토록 중요한 것이다.

우리 안에서 자동으로 이루어지는 암시는 다른 사람의 암시만큼이나 강력하다는 사실을 기억하자. 우리의 잠재의식이 서로 다른 두 개의 암시를 마주하면, 그중 더 강한 쪽이 잠재의식을 지배하게 된다. 우리는 주어진 모든 부정적인 암시를 거부할 수 있고, 동시에 내면에서 움직이고 있는 하나의 힘인 하나님의 힘을 깊이 생각할 수 있으며, 이를 통해 그 어떤 부정적인 암시도 상쇄할 수 있다.

잠재의식의 놀라움
• • •

우리의 몸은 지능이 있는 세포들로 만들어지는데, 각 세포는 자신의 특별한 임무에 따라 놀라운 지성을 발휘한다. 우리의 몸은 수십억 개가 넘는 세포들로 구성되어 있으며, 잠을 잘 때도 우리 몸은 쉬지 않는다. 잠을 잔다는 것은 그저 환상일 뿐이다. 잠을 잘 때도 심장이 뛰고, 호흡이 규칙적이고, 소화와 흡수가 끊임없이 일어나고, 혈액의 순환이 계속되고, 땀을 흘리고, 머리카락이 자라고, 손톱이 자란다.

신체 활동이 느려졌다고 할 수는 있겠지만 쉬는 것은 아니다.

그날의 갈등, 언쟁, 억압, 불안에서 물러나 휴식을 취하는 것은 우리의 의식이다. 잠을 잘 때는 의식이 끊어지고, 잠재의식의 지혜와 지성이 그 자리를 채운다. 치유는 잠을 잘 때 이루어진다. 바로 이 때문에 시편 127편에 다음과 같은 구절이 있는 것이다.

여호와께서 그 사랑하시는 자에게는 잠을 주시는도다. (시편 127편 2절)

카후나를 찾아간 여자

• • •

레저 월드에 거주하는 한 여성은 10년 전 자신이 불치병으로 고통받았다고 말했다. 그래서 그녀는 하와이 원주민들의 사제 역할을 하는 카후나kahuna를 만나보기로 했다. 그녀가 만난 카후나는 어떤 기도 의식을 치르며 알아들을 수 없는 주문을 외웠다. 약 30분 뒤, 카후나는 그녀에게 밤에 자기 전 '하나님은'이라는 말을 계속해서 반복하면 병이 치유될 것이라고 말해 주었다.

그녀는 카후나의 태도에 크게 감응했고, 그렇기에 그 방법을 따르면 자신의 병을 고칠 수 있다고 확신했다. 그래서 그 다음 날 눈을 떴을 때 그녀는 본능적으로 자신이 치유되었음을 알아차렸다. 그리고 모든 검사 결과가 그 깨달음을 증명해 주었다.

이는 그녀를 온전하고 완전하게 해주는 내면의 무한한 치유의 존재를 해방한 믿음, 혹은 완전한 정신적 수용의 힘을 보여 준다. 우리 모두의 내면에 있는 이 고요한 동반자는 전능한 존재이다. 이 존재를 하나님이라고 불러도 좋고, 초의식, 스스로 있는 자, 그리스도, 잠재의식의 지혜, 지능, 더 높은 자아라고 불러도 좋다. 중요한 점은 이 힘과 지혜가 우리 모두의 내면에 있으며, 지성과 연결되고 이를 활용할 수 있는 것은 하나님께서 우리에게 주신 특권이라는 사실이다. 그래서 성경은 이렇게 말한다.

너는 하나님과 화목하고 평안하라. (욥기 22장 21절)

치유자
• • •

전 세계에는 정신적, 영적 치유를 행하는 수많은 기관, 교회, 개인이 있다. 이들 중 다수는 오직 자신들의 방법만이 옳다는 사실을 증명하려 한다. 그러나 이들에게는 모두 치유의 효과가 있기에 하나의 정답은 있을 수 없다. 인디언 의사도, 아프리카에 있는 주술사도 모두 사람들을 치유한다.

세상에는 모든 이가 활용할 수 있는 단 하나의 전 우주적 치유의 존재가 있다. 치유의 방법은 믿음이며, 이는 맹목적 믿음과 진정한 믿음을 가리지 않는다. 진정한 믿음은 우리 마음 깊은 곳의 움직임에 대한 지식에 기반을 둔다. 우리는 이를 통해 수없이 긴 시간 동안 인간이 사용할 수 있었던 유일한 치유는 바로 암시였음을 알 수 있다. '의술의 아버지'라 불리는 기원전 400년경의 인물 히포크라테스를 의술의 기원으로 보았을 때, 수세기 동안 암시의 힘을 수없이 다양한 형태로 활용해 경이로운 치유를 했던 무수한 치유자들과 비교하면 현대 의학의 모습은 거대한 기관과 같다.

어떠한 형태를 하고 있든 환자의 믿음에 영감을 주는 신념에 적절한 치유적 암시가 뒷받침되면 분명 효과가 나타난다. 환자의 믿음이 있다면 그 어떤 것이든 치료법과 같은 효과를 낼 수 있기 때문이다.

주물 숭배자

• • •

나무나 뼈를 깎아 만든 주물에 마법의 힘이 있다거나 설계자의 의도에 따라 특정한 치유나 보호를 일으키는 에너지가 깃들어 있다고 믿는 주물 숭배자들이 있다. 이러한 주물은 초자연적인 힘이 머무는 곳으로 여겨지고, 그 안에 깃든 영혼의 잠재력으로 힘을 얻는다.

전 세계 많은 사람이 이렇게 어떠한 영이 깃들어 있다고 하는 막대, 나무, 뼈와 같은 주물로 치유 의식을 한다. 그리고 치유자가 행하는 이러한 의식을 통해 환자들은 건강을 되찾는다. 왜일까? 그것은 이와 같은 의식이 잠재의식에 있는 치유의 힘을 움직이는 강력한 암시를 주기 때문이다. 이에 더해, 이러한 의식은 신체를 통제하는 무한한 지성을 깨우는 믿음과 수용력을 불어넣는다.

북아메리카 인디언들의 치유
• • •

북아메리카에 사는 인디언 일부는 모든 질병의 원인이 악령이라고 믿었다. 인디언들의 의료 주술사는 기묘하고 무서운 화장을 한 채 주문을 외고, 환자의 몸 주위를 돌고, 무서운 소리를 내며 악령을 쫓아내어 병을 고칠 수 있다고 말한다. 이들의 환자들은 외부의 영향을 쉽게 받아들이고 매우 수용적이기 때문에 악령은 이내 달아나고 병자는 회복된다. 이들이 치유 받지 못한다고 말하는 것은 어리석은 일이다. 하지만 이 모든 것은 암시에 기반을 둔 것이며, 그 이상도 그 이하도 아니다.

의학박사인 한 인디언은 교육 수준이 낮고 글자를 알지 못하는 가난한 인디언들에게 이러한 치유의 방식은 이따금 최신 의료 기법보다 더욱 큰 효과를 보인다고 내게 말했다. 모든 치유의 방법은 정확히 환자의 믿음을 고무하는 능력만큼 효과를 보인다.

그러므로 미신과 무지가 일반적이었던 원시 인류 사회에 수없이 많은 치료 요법들이 존재했다는 사실도 놀랄 일이 아니다. 인류의 초창기에 성행했던 원시적인 신념과 관행을 비웃는 것은 어리석은 일이다. 전 우주적인 하나님의 치유적 힘은 우리 모두에게 열려 있다. 하나님은 무한한 자비로움으로 잠재의식의 법칙이 모든 인간 지능 수준의 신념에 맞게 해 주셨다. 모든 치유의 방식은 각 지성의 수준에 맞춰진다.

진실은 영원하다

• • •

오직 진실만이 영원하다. 오류는 진실이라는 햇빛 아래 생기를 잃는다. 그러므로 오류에 기반을 둔 기관이나 제도는 근본적인 진실의 존재 안에서 절대 영원히 지속할 수 없다. 그릇된 체계와 기교가 오랫동안 유지될 수도 있겠지만, 이들의 영향은 눈에 띄게 줄어들며 결국 사라진다.

작용과 반작용은 늘 동일하다. 그러므로 진실을 따르는 사람이 이 모든 치유 형태의 근본을 배우게 되면 자신의 부름에 응하는 치유적 존재는 단 하나라는 사실과 그 힘이 모든 부름에 응한다는 사실을 알게 된다. 그런 뒤에는 잘 알려져 있지만 잘못된 치유 체계들을 끊어내게 되는데, 이는 그 유일한 진실과 정신이 작용하는 방법을 알게 되었기 때문이다. 이 사람은 더이상 진실과 관계없는 지성을 찾아다니지 않고, 오히려 내면을 들여다보며 모든 생체 기능을 통제하는 잠재의식을 스스로 통제할 수 있다는 사실을 깨닫게 된다. 이 사람의 믿음이 기반을 두는 진실은 정신의 법칙에 관한 지식이지, 맹목적인 믿음이 아니다.

알코올 중독 극복하기

• • •

다른 이에게 보편적 법칙을 제시하면 반드시 자신도 이로워진다. 예를 들어 몇몇 전문 최면술사는 알코올 중독자들에게 암시를 주면 최면술사 자신들의 알코올 중독도 치유된다고 말했다. 다시 말해, 환자의 음주 습관을 없애기 위해 암시를 활용하는 사람이 알코올 중독자일 수는 없다는 의미다. 한 최면술사는 알코올 중독자를 위해 여러 단언을 하거나 격렬한 암시를 한 뒤 술 냄새와 맛이 견딜 수 없을 정도로 힘들게 느껴져 냄새만으로도 구역질이 날 것 같았다고 말하기도 했다.

자동적인 암시가 다른 사람에게서 받은 암시만큼이나 효과적이라는 것이 곧 정신의 법칙이다. 우리의 의식은 암시하고, 잠재의식은 그 암시를 받아들이고 믿으며 이에 따른 기능을 수행한다.

많은 사람이 흡연, 과음 등 좋지 않은 습관을 없애기 위해 자동 암시를 활용한다. 다시 말해, 어떤 습관이든 진정으로 그것을 없애고자 하는 열망이 있다면 누구든지 습관을 고칠 수 있다. 알코올 중독자들은 종종 전문가에게 찾아가지만, 술을 마시는 습관에서 벗어나고자 하는 진정한 열망은 없다. 이로 인해 이들의 정신에는 치료 방향과 반대되는 자동 암시가 만들어지며 전문가의 치료를 실패로 돌아가게 한다.

가장 중요한 점은 환자에게 주어지는 모든 암시는 그 암시를 만들어내는 사람에게 반응한다는 사실이다. 작용과 반작용의 힘은 늘 같다. 이 물리 에너지의 법칙은 우리의 정신에도 그대로 적용된다. 이는 축복의 성질과도 같다. "축복은 그것을 주는 사람에게도 받는 사람에게도 행해진다."

다윈의 논평
• • •

《인간의 유래the Descent of Man》에서 다윈은 대양에 있는 섬들의 새들이 인간을 피하는 것처럼 동물의 지능적인 행위가 몇 세대를 지나면 본능으로 변해 다음 세대로 이어진다고 말했다. 다윈은 동물들과 새들의 주관적인 정신과 행동에 관해 흥미로운 사실을 언급했다. 사람이 살지 않는 섬에 처음 누군가 찾아갔을 때, 그 사람은 그곳의 새들이 그들 사이로 걸어오는 두 발 달린 동물을 전혀 두려워하지 않는다는 사실을 깨달았다. 하지만 새들은 곧 그 사람에게 무기가 있고,

그 무기가 자신들의 목숨을 앗아갈 수 있다는 사실을 알게 되었다. 새들은 서로 소통하며 이 사실을 새끼들에게 전했고, 인간이 나타나면 달아났다. 몇몇 사냥꾼들은 이 새들이 총의 사정거리를 매우 빨리, 상당히 정확하게 알게 되었다고 말한다. 그렇게 몇 세대가 지나며 인간에 대한 두려움은 점차 유전되는 본능으로 바뀌었다. 그 후, 무리 중 가장 어린 개체도 조상들이 경험으로 만들어진 지성을 통해 인간을 적으로 여기며 두려워하는 모습을 보이게 되었다.

동물을 길들이는 방법

• • •

암시의 법칙이 아니었다면 인간은 절대 호랑이와 코끼리와 야생말을 길들일 수 없었을 것이다. 말은 주관이 있는 존재이며, 인간의 의식적인 통제를 받는다. 인간의 지배를 받게 하려면 반드시 말에게 인간이 자신보다 강한 존재라는 사실을 믿게 만들어야 한다. 말 훈련사들은 보통 말이 저항을 멈출 때까지 넘어뜨려 제압하는 방법을 사용하며, 밧줄로 다리를 묶기도 한다. 이렇게 성공적으로 우위를 점하고 나면 나머지는 쉽게 진행되는데, 인간의 우월한 힘에 관한 암시가 말의 정신에 새겨져 저항해도 소용없다는 사실을 알게 되기 때문이다. 이렇게 말의 잠재의식은 암시를 쉽게 받아들이는 상태로 변하고, 인간의 의식적 통제를 받게 된다.

인간과 하등 동물 사이의 모든 교류에는 이러한 법칙이 적용된다. 제압하고자 하는 동물에게 암시를 성공적으로 주입한다면, 그 동물은 인간에게 영원히 복종할 것이다. 이렇듯 인간은 암시의 법칙을 활용해 동물에 대한 자신의 우위를 확고히 유지한다.

놀라운 회복

• • •

몇 달 전 조지아 애틀랜타에서 강연했을 때 한 여성이 나를 찾아왔다. 대화를 나누던 중 그녀는 일 년 전 자신이 운영하던 가게에 노상강도 두 명이 들이닥쳤고, 서둘러 금고를 열라며 협박했다고 말했다. 당시 목발을 짚고 있었던 그녀는 지금 자신이 몸을 굽힐 수 없으니 몇 분 뒤에 남편이 와 금고를 열어줄 것이라고 말했다. 그러자 강도 중 한 명이 그녀의 머리에 총을 겨누며 말했다. "30초 줄 테니 금고 열어. 그렇지 않으면 머리를 날려 버릴 거야." 그녀는 목발을 던지고 금고를 열었다. 그리고 그 뒤로 다시는 목발을 짚지 않았다.

자기 보호는 자연법칙의 첫 번째로, 무슨 수를 써서라도 목숨을 지켜야 한다는 생각이 온 정신을 지배하며 무한한 힘이 오직 그 목적을 위해 흘러가는 것이다. 그렇게 그녀에게 놀라운 치유 효과를 나타냈다. 하나님의 힘, 즉 무한한 치유의 존재는 그녀 안에 늘 있었지만, 그녀가 부르지 않았기에 잠자고 있었을 뿐이다. 이 전능하고 살아 있는 정신은 그녀 안에 있었고, 모든 사람의 내면에 존재한다. 이 정신은 힘을 잃지도, 손상을 입지도 않는다. 그렇기에 거대한 충격을 받았을 때 그녀는 자신이 불구라는 사실도 잊고 세상을 움직이는 그 힘을 해방할 수 있었다.

의술의 연대기

• • •

미국을 비롯해 세계 여러 나라의 의사들은 의학 저널을 통해 소위 '기적적 치유'라고 불리는 사례들을 접하는데, 갑작스러운 화재나 재앙, 혹은 응급상황 등에서 엄청난 충격을 받아 치유가 일어난 것이었다. 다음의 기사는 1980년 1월 29일 〈내셔널 인콰이어러National En-quirer〉 지에 실린 내용이다.

바퀴 아래 깔린 아이를 구하기 위해
2톤이 넘는 차를 들어 올린 주부

차 앞바퀴에 깔린 여덟 살짜리 여자아이를 구하기 위해 몸무게 약 53.5kg인 왜소한 여성이 초인적인 힘으로 2톤이 넘는 무게의 차를 들어 올렸다.

"하나님께서 힘을 실어 주셨다고 밖에는 설명할 수 없을 것 같아요."

키 약 160cm의 44세 주부 마사 와이스는 이렇게 말했다. 아이들은 그녀를 '원더우먼'이라고 부르며, 경찰은 와이스 씨에게 표창장을 수여했다.

이 끔찍했던 드라마는 산디에고의 마운트 카멜 성당 앞에서 베르타 아마랄 양이 차에 치여 600m 이상 끌려간 모습을 와이스 씨가 목격하며 시작되었다.

"모두가 두려움에 얼어붙었습니다."

자신의 아이를 막 학교에 데려다 주었던 와이스 씨는 그때를 이렇게 회상했다.

"아이 어머니가 차 밑으로 기어들어가 딸을 구하려고 했어요. 제 머릿속에는 딸을 구하려는 그 어머니의 절망스러운 마음만 떠올랐습니다. 아이는 자동차 오른쪽 앞바퀴 아래에 깔려 있었어요. 숨을 쉬기 어려워했습니다. 저는 마음속으로 기도한 뒤 온 힘을 다해 차를 들어 올리려 했습니다. 차체가 손가락을 파고 들었지만, 차는 조금도 움직이지 않았죠. 고개를 숙이자 아이의 고통스러운 얼굴이 보였고, 저는 이 차를 반드시 들어 올려야겠다고 생각했습니다.

저는 다시 한번 시도했고, 처음에는 아무 일도 일어나지 않았습니다. 그러다 갑자기 새로운 힘이 제 몸에 차오르는 것이 느껴졌어요. 마치 보이지 않는 손이 저를 도와주는 듯 하더니 차가 그대로 들렸습니다. 눈앞에서 벌어지는 일을 믿을 수 없었지만, 바로 아이 어머니를 향해 아이를 꺼내라고 소리쳤지요. 아이의 몸이 차체에서 나오자마자 무거운 차가 다시 제 손을 파고드는 것을 느꼈고, 그대로 차를 떨어뜨렸습니다."

피해자인 베르타는 구출 직후 병원으로 옮겨졌고, 현재 회복 중이다.

이 사건의 조사 담당관이자 와이스 씨에게 표창장 수여를 제의한 산 디에고 경찰 빌 로빈슨은 인터뷰에서 이렇게 답했다.

"와이스 씨는 아이를 위해 2톤에 달하는 차의 앞부분을 전부 들어 올렸습니다. 남자들이 이런 차를 들어 올렸다는 말은 들어 봤지만, 여성의 경우는 단 한 번도 들어본 적이 없습니다. 정말 놀라운 일입니다."

캐딜락 사의 대변인은 사고 차량이 1968년 쿠페 드 빌Coupe De Ville이며, 실제 중량은 2,084kg라고 밝혔다. 차량 운전자는 자신의 부주의를 인정했다.

당시를 회상하며 와이스 씨는 이렇게 말했다.

"저는 해야 할 일을 했을 뿐입니다. 제 아이들은 모두에게 엄마가 '원더우먼'이라며 자랑하지만, 그날 하나님이 저를 돕지 않으셨다면 해낼 수 없었을 겁니다."

– 말콤 보이즈 기자

영국 치체스터 〈과학 사상 평론the Science of Thought Review〉지의 편집자 헨리 햄블린은 내게 그와 가까이에 살았던 한 남자에 관해 이야기해 주었다. 그 남자는 소아마비를 앓은 뒤 두 다리가 완전히 마비되어 목발에 의지해야만 천천히 움직일 수 있었다. 남자에게는 각각 일곱 살과 여섯 살인 아들 두 명이 있었는데, 그 집에 불이 났을 때 두 아들은 남자의 옆방에 있었다. 불이 나자 남자는 옆방으로 달려 들어가 두 아들을 어깨에 들쳐 메고 계단을 뛰어 내려왔다. 그러고는 거리로 달려 나가 이웃들에게 소방차를 불러 달라고 부탁했다. 그는 그 사건 뒤에 완전히 치유되어 멀쩡히 걷게 되었다. 두 아들을 살려야 한다는 생각이 그의 정신을 지배했고, 전능한 힘이 그 대신 움직이며 부름에 응답한 것이다. 이처럼 사랑은 모든 것을 가능하게 한다.

입덧하는 남편

• • •

최근 나는 아내의 임신 기간에 아내와 함께 입덧하며 괴로움을 겪는 한 남자를 만났다. 나는 그에게 내 친구인 의사를 소개해 주었지만, 신체적인 문제는 발견되지 않았다. 남자의 증상은 이상한 현상이 아니며, 이는 그의 잠재의식과 아내의 정서적 거리가 매우 가깝기 때문이었다. 두 사람 사이에 텔레파시가 끊임없이 이어지며 같은 증상이 나타나게 된 것이다. 남자의 증상은 남편과 아내 사이의 정신적

공감이라고 부를 수 있다.

나는 남자에게 다음과 같은 기도를 하루에 3~4번 반복하라고 제안했다.

"주께서 심지가 견고한 자를 평강하고 평강하도록 지키시리니 이는 그가 주를 신뢰함이니이다. (이사야 26장 3절) 나는 내 마음 깊은 곳의 열망이 내 안의 하나님에게서 왔음을 안다. 하나님께서는 나의 행복을 바라신다. 나를 향한 하나님의 의지는 생명, 사랑, 진실, 아름다움이다. 나는 이제 마음으로 나의 선을 받아들이며 신성이 흐르는 완전한 통로가 된다.

내가 주 앞에 서서 노래하고 찬송하며 주님의 궁전에 들어가니, 나는 기쁘고 행복하며 고요하고 평화롭다. 주께서 내 귀에 고요한 목소리로 늘 완벽한 정답을 속삭여 주신다. 나는 하나님의 표현이다. 나는 늘 내가 사랑하는 일을 하며 내가 있어야 할 진정한 장소에 머무른다. 나는 사람의 의견을 진실로 받아들이기를 거부한다. 나는 이제 내면에 집중하며 신성함의 리듬을 느낀다. 나는 나를 향한 사랑을 노래하는 하나님의 멜로디를 듣는다.

나의 마음이 곧 하나님의 마음이며, 나는 항상 신성한 지혜와 지성을 투영한다. 나의 두뇌는 지혜롭고 영적으로 사고할 수 있는 능력을 나타낸다. 하나님의 생각들은 나의 마음 안에서 완벽한 순서로 전개된다. 하나님의 의지가 늘 내게 펼쳐지며 필요한 모든 답을 주심을 알고 있으니, 나는 늘 고요하고, 안정적이고, 침착하다. 나는 아내를 생각할 때마다 즉시 '하나님의 평화가 당신의 영혼을 채웁니다. 하나님께서는 당신을 사랑하고 보살피십니다.'라고 단언한다."

이 기도를 계속하며 남자는 모든 증상에서 완전히 벗어날 수 있었다.

HOW to USE THE LAWS of MIND

제15장

결혼과 성
그리고 이혼

　뮌헨에서 한 여성이 내게 물었다. "믿음과 일의 관계는 어떠해야 할까요?" 이는 매우 현실적인 질문이다. 성경은 '이와 같이 행함이 없는 믿음은 그 자체가 죽은 것이라. (야고보서 2장 17절)'라고 말한다. 하지만 성경에서 말하는 믿음은 유대교, 천주교, 개신교, 불교의 교리와는 아무런 관련이 없다. 이는 우주의 창조적 법칙에 대한 믿음, 잠재의식에 새겨진 모든 것이 현실로 이루어진다는 믿음을 의미한다.

　성경에서 말하는 믿음은 종교적 신조와는 관련이 없다. 모든 사고는 창조적이라는 믿음을 갖자. 우리가 진정으로 느끼고 상상하는 모든 것은 그것이 선이든 악이든 현실로 이루어진다. 진정한 믿음이란 우리의 영혼에 대한 내면의 고요한 지식이며, 내면에서 실제로 기능하는 하나님과 생명과 인간을 향한 신념이다. 현실로 이루어지는 것은 우리 마음속의 진정한 믿음이지, 표면적으로 이해한 지식이 아니다. 잠언은 이렇게 말한다.

대저 그 마음의 생각이 어떠하면 그 위인도 그러한즉……. (잠언 23장 7절)

바로 이것이 진정한 믿음이고 종교이다.

뮌헨 레오폴드 슈트라세에 있는 에르하드 프라이탁 의학박사는 연사로서 나를 독일과 스위스에 몇 번이나 초청해 주었다. 박사는 뛰어난 영적 치유자이고, 잠재의식의 힘을 가르치는 놀라운 강연자이자 스승이기도 하다. 그의 동료인 만프레트 G. 슈미트 교수는 나의 저서 다수를 독일어로 번역해 주었고, 그 역시 훌륭한 형이상학자이자 강연자이다. 그의 형이상학 역서들은 매우 훌륭한데, 직감적이고 영적으로 저자가 뜻한 바를 전달하기 때문이다.

나는 프라이탁 박사의 후원으로 독일 프랑크푸르트와 뮌헨, 오스트리아 빈, 스위스 취리히에서 강연할 수 있었고, 다양한 도시에서 훌륭한 화답을 받았다. 독일과 스위스에서는 깊은 영적 부흥이 일어나고 있었고, 나는 불변의 진리를 향한 갈증을 느꼈다. 나의 저서 중 다수가 독일어로 번역되어 있고, 곧 35권 전권을 독일어로 출판할 수 있게 될 것이다.

마음속 그림이 현실이 될 때

• • •

슈미트 교수는 내게 수년 동안 휠체어에 앉아 있었지만, 현재는 걸을 수 있게 된 한 소녀를 소개해 주었다. 그녀는 프라이탁 박사의 강연을 듣고 《잠재의식의 힘》을 부지런히 공부하며 그 책에 소개된 여러 방법을 실천에 옮겼다. 그녀는 자신을 창조한 '최고의 지능'이 자신을 치유할 수 있다고 단언했고, 자신이 완전하고 온전했을 때 했던 모든 일을 다시 하게 되는 자신의 모습을 상상했다. 그녀는 말 그대로 그 역할을 살았고, 마음속 그림을 현실처럼 느끼며 반복될 때 그러한 상상이 자신의 잠재의식을 꿰뚫으며 우주라는 공간에 나타난다는 사실을 알게 되었다.

오스트리아 빈에서 한 젊은 여성이 내게 상담을 요청했다. 그녀는 심장병으로 병원에 계신 어머니를 위해 늘 기도했지만, 어머니의 상태는 나빠지기만 했다고 말했다. 하지만 대화를 나누던 중 나는 하나님의 힘이 아니라 극심하고 위험한 증상들이 그녀의 마음에 가득하다는 사실을 발견했다. 그래서 그녀의 기도가 병을 없애지 못하고 문제를 증폭시켰던 것이다. 진정한 기도는 하나님의 생각으로 이루어지지만, 그녀는 어머니의 질병을 더 많이 생각했고, 그렇기에 어머니에게 영적 변화를 주지 못한 채 병을 더 깊게 만들었다.

나는 그녀에게 다음과 같이 기도하라고 제안했다. "신성한 정신이 나의 어머니를 인지하고 있다. 하나님과 하나님이 지니신 치유의 힘은 평화, 화합, 온전함, 아름다움, 신성한 사랑으로 어머니의 내면에 흐른다. 하나님께서는 어머니를 사랑하시고 돌보신다. 나는 세상에 오직 하나의 치유적 존재와 힘 그리고 그 필연적인 결과가 존재한다는 사실을 알고 느낀다. 하나님의 능력에 맞설 힘은 존재하지 않는다. 나는 무한한 존재의 활기와 지성과 힘이 어머니의 존재 그 자체로 외면화될 것을 요청한다. 나는 지금 이 순간 치유가 진행되고 있음에 감사한다. 나는 하나님께 어머니를 맡긴다. 이후에 기도할 때에 나는 단 한 번도 기도한 적이 없는 듯 기도할 것이다. 매번 기도할 때마다 나는 어머니의 잠재의식을 관통하는 온전함과 활기를 더욱 견고히 할 것이며, 치유가 그 뒤를 따를 것이다."

그녀는 이 정신적 처방을 잘 따랐고, 그 후 나는 그녀의 어머니가 집으로 돌아와 활력 넘치는 모습으로 사랑했던 일들을 다시 하고 계신다는 기쁜 소식을 편지로 전해 받았다.

기도할 때 해야 할 일

• • •

만약 심장이나 폐가 좋지 않아 기도한다면, 이 장기들이 병 들었다고 생각하지 말자. 이것은 영적인 사고가 아니다. 생각이 곧 현실이다. 우리의 사고는 세포, 조직, 신경, 기관의 형태로 나타난다. 아프고 병든 심장이나 고혈압을 생각한다면 원래 있던 증상을 더욱 악화시킬 것이다.

증상과 더불어 특정한 신체 기관에 집중하는 것을 멈춰야 한다. 하나님과 하나님의 사랑에 정신을 집중하자. 하나님의 치유적 힘이 치유가 필요한 그 사람에게 흐르고 있음을 알고 느끼자. 생기, 활력, 열정이 넘치는 그 사람의 모습을 상상하자. 자신의 삶에 일어난 하나님의 기적을 말하는 그 사람의 목소리를 듣자. 이러한 기도를 가능한 한 자주 이어가다 보면, 놀라운 결과가 따라올 것이다.

치유를 갈구하자
• • •

뮌헨에서 관절염을 앓고 있는 한 여성이 내게 상담을 요청했다. 그녀는 아스피린과 진통제를 먹고 뜨거운 물에 몸을 담그고 열 치료법도 시도해봤지만, 관절염은 더 심해지기만 했다.

나는 그녀에게 '염증'이라는 단어는 정신의 염증을 말한다고 설명해 주었다. 다시 말해, 그녀의 잠재의식 속에 분노, 적대감, 용서하지 못하는 마음이라는 독이 분명 존재한다는 의미였다. 그녀는 최근 돌아가신 자신의 어머니로부터 오랫동안 큰돈을 도둑질했고, 그로 인해 자신이 벌을 받아야 한다는 죄책감을 느껴 몸에 염증이 생긴 것 같다고 털어놓았다.

이번에도 증상에 대한 설명은 곧 치료제가 되었다. 나는 그녀에게 지금도 도둑질을 할 것인지 물었다. 그녀는 "아니요, 저는 이제 정직한 삶을 살아가고 있습니다."라고 대답했다. 대답을 들은 나는 그녀가 이제는 지난날 돈을 훔쳤던 사람과 영적, 정신적, 물리적으로 다른 사람이라는 사실을 상기해 주었다. 나는 그녀에게 "당신은 나쁜 일을 전혀 하지 않은 사람과 똑같이 좋은 사람입니다."라고 말했다. 생명의 법칙, 또는 하나님께서는 절대 벌을 내리거나 원한을 품지 않는다. 자신을 용서한다면, 당신은 용서받은 것이다. 우리가 우리 자신과 타인을 용서하면 삶은 우리를 용서한다. 죄책감은 곧 현실의 상태로 드러나며, 태도를 바꾸면 현상을 치유할 수 있다. 용서란 두려움을 하나님을 향한 믿음으로, 병을 온전함으로, 가난함을 부로, 고통을 평화로 바꾸는 것이다. 다시 말해, 부정적이고 파괴적인 감정을 화합, 건강, 평화로 바꾸는 것을 의미한다.

나는 그녀에게 다음과 같은 기도를 자주 반복하라고 말하며, 이 내용을 부정하지 말 것을 확실히 당부했다.

"만물은 정신 그 자체이자 정신의 발현이다. 나의 삶이 곧 하나님의 삶이다. 나는 현재 완전하다. 나의 모든 신체 기관은 하나님의 계획 아래에 있으며, 그 계획은 내게 이익을 주는 것이다. 나는 정신적인 존재이며, 완전한 하나님이 반영된 완전한 존재이다. 나는 내가모든 방면에서 완전함을 알고 느낀다. 나는 영적이고, 신성하다. 나는 내 아버지와 함께하며, 하나님이 곧 아버지이시다. 나는 화합과 평화와 기쁨을 표출한다. 내 신체와 사업의 모든 성장은 활동적이고,

현명하고, 선량한 법칙이자 하나님이라고 불리는 무한한 지능에 지배된다. 나는 내가 신성한 전능함에 스며듦을 알며, 나를 이루는 모든 원자와 조직과 근육과 뼈에 무한함의 빛이 넘쳐흐름을 안다. 나의 몸은 곧 하나님의 몸이며, 온전하고 완전하다. 하나님이 나와 함께하신다. 내 마음에는 이해로 인한 평화가 넘치며, 모든 것이 잘 되고 있다. 나는 아버지이신 하나님께 감사를 전한다."

최근 그녀는 내게 그동안 앓던 부종이 완화되고, 쌓여 있던 석회질도 없어졌으며, 고통도 훨씬 덜하다는 소식을 전해 주었다. 그녀가 이렇게 기도를 계속 이어간다면 분명 완전한 치유를 얻을 것이다.

칼 융의 고향인 취리히에는 거대한 영적 깨달음이 있다. 프라이탁 박사는 스위스에서 자주 강연을 했고, 주요 도시들에 많은 팬이 생겼다. 실제로 취리히를 포함해 내가 방문했던 모든 도시에서 넘치는 관객들의 모습을 보기도 했다.

나는 취리히의 한 호텔에서 한 여성과 상담을 진행했는데, 그녀는 사기꾼에게 무려 10만 프랑을 투자했다고 말했다. 그녀의 말에 따르면 그녀는 미국에 입국하는 데 어려움을 겪고 있었고, 그 사기꾼은 자신에게 10만 프랑을 주면 이 문제를 해결해 주겠다고 그녀를 속였다고 한다. 돈을 준 것은 그녀의 태만이자 부주의이자 무관심으로 벌어진 일이었다. 그녀는 변호사와 상담을 하지도 않았고, 이러한 뇌물 수여 제의에 대해 미국 영사관에 문의해 보지도 않았다. 다시 말해, 상식적으로 생각하지 않았던 것이다.

그녀는 자신이 어리석어 그 사람의 말에 속아 넘어갔으며, 부정적인 암시의 피해자였음을 인정했다. 사기꾼들이 그처럼 많은 돈을 벌어들일 수 있는 이유는 피해자들이 욕심 때문에 이성적으로 상황을 보지 않고 대가 없이 무언가를 얻으려 했기 때문이었다. 세상에 공짜는 없다. 뇌물로 그녀에게 필요한 비자와 서류를 준비해 주겠다는 사기꾼의 제안은 그녀의 그릇된 믿음과 더불어 마음 깊은 곳에 숨은 동기를 불러일으켰다. 그녀가 정직하고 곧았다면 뇌물이라는 사기꾼의 제안을 거절했을 것이다. 아무리 사기꾼이라도 정직한 사람을 속여 이익을 취하는 일은 매우 드물다. 타인의 암시에는 그것을 창조해낼 힘이 없다는 사실을 기억하자. 우리는 그 암시를 거절할 수 있다. 만약 우리가 그 암시를 받아들이면 그것은 우리의 사고가 되어 움직이게 된다. 취리히 당국은 이 젊은 여성에게 그 사기꾼이 그녀 말고도 여러 미망인을 속여 돈을 받아냈고, 지금은 동독에 있다는 사실을 알려 주었다.

나는 그녀가 정신적으로 굳건하다면 돈을 잃지 않을 것이라고 말해 주었으며, 다음과 같은 기도를 하라고 제안했다. "나는 그 사람에게 준 10만 프랑과 정신적, 영적으로 연결되어 있다. 그 돈은 신성한 법칙에 따라 더 큰 액수로 내게 돌아올 것이다." 나는 그녀에게 그녀가 단언한 내용을 부정하지 않는다면, 잠재의식은 항상 그 생각을 증폭해 줄 것이라고 설명해 주었다. 돈은 그녀가 알지 못하는 방식으로 돌아올 것이다. 잠재의식이 사고를 실현하게 하는 방법은 우리가 이해할 수도, 찾을 수도 없다.

이 모든 일이 벌어진 것은 한 달 전이었고, 이 글을 쓰는 지금 아직 그녀의 소식은 듣지 못했지만, 나는 그녀가 충실히 기도하는 한 더 큰 응답을 받을 것이라고 확신한다. 절대 상실을 인정하지 말자. 우리는 언제든 '중심'으로 돌아가 그 안에 있는 '무한한 창고'에서 우리에게 좋은 것들을 요청할 수 있고, 그 안의 정신은 우리의 요청을 존중하고 입증해 줄 것이다.

이혼에 죄책감을 느꼈던 이유

• • •

독일 프랑크푸르트에서 상담을 진행하며 한 여성과 대화를 했다. 그녀는 알코올 중독자에 그녀와 두 아이에게 폭력적이었던 남편과 이혼했는데, 이혼이라는 죄를 지었다고 생각하며 극심한 죄책감에 시달리고 있었다. 전남편은 가족을 부양하지도 못했다.

나는 그녀에게 결혼 전에 남편을 만나며 내면의 직감으로 어떤 느낌을 지속해서 받지는 않았냐고 물었고, 그녀는 불길한 예감이 들었지만, 주의를 기울이지 않았다고 말했다. 그 예감은 그녀를 보호하려 했던 더 높은 자아의 목소리였다. 내면의 인식, 고요한 내면의 지식은 늘 우리를 보호하고자 한다. 세상에는 이러한 내면의 경고, 심장의 속삭임을 완전히 거부하는 사람들이 있다. 이렇게 불길한 내면의 인식이 계속된다면 상대와 결혼해서는 안 된다.

나는 그녀에게 거짓으로 삶을 사는 것은 그릇된 일이며, 두 사람은 이미 사랑, 화합, 평화, 정직, 진실, 친절, 선의로부터 멀어져 정신적으로 이별한 상태이니 그 이혼은 전혀 잘못된 일이 아니라고 설명했다.

그녀는 다음의 구절을 기억하고 있었다.

> 여쭙되 그러면 어찌하여 모세는 이혼 증서를 주어서 버리라 명하였나이까?
> 예수께서 이르시되 모세가 너희 마음의 완악함 때문에 아내 버림을 허락하였거니와 본래는 그렇지 아니하니라.
> 내가 너희에게 말하노니 누구든지 음행한 이유 외에 아내를 버리고 다른 데 장가드는 자는 간음함이니라. (마태복음 19장 7~9절)

성경은 정신적이고 영적인 교과서이기 때문에 반드시 내적 의미를 해석해야 한다. 숨은 뜻을 알지 못하면 혼란과 죄책감과 고통과 실패가 끝없이 이어질 수 있다. 그녀는 교회가 아닌 다른 곳에서 결혼식을 올렸다. 그러자 지인들은 그녀가 죄를 지었으며, 언젠가는 벌을 받을 것이라고 말했다.

결혼에 대해 제일 먼저 알아야 할 것은 그 어떤 랍비, 신부, 목사, 판사도 결혼을 축성할 수 없다는 사실이다. 이들이 하는 일은 부부가 될 두 사람의 내면에서 이루어진 합의를 외부에서 극적으로 보여 주는 것이다. 마찬가지로 지구상에 있는 그 어떤 교회도 결혼을 축성할 수 없다. 결혼이란 서로의 내면에 있는 하나님의 존재를 느끼는 두 영혼의 결합이다.

하나님은 사랑

• • •

두 마음이 사랑과 정직, 서로를 향한 신의와 진심으로 하나 될 때, 이는 하나님, 곧 순수한 사랑이 두 사람을 하나로 맺어 주는 것이다. 이것은 현실의 중심으로 돌아갈 길을 찾는 두 영혼의 결합이다. 그래서 모든 결혼의 진정한 의미는 사랑의 하나님과의 합일이라고 할 수 있다. 하나님이 곧 사랑이기 때문이다.

나는 그녀에게 거짓과 숨은 동기에 기반을 둔 결혼은 모든 관점에서 완전한 거짓이자 기만이라고 설명했다. 모든 결혼에 하나님, 곧 사랑이 존재한다고 말하는 것은 어리석은 일이다. 그녀의 전남편은 그녀에게 거짓을 말했다. 그는 자신이 알코올 중독이라는 사실도, 그 때문에 세 번이나 이혼한 뒤 자신의 가정을 버렸다는 이야기도 하지 않았다. 이들이 결혼이라고 불렀던 것은 완전한 연극이고, 거짓이고, 가면무도회였다. 이 여성은 전남편이 자신과 결혼한 이유가 그저 자신이 부유하고 매력적이며, 삶의 실패와 열등감을 채워줄 수 있다고 생각했기 때문이라는 사실을 깨달았다.

그녀가 언급했던 성경 구절들의 숨은 의미에 대한 설명을 들으며, 그녀는 잘못된 종교적 세뇌에서 온 죄책감으로부터 자유로워질 수 있었다. 나는 그녀에게 다음과 같은 기도를 알려 주며 그 내용을 부정하지 말라고 말해 주었다. 또한 삶에서 원하는 것은 그냥 얻을 수 없으며, 반드시 잠재의식에 확립되어 있어야만 그 정신적 등가물을 얻을 수 있다고 설명했다. 다시 말해, 그녀가 선망하는 남성의 자질에 대해 흥미를 갖고 생각하다 보면 점차 마음속에 자신의 이상형을 설정하게 될 것이다. 그렇게 되면 잠재의식의 법칙에 따라 그녀는 자신의 이상형을 현실에서 끌어당기게 된다. 내가 그녀에게 제안한 기도는 다음과 같았다.

"나는 나 자신이 하나님과 함께함을 안다. 나는 하나님 안에서 살아가고, 움직이고, 존재를 갖는다. 하나님은 곧 생명이며, 이는 모든 남성과 여성의 생명이다. 우리는 모두 하나님의 자녀다.

나는 나를 사랑하고 아껴줄 남자가 기다리고 있음을 알고 믿는다. 그리고 나 또한 그의 행복과 평화를 위해 노력할 것임을 안다. 그는 나의 이상을, 나는 그의 이상을 사랑한다. 그는 나를 바꾸려 하지 않으며, 나도 그를 바꾸려 하지 않는다. 우리 둘 사이에는 사랑과 자유와 존중이 있을 것이다.

세상에는 하나의 정신뿐이며, 나는 그가 이 정신 안에 들어와 있음을 안다. 나는 내가 선망하는 자질 및 특성과 하나 되어 있으며, 그것들이 나의 남편으로 발현되기를 원한다. 마음속에서 나는 그 특성들과 함께한다. 우리는 이미 신성한 마음속에서 서로를 알고 사랑한다. 나는 그 안의 하나님을 보고, 그는 내 안의 하나님을 본다. 내면에서 그를 만났으니, 반드시 외부에서도 그를 만날 것이다. 그것이 내 정신의 법칙이기 때문이다.

이 말들은 앞으로 나아가 보내어진 바를 성취할 것이다. 나는 이것이 하나님에 의해 이루어지고 성취되었음을 안다. 하나님 아버지, 감사합니다."

그 후 이 여성으로부터 놀라운 편지를 받았다. 지금 행복한 결혼 생활을 하고 있으며, 세계 여행 중이라는 소식이었다. 사랑은 반드시 이루어진다.

> 하나님이 짝지어 주신 것을 사람이 나누지 못할지니라. (마태복음 19장 6절)

이 구절을 잘못 해석한 많은 사람이 혼란과 죄책감을 느끼는데, 이들은 자신이 특정한 교회에서 결혼해야 하며, 이혼은 잘못된 일이자 죄라고 생각하기 때문이다. 이는 사실과 전혀 무관하다. 하나님은 곧 사랑이며, 만약 두 사람을 묶는 것이 사랑이 아니라면 그것은 진정한 결혼이 아니다. 이러한 결합에는 하나님, 혹은 사랑이 현재하지 않는다. 그렇기에 이러한 결혼 생활은 전부 거짓이다.

이전 저서에서 언급했듯 나는 이곳 레저 월드에서 여러 남성과 여성의 결혼식을 축복했는데 그중 한 쌍은 각각 75세와 80세였다. 남편은 이제 나이가 들어 자신의 성적인 에너지는 완전히 없어졌다고 말하지만, 이들은 서로를 완벽하게 솔직하고 정직하게 대한다. 정직함, 진실함, 정의로움, 선의는 모두 사랑에서 태어난다. 그러므로 마치 이들이 스무 살, 스물한 살인 듯 두 사람을 하나로 묶는 것은 하나님, 곧 사랑이다.

위에 언급된 성경 구절에 나오는 '사람'은 공간이라는 객관적 화면에서의 발현을 의미한다. 사랑이 둘을 하나로 만들면 객관적인 상황, 상태, 혹은 인척들이라 해도 둘을 갈라놓을 수 없다. 그 어떤 것도 신성한 사랑과 맞설 수 없다. 우리는 모두 주관적인 세상과 객관적인 세상에 살아가며, 잠재의식 혹은 주관적 정신에 새겨진 것을 공간이라는 화면에 객관적으로 표현해낸다. 이것이 '내면에서 이루어진 것은 밖에서도 이루어진다.'라는 오랜 진실의 의미다.

결혼은 마음속에서 이루어진다
• • •

나는 마음의 법칙을 아는 많은 여성에게 한 사람을 선택해 잠자기 전 자신이 듣고 싶어 하는 이야기를 계속해서 해 주는 그 사람의 목소리를 들으라고 제안했다. 이렇게 졸음이 오는 상태에서는 잠재의식이 수면 위로 드러나게 되며, 막 잠이 들기 시작할 때 마음 깊은 곳에 원하는 생각을 스며들게 하는 것은 매우 효과적인 방법이다.

미망인들을 포함해 많은 이가 내게 "잠들기 전 '이제 두 사람을 부부로 선언합니다'라고 말하시는 목사님의 목소리를 계속해서 듣곤 합니다. 그런 다음 저는 잠에 빠져들어요."라고 말한다. 잠들기 전 마지막으로 떠올리는 개념은 마음속 더 깊은 곳까지 스며든다. 잠재의식의 지혜는 인식을 어떻게 현실로 만들지를 결정한다. 이 여성들은 모든 과정이 마음속에서 일어남을 알며, 결혼을 깊이 생각하면 자신의 마음속 이상형과 결혼하게 될 것을 안다. 기도할 때는 항상 바람이 이루어진 후까지 떠올려야 하며, 그것을 보고 느낀다면 우리는 바람의 실현을 위한 방법들을 직접 경험하게 될 것이다.

"이제 두 사람을 부부로 선언합니다."라는 말은 내가 늘 결혼식 끝에 두 사람에게 전해 주는 문장이다. 그러므로 마음속에서 이 말을 들었다면 실제로도 반드시 듣게 될 것이다. 내 제안을 실천에 옮겼던 여성 대부분은 기도에 응답받는 기쁨을 경험했다. 현실에서 이루어진 결혼식 혹은 결혼은 이들의 마음속 상상과 감정의 움직임을 입증해 주었다.

우리는 이미 같이 사는데, 결혼과 뭐가 다른가요?

• • •

나는 위와 같은 말을 자주 듣곤 한다. 세상을 다 아는 것처럼 행동하

322

는 한 남자 대학생은 이렇게 말했다. "저는 여러 여자와 자며 관계를 갖습니다. 그게 문제 될 게 있습니까?" 나는 그에게 이렇게 말한다. "무엇을 두려워하는 겁니까? 자기 자신을 헌신하는 것이 두렵나요? 책임을 회피하고 있는 건가요? 열등감이 있습니까? 사랑은 일대일로 이루어지는 것입니다. 한 여자를 사랑한다면, 애정이 없는 행동은 하지 마세요. 당신은 문제를 회피하고 있는 겁니다. 사랑은 늘 객관적으로 확인할 수 있는 것입니다. 반드시 당신의 사랑을 보여 줘야 합니다."

나는 자신의 '이상형'인 이 남학생과 함께 살았던 젊은 여성들과도 이야기를 나누어 보았다. 여자는 자신만의 방식으로 남자를 사랑하고, 남자가 자신과 결혼하기를 바란다. 그러다 무의식적으로 피임약을 먹는 것을 잊어 버리고, 아이를 갖게 된다. 매우 흔한 이야기다. 남자는 자신의 아이가 아니니 책임이 없다며 그녀를 버린다. 사랑은 어디 있는가? 정직함은? 진실함은 어디로 갔는가?

나는 캠퍼스에서 여러 여자와 잠자리를 갖는다는 이 남학생에게 이렇게 말했다. "말도 안 돼요. 그렇다면 왜 당신의 여동생을 캠퍼스로 초대해서 당신처럼 자유로운 애인들을 소개해 주지 않는 겁니까?"

답변은 당연하게도 이랬다. "동생은 안 돼요. 둘 중 하나가 죽기 전에는 절대 안 됩니다." 이 남학생이 만나는 여성들도 모두 누군가의 동생이고 누나이다. 이 얼마나 비열한 위선인가! 누군가를 해치는 것은 곧 자기 자신을 해치는 것이다.

자신들이 '자유로운 연애'라고 부르는 관계에 몰두했던 몇몇 여성들은 아이를 갖게 되면 엄청난 죄책감에 휩싸인다. 이들이 연인이라고 불렀던 사람은 보통 이들을 버리고 떠난다. 그중 다수는 스스로 목숨을 끊으려고 하고, 다 포기한 채 문란한 성생활의 길로 접어드는 사람들도 있다. 임신과 곤경을 함께 책임져야 하지만 도망가 버린 이 남자들은 그 책임에서 벗어날 수 없으며, 잠재의식의 법칙에 따라 나름의 방식대로 대가를 치르게 될 것이다.

결혼식이나 서류 같은 것은 필요 없다고 말하는 사람들을 자세히 들여다보자. 이들은 대개 매우 진실하지 못하고, 두려움에 차 있고, 호전적이고, 무서울 정도로 불안정하다. 이들은 그 결혼 생활이 행복하지 않을까 두려워하며, 책임감을 두려워한다. 이런 두려움에는 사랑이 없다. 그러므로 그 모든 행동은 비열한 위선이다.

어떤 사람들은 자신들이 결혼한 주된 이유는 세금을 덜 내기 위한 것이라고 말하기도 할 것이다. 이는 완전히 거짓이다. 나는 그런 사람들에게 말한다. "두 분이 진심으로 사랑하는 사람과 결혼했고, 진정한 사랑이라면 그것을 객관적으로 확인하는 것은 어떨까요? 주관적인 모든 것은 객관적인 세상에 발현됩니다. 만약 두 분 중 한 분이 오늘 밤 숨을 거둔다면, 상대방을 위해 어떤 방편을 마련해 두셨습니까? 오늘 밤 잠이 들어 다시는 일어나지 못한다고 생각해 보세요. 상대방이 살아갈 수 있도록 10만 달러, 20만 달러짜리 보험을 준비해 두셨습니까? 여러분은 반드시 자신의 사랑을 증명해야 합니다."

나는 여성들에게 남자들의 말에는 신경 쓰지 말라고 말한다. 그 남자의 행동을 보면 된다. 행동이 곧 그의 마음이다. 여성들이여, 깨어나자!

> 더욱 네 마음을 지키라 생명의 근원이 이에서 남이니라. (잠언 4장 23절)

히브리의 상징주의와 성경의 비유적 언어에서 마음이란 우리의 잠재의식을 의미한다. 이는 모든 작용에는 그에 따른 동일한 반작용이 있음을 뜻한다. 또한 진심을 담아 잠재의식에 새긴 것은 무엇이든 형태, 기능, 경험, 사건으로 나타난다는 것을 의미하기도 한다. 결혼이란 명백히 마음에서 완성되는 것이지, 교회나 사원이나 법원의 몫이 아니다. 이렇게 마음에서 결혼이 완성된다면, 내면을 분명하게 보여 주는 외부 상황은 자연히 따라온다. 그렇지 않다면, 무언가 완전히 잘못된 것이다. 의식과 잠재의식의 합일이 만들어내는 모든 움직임은 객관적인 상태로 확인된다. 마음의 법칙은 우리의 내면에서 일어나는 일을 외부에서도 경험할 수 있음을 분명히 보여 주기 때문이다.

진정한 결혼이란?

•••

진정한 결혼이란 마음의 일이며, 마음 즉 잠재의식은 하나님이 계신 곳이다. 우리는 살아 계신 하나님의 신전이다. 하나님의 모든 힘이 우리 안에 있다. 우리는 그 힘을 '더 높은 자아', '스스로 있는 자', 알라, 브라마, 아인 소프(Ain Sof, 무한한 자, 끝이 없는 존재, 절대적 무한한 자를 뜻하는 카발라의 명칭), 초영혼Over soul(에머슨 등의 사상에서 전 인류의 정신적 귀일인 신), 전능한 성령 등으로 부를 수도 있다. 실제로 이 힘에는 이름이 없다. 고대 신비주의자들은 이렇게 말했다.

"이름 붙이면 찾을 수 없으며, 찾아낸다 해도 이름 붙일 수 없다."

나는 50년대 초 에블린 플리트 의학박사의 후원으로 영국 런던의 캑스턴 홀에 '트루스 포럼Truth Forum'을 설립했다. 그리고 그곳에서 수년간 세미나와 강연을 진행해왔다. 최근 영국을 방문했을 때 나는 캑스턴 홀에서 '마음의 법칙'에 대해 강연한 마이클 그라임스를 만나는 영광을 얻었다. 그는 훌륭하고 뛰어난 스승이자 생명의 법칙과 성령의 길을 깊이 따르는 제자였다.

이번 런던 방문에서 그는 감사하게도 '마음의 과학Science of Mind'과 '유니티 무브먼트Unity Movement'의 합동 회의를 주선해 주었고, 삶의 위대한 진실을 홍보하는 데 뛰어난 자질이 있는 랄프 실리그 의학박사가 이 일을 맡아 주었다. 랄프 실리그 박사와 그의 아름다운 아내는 훌륭한 방식으로 불변의 법칙을 널리 알리고 있었고, 수없이 많은 길을 통해 축복받았다. 그라임스와 실리그 박사는 자신들을 앞으로, 위로, 하나님을 향해 나가도록 격려해 주는 훌륭한 아내를 만나며 더 많은 축복을 받았다.

희망 없는 결혼 생활
• • •

런던에서 강연할 때 주로 사용했던 장소인 캑스턴 홀 옆 세인트 에르민스 호텔로 한 부부가 나를 찾아왔다. 이들은 영국 성공회를 통해 결혼했지만, 자신들의 상황이 더는 견딜 수 없을 정도라고 말했다. 남편은 자신이 아내를 괴롭게 했으며, 성적인 해방감을 얻기 위해 가끔 아내를 때리기도 했다고 시인했다. 하지만 아내는 이혼이 죄라고 생각했으며, 결혼의 진정한 의미에 대해 기묘하고 뒤틀린 미신적 신념을 지니고 있었다.

나는 그들에게 결혼했다고 해서 괴롭힘, 폭력, 방관, 학대가 허락되는 것은 아니라고 설명했다. 남편은 분명 가학 성애자였다. 그는 자신이 아내를 때린다는 사실을 털어놓았다. 사실 아내는 그의 버팀목이었다. 아내가 따르는 성직자는 남편의 그 모든 학대와 성적 이상행동이 있음에도 불구하고 그를 떠나서는 안 된다고 말했다. 당연하게도 완전히 어리석고 말이 되지 않는 일이다. 세상 그 어떤 성경에도 이러한 가르침은 없다.

성경의 주해를 공부했다면 더 잘 알 것이고, 더 잘 알아야 하는 몇 몇 성직자들을 포함한 많은 사람이 2천 년 전 모세 5경을 해석한 유대인 '필로Philo Judaeus'의 책을 읽는다면 성경이 우화적이고, 신비적이고, 비유적이고, 관용적이며 우화와 신화와 암호와 숫자로 가득하다는 사실을 알게 될 것이다. 신약은 우화로 가득하며, 정신이 이상한 사람이 아니라면 아무도 그 모든 비유적 표현을 문자 그대로 받아들이지 않는다.

예를 들어, 성서에 나오는 간음이나 간통이라는 단어는 육체적 행동을 말하는 것이 아니다. 몸은 정신을 따라 행동한다. 몸은 운송 수단이다. 움직여지는 대로 움직이고, 행동하라고 명령받는 대로 행동한다. 정신을 따르지 않는다면 몸은 아무런 쓸모도 없다. 우리는 몸을 통해 사랑의 멜로디를 연주할 수도, 증오의 찬가를 부를 수도 있다. 다시 말해, 우리의 신체는 정신의 명령이 없으면 아무것도 할 수 없다. 너무 분명해 설명이 필요 없는 사실이다.

> 누구든지 여자를 보고 그녀에게 음욕을 품는 자는 이미 마음속으로 그녀와 간음하였느니라. (마태복음 5장 28절)

이 구절은 간음이 마음 혹은 잠재의식에서 먼저 일어나는 것임을 드러낸다. 그리고 당연하게도 우리의 몸은 잠재의식에 새겨진 것을 그대로 행동에 옮긴다.

몸을 지배하는 정신

· · ·

우리의 몸을 지배하는 것은 정신과 영혼의 힘이다. 하나님, 사람, 우주와 우리 사이의 관계를 결정하는 것은 우리의 정신적 태도다. 위의 두 사람은 해당 성경 구절이 품은 정신적 의미를 깨달았고, 그 결과 이 잔인한 거짓 결혼 생활을 끝내기로 했다. 이들은 간음이라는 단어가 실제로는 우상 숭배, 즉 거짓된 신을 숭상하거나 마음속에 악이 깃든 상태를 의미한다는 사실을 알게 되었다.

만약 우리가 별들에 모든 힘이 있다고 믿거나, 타인이 우리를 지배하게 하는 것은 우리가 '창조자'가 아닌 창조물에 힘을 실어 주었다는 점에서 거짓된 신이라고 할 수 있다. 만약 부두교, 흑마술, 별자리, 사악한 존재 혹은 그 어떤 외부적 요소에 힘을 실어 준다면, 성경의 관점에서 우리는 우상을 숭배하고 있는 것이다. 하나님은 유일한 존재이자 유일한 힘이다. 우리가 내면에 있는 '스스로 있는 자인 유일한 존재'와 힘에 최대의 충성을 다할 때 비로소 우상 숭배를 멈출 수 있다. 만약 마음속에 원한과 분노와 악의가 존재한다면, 우리는 계속해서 악을 낳게 될 것이다.

성경은 삶의 주관적인 부분에 관해서 이야기하며, 여러 교회에서 정해 놓은 결혼에 관한 교리와 신조와 규칙들은 언급하지 않는다. 간통과 우상 숭배는 같은 것이다. 우리는 염화나트륨과 같은 화학물질을 두고 'C.P.(chemically pure)'라는 단어를 사용하는데, 이는 화학적

으로 순수하다는 의미다. 모든 불순물이 제거되어 이물질이 없는 상
태를 말한다. 우리도 이와 마찬가지로 반드시 정신을 깨끗하게 씻어
내며 외부적 요소, 사람들, 상태, 상황에 힘을 실어 주는 것을 멈춰야
한다. 다시 말해, 거짓된 신을 향한 숭배를 멈추어야 한다.

영적인 삶을 사는 사람은 현상적 세상에 힘을 싣지 않으며, 창조자
가 아닌 창조물에 힘을 싣지 않는다. 간통은 마음(잠재의식)에서 일어
난다. 몸은 그 자체로서 아무 일도 하지 못하며, 정신과 감정적 상태
가 선행되어야 한다. 정신과 감정이 그릇된 생각과 미신에 사로잡힐
때마다 우리는 우상을 숭배하고 있는 셈이 된다. 무엇이든 정신적으
로 깊게 생각하고 진심으로 느끼며 잠재의식에 새기는 것을 정신적
성관계라고 부른다. 이것은 의식과 잠재의식의 합일이며, 이렇게 태
어난 아이는 곧 둘의 증명이다. 다시 말해, 이 아이는 선과 악에 관계
없이 우리가 품은 생각의 발현 혹은 객관화이다.

잔소리의 이유
• • •

런던에 사는 한 여성은 자신의 남편이 주식을 하다 돈을 모두 잃고
병적인 우울감과 절망에 빠져 있다고 말했다. 남편은 이혼을 요구했
는데, 아내가 견디기 힘들 정도로 잔소리를 한다는 이유였다.

나는 그녀에게 잔소리는 결혼을 파국으로 치닫게 하는 가장 큰 이

유이며, 지금은 남편에게 그 무엇보다 격려와 지지가 필요한 시기라고 설명했다. 그녀는 자신이 결혼을 결심하게 했던 남편의 장점과 태도를 생각해 보았다. 나는 그녀가 처음 사랑에 빠졌던 남편의 장점들은 그대로지만, 그것들을 부활시켜야 한다고 말해 주었다. 그리고 이는 체계적인 기도를 통해 이루어낼 수 있다.

나는 그녀에게 다음과 같은 기도를 자주 하라고 권하며, 그렇게 하면 남편은 아내의 영적 고양감을 잠재의식에 받아들이며 두 사람 모두 축복받을 수 있다고 말했다.

"나는 남편이 나의 건설적인 생각과 이미지를 수용할 것을 안다. 나는 남편 존재의 중심에 평화가 있음을 요청하며, 이를 느끼고 안다. 신성한 힘이 남편의 모든 길을 이끄신다. 남편은 신성이 드나드는 통로이다. 하나님의 사랑이 남편의 정신과 마음을 채운다. 남편과 나의 사이에는 화합과 평화와 사랑과 이해가 있다. 나는 행복하고, 건강하고, 기쁘고, 자애롭고, 번영하는 남편의 모습을 본다. 그 어떤 것에도 무너지지 않고, 휘둘리지 않고, 모든 부정에 영향 받지 않는 하나님의 사랑이 남편을 감싼다."

내가 런던에 머무는 동안 이 부부는 대화를 통해 서로 기도하며 함께하기로 결정을 내렸다. 그리고 남편은 최근 보수가 아주 좋은 직장을 찾게 되었다. 이렇듯 기도는 변화를 일으키며, 기도하는 자를 변화시킨다.

하나님과 늘 함께하면 거짓된 신과 세상의 잘못된 신념들 사이에서 방황하지 않을 수 있다. 결혼 생활에 어려움이 찾아왔을 때 해야 할 일은 서로의 안에 있는 하나님을 찬양하는 것이다. 남편 혹은 아내의 내면에 있는 정신에 이렇게 말해 보자.

"내 안에 있는 정신이 남편(아내)의 내면에 있는 정신에 말을 걸며, 우리 사이에는 늘 화합과 평화와 사랑과 이해가 있다. 하나님께서는 나를 통해 말하고 행동하시며, 하나님은 내 배우자를 통해 생각하고, 말하고, 행동하신다."

이를 습관으로 만들면 결혼 생활은 날이 갈수록 아름다워지며 축복이 가득할 것이다.

아내에게 돌아간 남편
• • •

런던에 있는 한 약사가 아내와 말다툼을 했다. 결국, 아내는 그를 떠나 다른 사람과 결혼하게 되었고, 그도 다른 사람과 결혼했다. 하지만 그는 마음속으로 첫 번째 아내와 결혼을 끝내지 못하고 있었다. 아내 역시 그를 그리워했고, 그에게 마음을 털어놓았다. 처음 그 둘을 묶은 것은 사랑이었다. 그는 자신의 두 번째 결혼에 진정한 사랑이 없음을 깨달았다. 그는 그 사실을 인지하고 사랑의 마음을 따라 다시 첫 번째 아내와 하나가 되었다. 거짓 속에 사는 것은 잘못된 일이다. 거짓으로 살아가는 것보다는 그것을 끝내는 것이 훨씬 적절하고 정직한 일이다.

　모든 문제의 해답은 정신적 깨달음에 있다. 체계적인 기도 방법을 알면 일어날 수 있는 결혼 생활의 문제들을 예방할 수 있다. 또한, 신성한 존재들에 대한 정신적 깨달음과 깊은 존경이 있다면 이혼이라는 상황이 벌어지지 않을 수 있다. 오직 하나님과 하나님의 사랑만이 부서진 마음의 상처를 치료하고 억압된 마음을 자유롭게 할 수 있다.

정신 단련하기
• • •

　그의 어머니 마리아가 요셉과 약혼하고 동거하기 전에 성령으로 잉태된 것이 나타났더니. (마태복음 1장 18절)

　여기서 성령이란 모든 인간의 무의식에 자리잡은 성스러운(온전한) 정신 혹은 하나님을 의미한다. 요셉은 우리의 선택 혹은 의지를 의미하고, 마리아는 하나님의 자질과 특성과 잠재력으로 가득한 우리의 잠재의식을 나타낸다. 요셉, 즉 의식은 성스러운 아이의 보호자와 안내자가 되어야 하는데, 성스러운 아이란 우리 내면에 있는 하나님의 존재와 힘에 대한 인식이다. 우리의 사고는 요셉이고, 느낌과 감정은 마리아다. 이 둘이 평화와 화합 속에 하나 될 때 우리의 기도는 응답 받고, 하나님이 움직이신다. 정신은 바로 이렇게 움직이며, 이에 대한 지식이 곧 우리 내면에 있는 성스러운 아이 혹은 지혜의 탄생이다.

의식과 잠재의식이 조화와 기쁨 속에 하나 되게 한다면, 우리는 건강과 평화와 힘과 안정을 얻을 수 있다. 마음속 왕좌에 올바른 생각을 앉히자. 그렇다면 우리는 진실한 감정을 경험할 수 있게 될 것이다. 사고와 감정의 합일은 우리 안에서 일어나는 결혼이다. 이 둘이 하나 되면 세 번째 요소인 평화(하나님)가 우리 안에 들어오게 되고, 우리는 기도에 응답받는 기쁨을 느낄 수 있다. 우리의 마음을 하나님의 사랑이 담긴 성배로, 그 탄생의 구유로 만들자. 그렇게 한다면 우리는 이 땅에 계신 하나님의 아이를 세상에 태어나게 할 수 있다.

조셉 머피
마음의 법칙

초판 1쇄 발행   2022년 10월 28일
초판 2쇄 발행   2022년 12월 15일

지은이   조셉 머피
옮긴이   이유림
펴낸이   박수길
펴낸곳   (주)도서출판 미래지식
디자인   최치영

주소   경기도 고양시 덕양구 통일로 140 삼송테크노밸리 A동 3층 333호
전화   02)389-0152
팩스   02)389-0156
홈페이지   www.miraejisig.co.kr
전자우편   miraejisig@naver.com
등록번호   제 2018-000205호

ISBN 979-11-91349-56-6 13320

미래지식은 좋은 원고와 책에 관한 빛나는 아이디어를 기다립니다.
이메일(miraejisig@naver.com)로 간단한 개요와 연락처 등을 보내주시면
정성으로 고견을 참고하겠습니다. 많은 응모바랍니다.